S0-AEA-003

Sumario

Introducción

Hoy en día muchas personas buscan maneras de mantener la salud por vías alternativas a la medicina tradicional. Este libro le ofrece una colección de remedios tradicionales y naturales que usted puede utilizar para aliviar las dolencias más comunes sin necesidad de echar mano a su botiquín de siempre. Los remedios que se proponen en esta obra son adecuados tanto para gente mayor como para gente joven, y se pueden utilizar para aliviar síntomas específicos o para mejorar el bienestar general.

La primera sección trata la homeopatía, que puede servir para aliviar muchos de los trastornos más comunes o bien como complemento de la medicina convencional. La homeopatía considera todos los aspectos de la persona –físico, mental y emocional– antes de proponer un tratamiento en concreto. A dos personas con los mismos síntomas no se les prescribirá necesariamente el mismo remedio. La homeopatía se basa en el principio de similitud, que sostiene que una sustancia capaz de producir determinados síntomas es también capaz de curarlos. Los medicamentos están hechos de flores, plantas, raíces, árboles, venenos, minerales, metales e incluso de algunos insectos. La creciente popularidad de la homeopatía conlleva mayor facilidad a la hora de encontrar terapeutas o médicos homeópatas, así como remedios homeopáticos.

Por su parte, los aceites esenciales y su aplicación constituyen una terapia alternativa cada vez más extendida. Es un hecho bien conocido que las esencias y los aromas pueden afectar a nuestro estado de ánimo, relajarnos o ponernos de mejor humor.

La aromaterapia va más allá, pues utiliza determinados aceites –administrados por inhalación

Los remedios tradicionales proceden de productos naturales como las flores, las plantas, las raíces, los minerales y los metales.

o aplicados sobre la piel– para tratar problemas específicos. Los aceites esenciales producidos a partir de raíces, maderas, resinas, hojas, bayas, semillas y frutos pueden tener un afecto suave y nutritivo sobre nuestro cuerpo y nuestra mente.

Los bellos minerales, conocidos en la medicina alternativa como cristales, no sólo se utilizan para mejorar el ambiente, sino también como potentes herramientas curativas. Esta sección trata las propiedades de 32 de estas preciosas piedras clasificadas por colores. Asimismo da una mirada a su origen geológico e historia y nos enseña cómo participar de la energía positiva de su luz, color y belleza. Además, se estudia el papel que desempeñan los cristales en el equilibrio de los chakras (los siete centros de energía del cuerpo).

Por último, se retorna a la "cocina" para conocer más de cerca los remedios caseros "de la abuela". Hoy en día, este tipo de remedios han adquirido credibilidad, puesto que constituyen tratamientos eficaces para primeros auxilios y otras dolencias más generales. Cada día hay más productos naturales que se utilizan como remedios curativos y también son muchos los formatos en que se presentan, como, por ejemplo, cataplasmas, bebidas o ungüentos para el alivio inmediato, o bien incorporados en la dieta, cuando lo que se desea son resultados a largo plazo. Los remedios caseros pueden ser la solución para curar quemaduras, hematomas y picaduras, así como para aliviar los síntomas de la artritis, el eczema e, incluso, la resaca.

Cualquier enfermedad debe ser siempre tratada por un profesional y la información ofrecida en este libro no pretende sustituir el consejo de su médico. Sin embargo, cualquiera de las cuatro secciones que se incluyen le ayudará a comprender mejor el sentido de la autocuración, y constituye una excelente fuente de tratamientos complementarios.

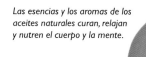

Las esencias y los aromas de los aceites naturales curan, relajan y nutren el cuerpo y la mente.

Homeopatía

Introducción

La homeopatía es una de las muchas terapias alternativas y complementarias que existen hoy en día. Este tipo de terapias tienen un enfoque "holístico" con respecto al tratamiento del paciente. El término "holístico" procede del griego "holos", que significa "todo". La idea fundamental es que la persona es un "todo" y, por tanto, deben tenerse en cuenta todos los aspectos del individuo –físico, mental y emocional– a la hora de seleccionar el remedio que se va a aplicar.

El objetivo de esta sección es presentar los tratamientos homeopáticos más comunes y describir sus efectos. De esta forma, el lector podrá escoger el remedio que más le convenga para su dolencia en particular,

Su propio médico puede recomendarle algún homeópata u otro médico que recete tratamientos homeopáticos.

o bien utilizar la homeopatía como complemento a otros tratamientos médicos convencionales.

Sin embargo, es imprescindible aclarar que este libro no pretende ser un sustituto de la medicina convencional. Si le preocupa su salud, debería consultar a un doctor antes de prescribirse usted mismo algún remedio. Si está actualmente sometido a tratamiento facultativo, consulte a su médico antes de autoprescribirse algún remedio homeopático.

A pesar de que este libro brinda al lector la oportunidad de entrar en contacto con la autocuración a través de la homeopatía, es preciso destacar que existen también otras vías de acercamiento a esta disciplina. En el Reino Unido, hay varios hospitales homeopáticos del Servicio Nacional de Salud, los cuales ofrecen tratamientos impartidos por médicos cualificados. El acceso de los pacientes a este tipo de hospitales ha de ser refrendado previamente por los respectivos médicos de cabecera. Asimismo, existen médicos homeópatas que trabajan en el sector privado. Los homeópatas terapeutas, que no tienen el título de medicina convencional, también trabajan en el sector privado. Algunas compañías de seguros incluyen en la actualidad cobertura y tratamientos de este tipo.

La popularidad de la homeopatía ha crecido mucho en los últimos años y muchas de las farmacias grandes suelen tener una amplia selección de medicamentos homeopáticos. Algunos farmacéuticos también tienen una formación en esta disciplina, por lo que pueden asesorarle a la hora de elegir algún remedio en

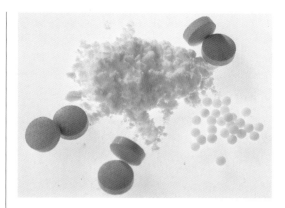

Hoy en día los remedios homeopáticos se pueden adquirir fácilmente. Muchas farmacias grandes ofrecen productos de homeopatía.

particular. En supermercados, tiendas de alimentos biológicos o de productos naturales e incluso a través de Internet es posible conseguir muchos de los remedios homeópaticos más comunes.

Algunas dolencias pequeñas, como los resfriados, pueden ser tratadas en casa con éxito utilizando la homeopatía.

¿Qué es la homeopatía?

La homeopatía utiliza sustancias muy diluidas para estimular el poder curativo del propio organismo. Su principio básico es tratar "lo similar con lo similar". Esto significa que se tratan los síntomas del paciente con cantidades infinitesimales de las sustancias que causarían el mismo síntoma a una persona sana. Esta práctica contrasta con la medicina alopática convencional, en la que prevalece el tratamiento de "a lo similar su opuesto", es decir, que una enfermedad es tratada con una sustancia que se opone a ella.

La primera persona que puso en práctica el principio curativo de similitud, también conocido como "ley de los semejantes", fue el médico griego Hipócrates (460-377 a. C.). El método de Hipócrates era contrario al pensamiento de la época, el cual sostenía que los dioses eran la fuerza dominante detrás de cualquier enfermedad y que la curación se conseguía tratando a la persona con una sustancia que tuviera el efecto opuesto en una persona sana.

El médico alemán Samuel Hahnemann (1755-1843) fue el fundador de la homeopatía moderna. Hahnemann demostró el principio de que "lo igual cura a lo igual" con sus experimentos con quinina, conocidos por ser un tratamiento efectivo contra la malaria. Así, al tomar quinina, Hahnemann desarrollaba los mismos síntomas de la malaria, mientras que si no la

Samuel Hahnemann fue el precursor de la homeopatía.

tomaba estaba en perfecto estado de salud. Los efectos de una dosis de quinina duraban horas.

Samuel Hahnemann experimentó de la misma manera con otras sustancias en su propia persona. Así pues, probó más de 100 remedios homeopáticos durante toda su vida y en el año 1811 publicó los resultados de sus experimentos en el *Organón de la medicina racional*. Hahnemann creía que los remedios actuaban activando la "fuerza vital" de la persona, o sea, el potencial autocurativo del propio cuerpo. Habiendo experimentado con muchas personas voluntarias, concluyó que las características de cada individuo eran de gran importancia a la hora de seleccionar el tratamiento. Asimismo, descubrió que un cierto "tipo" de personas manifestaban síntomas distintos de la misma enfermedad, por lo que dedujo que el tratamiento de la dolencia también debía ser diferente.

El médico estadounidense James Tyler Kent (1849-1943) continuó el trabajo emprendido por Hahnemann y concibió remedios específicos en función de las características emocionales y físicas del individuo. Estos "tipos" de persona fueron conocidos como "tipos constitucionales".

Dilución del remedio y potenciación

La tintura madre se prepara a partir del material original.

Una gota de tintura madre se diluye en 99 gotas de alcohol y agua.

El remedio se agita vigorosamente, sometiéndolo a sucución. Así se obtiene la potencia 1c.

Usando la potencia 1c, se repite el proceso hasta conseguir la potencia deseada.

Se añaden unas cuantas gotas a pastillas de lactosa.

Remedios homeopáticos

Los remedios homeopáticos pueden elaborarse con muchas sustancias distintas. Los materiales más frecuentes son flores, plantas, raíces, árboles, venenos, minerales y metales, aunque también se utilizan algunos insectos.

Con el fin de reducir al máximo los efectos secundarios, Hahnemann utilizaba la menor cantidad posible de una sustancia para conseguir el efecto curativo. Y fue así como se dio cuenta de que cuánto más diluida estaba la sustancia en el remedio, mejores resultados obtenía. Cada dilución era agitada vigorosamente, según un proceso llamado "sucución" o "susución". Así pues, al contrario de lo lógicamente sería de esperar, cuánto menor era la cantidad de sustancia, mayor era su potencia y efectividad.

El proceso de diluir el remedio todo lo posible para hacerlo efectivo se denomina "potenciación". En primer lugar se consigue un extracto de la sustancia mediante alcohol o agua. Las potencias principales se expresan con las letras: x, c y m. La letra "x" indica que para el remedio se ha diluido una parte de la tintura madre en 9 partes de agua; la letra "c" indica que una parte de la tintura madre se ha diluido en 99 partes de agua; y la letra "m", indica que una parte de la tintura madre se ha diluido en 999 partes de agua. Así, una potencia 1c, consiste en una parte de tintura madre en 99 partes de agua; una potencia 2c ha sido elaborada tomando una parte de la dilución anterior, en este caso 1c, y diluyéndola en 99 partes de agua. Las potencias más frecuentes son: 6c, 12c y 30c.

Cuando se consigue la potencia deseada, se aplican unas cuantas gotas de la sustancia a unas pastillas de lactosa (azúcar de la leche). Estas pastillas han de mantenerse en un lugar oscuro y seco.

Para las propuestas de autotratamiento que se incluyen aquí, se suelen sugerir potencias de 30c, ya que ésta es la potencia más común y asequible. Para conseguir los mejores resultados, consulte a un homeópata, que le podrá prescribir potencias mayores en función de la primera revisión y del problema en cuestión. Esto es especialmente importante si la dolencia tiene un componente emocional o psíquico importante.

Uso de los remedios homeopáticos

Los remedios homeopáticos que se toman por vía oral pueden tener distintos formatos y están disponibles en farmacias y distribuidores homeopáticos. Las pastillas homeopáticas se encuentran también en farmacias grandes y en tiendas de dietética y de productos naturales.

Pastillas o comprimidos duros

Éste es el formato más habitual. En general, las pastillas deben chuparse o masticarse ligeramente hasta que se disuelvan por completo en la boca. Este proceso suele tomar algunos minutos. El formato en pastillas o tabletas está especialmente indicado para personas mayores y niños.

Pastillas o comprimidos blandos

Este formato de pastilla se disuelve de forma instantánea en la lengua. Están indicadas sobre todo para bebés, niños pequeños y adultos, y evitan el acto de chupar o masticar.

Gránulos

Se trata de pastillas pequeñas, esféricas y duras. Suelen tardar más tiempo en deshacerse en la boca que las pastillas ordinarias. Este formato es el más común en los botiquines de primeros auxilios porque son más pequeñas que las pastillas y ocupan menos espacio.

Las pastillas o comprimidos son el formato más frecuente en que se presentan los remedios homeopáticos

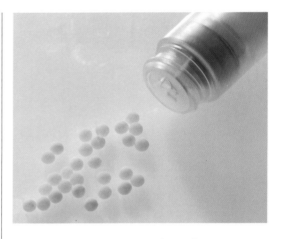

Los gránulos son pequeñas pastillas de forma esférica que se disuelven lentamente en la boca. Se trata de un formato muy adecuado para incluir en el botiquín de primeros auxilios.

Polvo

El formato en polvo suele ser prescrito por los homeópatas para tratamientos de una sola dosis o de varias dosis de un remedio de potencia más elevada (por ejemplo, de 200c o superior, o de 1m o superior). En general, se suministran envueltos en papel y, al igual que los comprimidos blandos, se disuelven de forma instantánea en la lengua. Asimismo, se puede machacar una pastilla, envolviéndola primero en un papel y luego aplastándola con una cuchara de metal. El polvo que se obtiene queda dentro del envoltorio, al que se le puede dar forma de

El dolor de espalda es una dolencia crónica que puede ser tratada con varias pastillas al día.

embudo para ingerir mejor el remedio; también así se consigue una absorción rápida.

Este método puede utilizarse en caso de primeros auxilios, o cuando se tenga que administrar el remedio a niños pequeños, bebés o niños que se nieguen a tomar pastillas.

Frecuencia del tratamiento

Una vez que se haya escogido el remedio, la siguiente consideración es la frecuencia de las tomas. La distinción principal se establece entre enfermedades crónicas y enfermedades agudas. Una enfermedad aguda tiene un crecimiento muy rápido al principio, pero dura poco, mientras que las dolencias crónicas son de larga duración y crecimiento gradual.

Para un trastorno agudo, como por ejemplo una herida o un dolor de estómago, debe tormarse una pastilla cada una o dos horas durante las primeras seis tomas (puede reducir las tomas si la dolencia se alivia antes). Si la dolencia no se alivia después de seis tomas, continúe con una o dos pastillas dos o tres veces al día hasta que los síntomas se aplaquen. En cuanto observe que la dolencia comienza a aliviarse, deje de tomar el remedio.

Si la dolencia es crónica, como por ejemplo el síndrome del intestino irritable, la fatiga crónica, la artritis o la depresión, entonces tómese una pastilla dos veces al día hasta que mejore su estado. En cuanto la dolencia desaparezca, deje de tomar el remedio de inmediato.

Puede parecer algo extraño abandonar el tratamiento justo cuando la dolencia empieza a aliviarse, ya que estamos acostumbrados a los medicamentos convencionales, como los antibióticos, que se han de tomar durante un período preestablecido. Sin embargo, en homeopatía, continuar un tratamiento una vez que empieza la mejoría no aporta beneficios.

Si observa que un determinado remedio no le alivia tras habérselo estado tomando durante el tiempo suficiente, debería probar con otro remedio. Siempre que pueda, tenga en cuenta su remedio constitucional. A menudo, la selección del remedio comporta varios ensayos y errores.

Un resfriado fuerte es un trastorno agudo que puede ser tratado tomando una pastilla cada 1-2 horas.

Tipos constitucionales

La homeopatía trata al individuo como un "todo", es decir, tiene en cuenta tanto su estado físico, psíquico y emocional, como su enfermedad o trastorno. Conocer el tipo constitucional de una persona permite juzgar qué remedio es el más adecuado para ella. Esto es especialmente importante si tenemos en cuenta que dos personas con el mismo problema pueden tener una sintomatología distinta. Así, es posible que distintas modalidades homeopáticas (influencias) puedan mejorar o empeorar las dolencias en cada caso. Por este motivo, los tratamientos deben ser diferenciados aunque se trate de la misma dolencia.

En la prescripción de los remedios se tienen en cuenta los factores mentales y emocionales de cada tipo constitucional. Esto incluye aspectos como los miedos de cada persona, por ejemplo la aversión a los animales, a las arañas, a la oscuridad, a las tormentas de relámpagos y truenos, a la soledad, al robo, a la agresión, al fracaso, a la muerte o al envenenamiento. Asimismo, se observan las características temperamentales del individuo: si suele llorar, estar alegre o enfadado, si es seguro, perezoso, perfeccionista, apacible, delicado, cuidadoso, optimista, irritable, agresivo o

Conocer el tipo constitucional de una persona puede aportar un conocimiento profundo de su problema.

Conocer los miedos y ansiedades de cada persona puede ayudar a revelar su estado emocional y psíquico.

rencoroso. Además, es necesario examinar si ciertos factores afectan al individuo y si éstos tienen un efecto en el trastorno que padece. Por ejemplo, ¿cómo responde al ruido? ¿Reacciona emocionalmente a la música? ¿Cómo está por la mañana: despierto y alerta o apagado e insensible? ¿Prefiere la soledad o la compañía? ¿Qué tiempo prefiere, frío o cálido? ¿Qué prefiere, una atmósfera húmeda o seca? ¿Habla con otras personas sobre sus problemas o se los guarda para sí mismo? ¿Tiene preferencias muy marcadas con respecto a la comida y a la bebida?

Los factores físicos también son importantes. Estos aspectos incluyen si el paciente es alto o bajo, gordo o delgado, de extremidades largas o cortas. ¿Tiene ojeras? ¿De qué color tiene el cabello y los ojos? ¿Tiene el cabello grueso y rizado o fino y lacio? ¿Cómo es la textura de su piel? ¿Y su tipo de ropa preferida? ¿Cómo es su forma de vestir, formal o informal? ¿Tiene arrugas en el entrecejo?

Una vez que se ha averiguado el tipo constitucional de cada persona, es más fácil seleccionar el remedio adecuado. Por ejemplo, considere a una persona que sufre dolor de garganta y un resfriado. Los mejores remedios para sus síntomas físicos como el dolor de garganta y el resfriado son los remedios A, B y C. El mejor remedio para los aspectos emocionales de la persona con dolor de garganta y resfriado son el B o el C. Y el mejor remedio, teniendo en cuenta la constitución, es el B. Así pues, el remedio B ha de ser el más adecuado para la persona en cuestión.

Sin embargo, no es imprescindible calcular el remedio de esta manera. Si se hubiera prescrito el remedio A teniendo en cuenta únicamente los síntomas físicos de la persona, éste tendría un efecto sobre el paciente, aunque menor que en el caso del remedio B, que se ajusta a todos los aspectos del individuo en cuestión.

Algunos de los tipos constitucionales se describen en las siguientes páginas.

Tipo Argent. Nit

Aspecto. De tez pálida. Parece mayor de lo que es debido a la tensión y a las preocupaciones.

Aspectos mentales y emocionales. Alegre e impresionable. A menudo, ansioso y preocupado. Siempre con prisas y tiende a ser impulsivo. Le resulta difícil controlar las emociones. Ríe, llora o pierde los nervios con facilidad. Rápido de pensamiento y bueno en la resolución de problemas. Tiende a la extroversión para esconder sus sentimientos.

Debilidades físicas. Sistema nervioso. Sistema digestivo. Ojos. Los trastornos suelen aparecer en el lado izquierdo del cuerpo.

Factores de la dieta. Le gusta el chocolate, los dulces, la sal y el queso. No le gustan los alimentos fríos.

El niño Argent. Nit. No para de ir arriba y abajo y no puede estarse quieto. Con tendencia al nerviosismo, puede padecer dolor de estómago cuando se estresa. Tendencia a reaccionar mal frente a situaciones nuevas como cambiar de escuela. Tendencia al insomnio, debido a la ansiedad, y enuresis nocturna.

El tipo Argent. Nit. suele tener la conjuntiva muy delicada.

Tipo Arsen. Alb.

Aspecto físico. En general, delgado. Suele ir acicalado y vestir "con estilo". Rasgos faciales finos y la piel sensible y delicada. Posibles arrugas en la frente y el entrecejo.

Aspectos mentales y emocionales. Persona nerviosa. Perfeccionista en casa y en el trabajo. Puede ser crítico e intolerante. De convicciones fuertes. A veces tiene gran miedo a la soledad. Comportamiento obsesivo-compulsivo, en particular en lo referente a la limpieza y al orden; esto puede esconder una mentalidad acaparadora. Puede desestimar planes y proyectos si piensa que no van a funcionar en un 100 %. De naturaleza pesimista, necesita reafirmaciones constantes.

Debilidades físicas. Sistema digestivo. Piel. Sistema respiratorio (asma, resfriados y tos).

Factores de la dieta. Le gustan los alimentos con grasa, las comidas y bebidas calientes, en particular el café, los dulces, el alcohol y los alimentos ácidos. No le gusta tomar grandes cantidades de líquido.

El niño Arsen. Alb. Muy sensible y nervioso. El ruido le suele poner de mal humor. Se cansa y agota tras períodos de mucho esfuerzo. Sufre pesadillas debido a una imaginación muy activa. Con la edad, aumenta su agilidad física y mental. Tendencia a la preocupación desmesurada por el bienestar de los padres. Mantiene la habitación limpia y ordenada. No le gusta el desorden ni desordenar.

Las bebidas calientes y los alimentos dulces son los favoritos de las personas del tipo Arsen. Alb.

Tipo Calc. Carb.

Aspecto físico. Con sobrepeso o tendencia a engordar. Perezoso y de aspecto abotargado y cansado. Tendencia a adoptar malas posturas.

Aspectos mentales y emocionales. Impresionable, sensible y silencioso. Tendencia a ser arrastrado por un miedo profundo al fracaso. Suele darle demasiadas vueltas a un problema determinado. Puede enfadarse mucho o ser muy cruel con los animales y los niños. Necesita motivación para triunfar en las tareas. Tendencia a depresiones suaves cuando está enfermo. Necesita reconocimiento para mejorar su estado.

Debilidades físicas. Oídos, nariz y garganta. Sistema óseo (muchos lo manifiestan en dolores de espalda). Sistema digestivo: tendencia al síndrome del intestino irritable e hinchazón. Piel. Dientes. Agotamiento; tendencia al síntoma de fatiga crónica. Tendencia a la depresión.

Factores de la dieta. Le gustan los lácteos, los huevos, los dulces, la sal, los postres, el chocolate, los carbohidratos, las bebidas frías y los helados. No le gustan las carnes grasas, los alimentos cocidos ni la leche caliente.

El niño Calc. Carb. Rellenito o con sobrepeso. Plácido y tranquilo. Tez a menudo pálida. Habla y camina despacio y los dientes son de desarrollo lento. Puede caerse fácilmente. Miedo a la oscuridad y tendencia a levantarse por la noche debido a pesadillas. Suele ser perezoso y necesita estímulos para realizar los deberes del colegio.

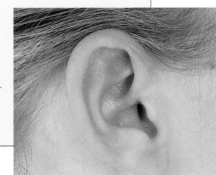

Los oídos, la nariz y la garganta son zonas débiles para el tipo Calc. Carb.

Tipo Graphites

Aspecto físico. Tendencia a tener sobrepeso y con mucho apetito. Se ruboriza fácilmente. Puede tener una aspecto desaliñado y dejado. Puede tener una piel áspera y seca que se cuartea y desescama con facilidad. Cabello seco, generalmente oscuro. Cuero cabelludo con caspa.

Aspectos mentales y emocionales. Trabajador, se toma tiempo para hacer las cosas bien y resolver los problemas. Una concentración excesiva en una tarea le puede causar irritabilidad. Le cuesta cambiar de actitud y de rutina. No está en forma a primera hora de la mañana. Tendencia a los cambios de humor. Puede desanimarse y llorar y luego impacientarse.

Debilidades físicas. Piel, uñas. Metabolismo lento. Entre las dolencias comunes se cuentan la "boqueras" –llagas en las comisuras de los labios–, el agotamiento, el mal aliento, las hemorragias de nariz, los orzuelos y los mareos en coche.

Factores de la dieta. Le gustan los alimentos ácidos y sabrosos y las bebidas frías. Le desagradan los alimentos dulces, la sal, el marisco y las bebidas calientes.

El niño Graphites. Sensible al frío, se resfría con facilidad. Tímido, indeciso y ansioso. No le gustan los viajes largos, ya que a menudo se marea.

A las personas de tipo Graphites les gustan las comidas saladas, como las ensaladas o las verduras, más que los dulces y los postres.

El tipo Ignatia

Aspecto físico. De constitución delgada. Tendencia a ojeras oscuras. Puede tener una expresión de gran cansancio y tics en los ojos y en la boca. Labios secos, cabello oscuro o castaño. Suspira a menudo.

Aspectos mentales y emocionales. Es el más nervioso de todos los tipos constitucionales. Tendencia a cambios de humor rápidos y extremos. Puede cambiar rápido de la depresión a la euforia, y del llanto a la risa. Tendencia a reprimir el dolor. Le puede costar acabar una relación y percibe esto como una debilidad. Frecuente adicción a la nicotina y a la cafeína.

Debilidades físicas. Sistema nervioso. Los *shocks* emocionales pueden ser la causa de innumerables problemas físicos. Los problemas frecuentes incluyen la tristeza con tendencia a la histeria en los duelos, que puede conducir a la depresión; resfriados y tos; estreñimiento; así como rechinar los dientes (bruxismo).

Factores de la dieta. Le gusta el café, los alimentos ácidos y sabrosos, los productos lácteos y los carbohidratos. Le disgustan los alimentos dulces.

El niño Ignatia. Muy nervioso. Excitable y sensible. Tiene dificultad para actuar bajo estrés. Percibe la separación o el divorcio de sus padres como algo muy difícil de sobrellevar, y lo manifiesta con rabietas, llanto y bajo rendimiento en la escuela. Prefiere la compañía a la soledad. Tendencia a sufrir dolores de cabeza, resfriados y dolor de garganta. Responde bien a las reafirmaciones y la seguridad.

A las personas del tipo Ignatia les encantan los productos lácteos.

Tipo Lachesis

Aspecto físico. Puede ser enjuto y abotargado. Expresión fuerte y determinada. De tez más bien pálida y con tendencia a las pecas. Ojos profundos y vivarachos. Suele humedecerse los labios con la lengua.

Aspectos mentales y emocionales. Muy ambicioso y creativo. Suele tener la mente abarrotada de pensamientos. Celoso y posesivo. Hablador. Posible sensibilidad al ruido. De ser religioso, tendencia a verse a sí mismo como un gran pecador. Suspicacia ante desconocidos.

Debilidades físicas. Circulación. Sistema nervioso. Los problemas más frecuentes incluyen venas varicosas, hiperactividad, problemas en la menopausia, dolor de garganta, asma, sueño ligero e insomnio, palpitaciones y ataques de pánico. Tendencia a padecer problemas en la parte izquierda del cuerpo. Los problemas físicos pueden empeorar si trata de dormir o permanecer quieto.

Factores de la dieta. Le gusta el café, el alcohol, el marisco, las bebidas frías, los alimentos ácidos y sabrosos y los carbohidratos. No le gustan las bebidas dulces.

El niño Lachesis. Rencoroso, posesivo y peligroso si se enfada. Hiperactivo. Celoso de los hermanos, especialmente de los recién nacidos. Tendencia a padecer pesadillas. Tendencia a la falta de concentración y a la hiperactividad.

Los tipos Lachesis tienden a humedecerse los labios con la lengua con frecuencia.

Tipo Lycopodium

Aspecto físico. Alto y delgado. Arrugas de preocupación en la frente. Suele parecer mayor de su edad real. Tics en la cara. Cabello fino en los hombres. Les disgusta llevar ropa ajustada.

Aspectos mentales y emocionales. Tendencia a la exageración. Suele crear dramas a partir de una nimiedad. Inseguro, odia los cambios. Evita el compromiso. Ansioso frente a los desafíos. Gran miedo a la soledad y a la oscuridad. Olvidadizo. Encuentra pequeños errores desproporcionadamente irritantes. No soporta ser contrariado.

Debilidades físicas. Los problemas más comunes incluyen trastornos digestivos, piedras en el riñón, problemas de próstata, dolores de cabeza, dolor de garganta y alopecia en los hombres. Tendencia al síndrome de fatiga crónica. Predominan los problemas en la parte derecha del cuerpo.

Factores de la dieta. Le gustan los alimentos dulces, las bebidas calientes, la cebolla, el ajo y el marisco. No le gusta el queso o las carnes de sabor fuerte.

El niño Lycopodium. Básicamente inseguro y tímido, aunque puede ser dominante con otros niños. Le gusta estar dentro de casa más que afuera. Le gusta leer y es un estudiante bueno y voluntarioso.

En los hombre del tipo Lycopodium el cabello suele volverse gris y se tiende a la calvicie.

Tipo Merc. Sol.

Aspecto físico. Corpulencia mediana. La piel de la cara puede ser brillante o húmeda debido a la transpiración, con una aspecto grisáceo y translúcido. El cabello suele ser oscuro o castaño.

Aspectos mentales y emocionales. Suele tener una batalla interior con sus emociones. El resentimiento, la ansiedad y la falta de confianza en los demás suelen causarle sentimientos de inseguridad. Le disgustan las críticas dirigidas contra su persona, así como recibir

órdenes de otros. Tendencia a explosiones de rabia y enfado. Con la edad, tiene problemas de memoria.

Debilidades físicas. Los problemas más comunes incluyen: dolor de garganta, inflamación de las glándulas y agotamiento. También son frecuentes los problemas de sensibilidad en la piel y las alergias. Tendencia a padecer el síndrome de fatiga crónica. Puede sufrir trastornos afectivos estacionales (TAE).

Factores de la dieta. Le gustan las bebidas frías, los carbohidratos y los cítricos. No le gustan los alimentos demasiados sazonados.

El niño Merc. Sol. Comportamiento irritable. Tímido y precavido. Tendencia a tartamudear. Susceptibilidad a padecer trastornos de oídos, nariz y garganta.

A las personas del tipo Merc. Sol. les suele afectar el tiempo y pueden padecer trastornos afectivos estacionales.

Tipo Nat. Mur.

Aspecto físico. En mujeres, cuerpo en forma de pera; en hombres, constitución robusta o delgada. La piel suele ser grasa y congestionada con tendencia a hincharse. Ojos enrojecidos y húmedos. Labios rojos y agrietados. Cabello castaño u oscuro.

Aspectos mentales y emocionales. Tendencia a reprimir emociones como el miedo, la soledad o la ira, lo que puede conducir a la depresión. Represión de los sentimientos de dolor o pérdida de algún ser querido. Tras la ruptura de una relación, puede caer en el desánimo y la depresión. Incapaz de llorar. Tendencia a sufrir en silencio y a no pedir ayuda cuando la necesita. Profesional triunfador, competitivo y con una buena posición social.

Debilidades físicas. Sistema nervioso. Los problemas más comunes incluyen depresión, síndrome premenstrual, problemas de piel, llagas bucales,

resfriados, palpitaciones y dolores de cabeza.

Factores de la dieta. Le gusta las bebidas frías, los alimentos ácidos o aromáticos y le entusiasma la sal y la mayoría de carbohidratos. No le gusta el café ni el pan.

El niño Nat. Mur. Pequeño para su edad. De desarrollo lento. Buena conducta. Le gustan los animales. Excelente en la escuela, pero si se le critica, puede sentirse muy herido. Tendencia a los dolores de cabeza cuando está bajo presión.

Las personas del tipo Nat. Mur. son serias y voluntariosas. Suelen ser profesionales buenos y competitivos.

Tipo Nux Vomica

Aspecto físico. Delgado, sobre todo en la juventud. Aspecto avispado. Puede parecer estresado y tenso. Envejece de forma prematura. Tendencia a las ojeras. Se ruboriza con la ira o la emoción.

Aspectos mentales y emocionales. Tendencia a la adicción y a la autoindulgencia. Le suelen entusiasmar el alcohol, la comida y los estimulantes como el café y el tabaco. Puede ser adicto al sexo. Le cuesta relajarse. Puede ser muy ambicioso e impaciente. Intolerante y crítico, exige la perfección a los demás. Lo peor que le puede pasar a un persona del

La persona Nux Vomica puede hacerse excesivamente dependiente del alcohol y de los estimulantes.

tipo Nux Vomica es fracasar. Intolerantes y críticos, exigen la perfección a los demás.

Debilidades físicas. Tendencia a padecer trastornos digestivos debidos a la resaca y al desenfreno. Migrañas y dolores de cabeza, hernia y alergia. Se recupera durmiendo.

Factores de la dieta. Le gustan los alimentos con grasa y calóricos, el queso y la leche, el alcohol, el café y los alimentos condimentados. Le disgusta el efecto de algunas especias fuertes en la comida (a pesar de disfrutar mientras las ingiere).

El niño Nux Vomica. Irritable. Se aburre con facilidad. Tendencia a la hiperactividad y problemas de concentración. Puede coger berrinches. En la adolescencia, suele ser competitivo. Tendencia a la adicción al alcohol y a las drogas; le gusta ser rebelde.

El tipo Phosphorus

Aspecto físico. Alto y delgado con extremidades largas. Les gusta vestir bien y con estilo. Quizás con aspecto de artista o creativo. Piel fina. Cabello castaño u oscuro.

Aspectos mentales y emocionales. Necesita mucho amor y atención. Muy divertido, pero necesitado y exigente. Le gusta ser el centro de atención. Necesita simpatía cuando está enfermo o enfadado. Expresivo, afectivo, muestra las emociones con facilidad. Necesita ser reafirmado, en particular respecto a su aspecto e imagen. Gran atención o concentración inmediata. Desafiante, especialmente hacia el otro miembro de la pareja.

Debilidades físicas. Sistema nervioso, en particular, miedo e hipersensibilidad. Problemas de circulación. Vértigo. Resfriados y tos. Pulmones débiles. Dolores

de cabeza. Tendencia a problemas en la parte izquierda del cuerpo.

Factores de la dieta. Le gustan la sal y los alimentos condimentados, ácidos y con sabores fuertes, así como las bebidas carbónicas, el alcohol, los quesos suaves y los dulces. No le gustan en absoluto el pescado ni la fruta.

El niño Phosphorus. Alto y delgado con extremidades largas. Nervioso. Le gusta estar con gente y ser el centro de atención. Gran miedo a la oscuridad.

A las personas del tipo Phosphorus les gustan los quesos suaves y los platos condimentados, ácidos y de sabores fuertes.

Tipo Pulsatilla

Aspecto físico. Puede tener un ligero sobrepeso. Aspecto agradable y cariñoso. Puede parecer más joven de su edad real. Bastante cabello y piel con un matiz rosado. Suele tener los ojos azules. Se ruboriza fácilmente. A menudo descansa con las manos detrás de la cabeza.

Aspectos mentales y emocionales. Tímido, se ruboriza con facilidad. Amable y agradable, hace amigos fácilmente. Indeciso y poco positivo. Llora con facilidad, en particular por los niños, los animales, las tragedias de las noticias o los melodramas. También ríe con facilidad. Evita la confrontación. Ama a los animales. Pueden rerimir la culpabilidad y la ira. Ocasionalmente, tendencia a un comportamiento obsesivo o compulsivo.

Las personas del tipo Pulsatilla suelen descansar con las manos detrás de la cabeza.

Debilidades físicas. Todos los problemas femeninos relacionados con la reproducción. Catarros. Síntoma del síndrome del intestino irritable. Problemas de piel. Venas varicosas. Orzuelos. Los síntomas físicos pueden fluctuar y cambiar rápidamente.

Factores de la dieta. Le gustan los dulces, la comida y las bebidas frías. No le gustan los alimentos con grasa (en especial la crema de leche y la mantequilla) ni los muy condimentados y calóricos.

El niño Pulsatilla. Tiene miedo a la oscuridad y no le gusta irse a la cama. Sensible a los cambios de tiempo. Llorón y quejicoso cuando esta cansado. Tendencia a los resfriados y a la tos.

Tipo Sepia

Aspecto físico. Delgado y alto. Suele sentarse con las piernas cruzadas. Le gusta tener un aspecto atractivo y elegante. Cabello castaño u oscuro, a menudo con ojos castaños.

Aspectos mentales y emocionales. Puede ser irritable y se ofende enseguida. Tendencia a ser agresivo con los que quiere. No puede soportar mucho estrés e intenta escapar a las presiones de los plazos límite. Suele sentirse mejor después de haber llorado, pero le desagrada que otros le vean hacerlo. Evita las multitudes, pero teme quedarse solo. Odia que le contradigan y es de fuertes convicciones.

Debilidades físicas. Todos los problemas relacionados con la menopausia. Dolores de cabeza y migrañas. Problemas en la piel. Otros trastornos frecuentes incluyen el estreñimiento, las hemorroides, el síndrome de fatiga crónica y la depresión. La situación suele mejorar con el ejercicio físico. Los problemas físicos suelen aparecer en la parte izquierda del cuerpo.

Factores de la dieta. Le gustan las especias y la comida condimentada, los cítricos, los dulces y el alcohol. Le desagradan los productos lácteos, en particular la leche, las carnes grasas y de sabor fuerte, y las comidas con mucha grasa.

El niño Sepia. Glotón. Tiende a padecer estreñimiento y enuresis nocturna. Taciturno. Sensible al frío, suele cansarse enseguida. No le gusta la soledad.

Las personas del tipo Sepia temen quedarse solas, pero tampoco gustan de las multitudes.

Tipo Silicea

Aspecto físico. En general, delgado y con una frente amplia. La cabeza puede parecer desproporcionadamente grande respecto del cuerpo. Rasgos delicados y finos, casi como las figuras de porcelana. La piel y los labios parecen grises y pueden estar agrietados. Las palmas de las manos suelen sentirse sudadas al tacto y a menudo tiene las uñas quebradizas.

Aspectos mentales y emocionales. Durante la juventud, bastante inseguro. Tendencia al agotamiento mental. Puede sentirse abrumado y apesadumbrado. No soporta la responsabilidad. Suele sentirse indeciso a la hora de embarcarse en nuevos proyectos o cambiar de trabajo o domicilio. El miedo al fracaso se suele manifestar con el trabajo excesivo. Ese temor

Las uñas de las personas del tipo Silicea pueden ser ásperas y quebradizas. Las heridas en la pie pueden tardar mucho en curarse.

también puede afectar las relaciones personales. Suele rechazar con pertinacia el consejo de los seres queridos para esconder sus verdaderos sentimientos.

Debilidades físicas. Problemas en el sistema nervioso; en particular, le afectan las novedades. Agotamiento. Curación y convalecencia lentas. Enfermedades respiratorias, incluidas las infecciones de pecho, y poca resistencia frente a los resfriados y la tos. Estreñimiento. Problemas de piel. Dolores de cabeza. Sensibilidad al frío.

Factores de la dieta. Les gustan las comidas frías como las ensaladas y las verduras crudas. Le desagradan los productos lácteos, en particular el queso y la leche. Tampoco le gustan las comidas muy condimentadas.

El niño Silicea. Pueden ser de tamaño inferior a los niños de su edad, de aspecto pequeño, a parte de la cabeza, que puede parecer en proporción más grande que el cuerpo. Sensible al frío. Poco deportista, debido a su escasa resistencia física. Puede ser tímido. Habitualmente, ordenado y de buena conducta..

Tipo Sulphur

Aspecto físico. Puede ser delgado y con una postura deficiente. Puede parecer desaliñado. El cabello, áspero y seco. Tendencia a tener la piel y los labios enrojecidos.

Aspectos mentales y emocionales. Mente desordenada. Puede ser crítico. Le gusta discutir. Suele carecer de voluntad y de autoestima. Suele dejar los ideas o proyectos inacabados.

Debilidades físicas. Tendencia a problemas de piel y circulación; hemorroides y estreñimiento, pies calientes y ardientes; olor corporal.

Factores de la dieta. Le gustan los dulces, las comidas con grasa, los estimulantes como el café y el chocolate. Le agradan el alcohol, las comidas especiadas y de gustos fuertes, los cítricos, las ensaladas y el marisco. Le desagradan los productos lácteos, en particular la leche, y los huevos. Suelen disgustarle las bebidas calientes.

El niño Sulphur. Aspecto desaliñado. Tendencia a la hiperactividad durante la tarde-noche. No le gusta bañarse, ducharse o lavarse las manos. Tiene un apetito saludable.

Las personas del tipo Sulphur disfrutan de alimentos ácidos, como los cítricos.

Remedios homeopáticos

En las páginas siguientes se presentan los remedios homeopáticos principales y se indican su prodedencia, su uso en el tratamiento y algunos consejos. Antes de continuar, lea acerca de las modalidades y sepa lo que debe hacer y lo que debe evitar.

Modalidades

Las modalidades son influencias que pueden empeorar o mejorar los síntomas del paciente. Constituyen una guía valiosísima para aproximarse al máximo en la elección del remedio homeopático más conveniente. A continuación se mencionan las modalidades principales:

• **Modalidad física:** se tiene en cuenta la respuesta del paciente ante el movimiento, la posición del cuerpo, el tacto, el descanso, el esfuerzo, el ruido y los olores.

• **Temperaturas:** el calor, el frío, la calidez, el viento, la humedad y la estación del año pueden afectar a los síntomas de la persona.

• **Tiempo:** los síntomas pueden hacerse más visibles durante el día o durante la noche, por la mañana, al mediodía o por la tarde. Incluso pueden llegar a variar de hora en hora.

• **Dieta:** los alimentos, las bebidas, los estimulantes y el alcohol pueden afectar al paciente y a su enfermedad.

• **Modalidades localizadas:** los síntomas pueden ser más intensos en la parte izquierda o derecha del cuerpo. Los zurdos y los diestros pueden experimentar síntomas distintos.

Lo que debe hacer

• Límpiese la boca de restos de comida y bebida, y manténgala limpia al menos durante unos 20 o 30 minutos antes de tomar el remedio.

• Utilice una pasta dentífrica homeopática, como la caléndula, ya que así tendrá la seguridad de no introducir sustancias que puedan contrarrestar el efecto del remedio.

• Guarde el remedio en un lugar seco y oscuro.

• Compruebe la fecha de caducidad antes de usarlo.

• Mantenga las pastillas fuera del alcance de los niños.

• Guarde los remedios lejos de perfumes fuertes o de aceites esenciales.

Lo que debe evitar

• No se trague la pastilla, deje que se disuelva completamente en la boca.

• No beba café ni fume mientras toma el tratamiento.

• No coma caramelos para el resfriado de menta, hierbabuena o mentol, ya que pueden interferir en la acción del remedio. Tampoco se debe utilizar una pasta dental de sabor a menta o a hierbabuena para cepillarse los dientes.

• No utilice aceites esenciales de alcanfor, eucalipto, mentol, hierbabuena o romero.

• No toque las pastillas con los dedos. Utilice la tapa para llevárselas a la boca, ya que el sudor de los dedos o de la palma de la mano podría absorber el remedio antes de ingerirlas.

• No se ponga perfume o loción para después del afeitado hasta que hayan pasado al menos 30 minutos tras ingerir el remedio.

Aconite

Este remedio homeopático se obtiene de una planta tóxica del mismo nombre utilizada desde hace siglos para tratar las infecciones y para envenenar las flechas de caza.

Uso y tratamiento

El Aconite es útil en los supuestos indicados a continuación.

Aspectos mentales y emocionales

● Ansiedad y miedo ● Sentimientos de finitud y pesimismo, especialmente si van acompañados de enfermedad ● Fuerte miedo a la muerte, a la oscuridad o incluso a los fantasmas ● Agorafobia y pánico ● *Shocks* ● Preocupación y estrés por el futuro ● Pesadillas ● Ataques de pánico ● Imaginación vívida ● Infelicidad ● Tensión física y emocional que agota la energía de la mente y del cuerpo.

El Aconite suele utilizarse para tratar los ataques de pánico. También puede usarse cuando la persona se enfrenta a una dura prueba.

El acónito (Aconitum napellus) es el material de donde se obtiene el remedio homeopático Aconite.

Aspectos físicos

● Dolores de cabeza con sensación de calor y pesadez ● Escozor y picor de ojos ● Garganta y nariz irritadas o problemas de oídos ● Tirantez y opresión en el pecho ● Resfriados, tos y gripe ● Problemas para dormir ● Nerviosismo ● Palpitaciones ● Tics nerviosos en los ojos ● Quemaduras solares, cuando van acompañadas de temblores y fiebre.

Modalidades

● **Mejora:** con el aire fresco y cálido
● **Empeora:** en la tarde y noche.

Consejos para el tratamiento

Este remedio es muy útil para tratar trastornos que aparecen de forma repentina.

Remedio imprescindible en un botiquín homeopático de primeros auxilios.

Apis Mel.

El remedio homeopático Apis Mel. se obtiene de la abeja de la miel (se utiliza todo el insecto). El propóleos, un tipo de sustancia resinosa secretada por las abejas para reparar las celdas de su panal, ha sido utilizado durante siglos cono antibiótico natural.

Uso y tratamiento

El remedio homeopático Apis Mel. es útil en los supuestos indicados a continuación.

El remedio homeopático que se extrae de la abeja melifera proporciona una serie de sustancias de aplicación médica.

Aspectos mentales y emocionales
- Memoria deficiente • Celos • Insatisfacción
- Crisis de llanto • Apatía e indiferencia
- Quejas constantes • Miedo a la muerte.

Aspectos físicos
• Torpeza • Dolores de cabeza: punzantes y pulsátiles • Fiebre acompañada por ausencia de sed y piel sensible al tacto • Escozor y picor de la piel • Todos los problemas de ojos con escozor y picor • Artritis, cuando hay sensación dolorosa de quemazón • Cistitis y otras infecciones del tracto urinario que causan picor al paso de la orina • Picaduras de insectos • Tos constante y espasmódica.

El remedio homeopático Apis Mel. se utiliza a menudo para ayudar a sobreponerse de las crisis de llanto.

Modalidades
• **Mejora:** con agua fría y un ambiente fresco; con la aplicación de compresas frías.
• **Empeora:** al presionar y al tacto; con el calor.

Consejos para el tratamiento
El Apis Mel. es un excelente remedio para tratar las quemazones y picores que responden bien a un tratamiento con un producto fresco. Es útil para una piel inflamada y escocida, especialmente tras la picadura o mordedura de algún insecto. Eficaz para cualquier tipo de inflamación repentina o hinchazón de la piel.

Remedio imprescindible en un botiquín homeopático de primeros auxilios.

Argent. Nit.

El remedio homeopático **Argent. Nit.** se obtiene del **nitrato de plata** (un compuesto de plata). En grandes cantidades es venenoso. Es cáustico y antiguamente se utilizaba para cauterizar heridas.

Uso y tratamiento

El remedio homeopático Argent. Nit. es útil en los supuestos indicados a continuación.

Los cristales de nitrato de plata se extraen de la acantita, uno de los principales minerales de plata.

Aspectos mentales y emocionales

• Aprensión • Miedos • Nerviosismo • Imaginación hiperactiva • Miedo a salir a escena • Fobias, en particular claustrofobia y miedo a las arañas u otros insectos • Estrés y prisa • Miedo a hablar en público o a tratar con gente • Miedo a los exámenes.

Aspectos físicos

• Diarrea causada por la ansiedad y la tensión • Pesadillas • Contracciones musculares dolorosas debido a la constante tensión • Dolores de cabeza causados por mucha concentración • Flatulencia • Temblor y debilidad en músculos y extremidades • Palpitaciones y opresión en el pecho • Ojos irritados y cansados • Síndrome del intestino irritable.

Modalidades

• Mejora: con el aire fresco y la presión.

• Empeora: en situaciones altamente emocionales; con la concentración; con el calor.

Consejos para el tratamiento

El remedio homeopático Argent. Nit. ayuda a aliviar la aprensión y la ansiedad. De utilidad cuando existe miedo ante un acontecimiento que se avecina como, por ejemplo, un examen o una entrevista. Ayuda a controlar los nervios, tanto antes como durante el acontecimiento.

El remedio Argent. Nit. puede utilizarse para superar miedos y fobias. También ayuda a reducir las pesadillas y la hiperactividad de la imaginación.

Arnica

El remedio homeopático Arnica procede de la árnica, *Arnica montana* (también conocida como veneno de leopardo), una planta herbácea utilizada desde el siglo XVI como remedio para contusiones, dolores musculares y reumatismo.

Las flores de la planta Arnica montana *se utilizan como remedio para los* shocks *físicos y emocionales.*

Uso y tratamiento

El remedio homeopático Arnica es útil en los supuestos indicados a continuación.

Aspectos mentales y emocionales

• Irritabilidad • Nerviosismo e hipersensibilidad • Incapacidad para mantener la concentración en una misma tarea • Olvidos frecuentes e indiferencia • Agorafobia • Todo tipo de *shocks* • Duelo.

Aspectos físicos

• Convalecencia posquirúrgica • Dolores de parto y alumbramiento • Dolor muscular • Contusiones • Hematomas • Dolor de espalda y de articulaciones • Torceduras • Ojos morados • Accidentes y caídas • Cabeza sensible, ardiente y dolorosa • Ojos cansados

• Conmoción cerebral • Hemorragias nasales • Dolor muscular en el pecho tras un resfriado fuerte • Esfuerzo excesivo • Vértigo.

Modalidades

• **Mejora:** descansando tumbado.

• **Empeora:** con el movimiento; con el tiempo frío y húmedo.

Consejos para el tratamiento

El remedio homeopático Arnica es un remedio clave para todas las formas de dolor muscular y para las contusiones. También es muy eficaz para su aplicación tópica —siempre que no haya herida abierta— mediante cremas, ungüentos o en compresas con tintura. La árnica es uno de los remedios más conocidos y famosos.

Remedio útil recomendado para su incorporación en un botiquín homeopático de primeros auxilios.

La Arnica es un remedio eficaz contra el impacto físico y emocional del parto.

Arsen. Alb.

El remedio homeopático **Arsen. Alb.** es un derivado del arsénico, un veneno metálico.

Uso y tratamiento

El Arsen. Alb. es útil en los supuestos indicados a continuación.

Aspectos mentales y emocionales

- Inquietud • Angustia y ansiedad
- Sentimientos de desesperanza
- Hiperreactividad a las enfermedades
- Excitación • Hipocondria • Perfeccionismo manifestado por un comportamiento obsesivo-compulsivo • Incapacidad de enfrentarse a los problemas • Inseguridad • Miedo a la oscuridad • Miedo al envenenamiento • Tics nerviosos • Ideas obsesivas • Celos
- Adicciones, incluidas la adicción al alcohol y al tabaco • Miedo a la soledad • Miedo a la muerte • Miedo al ahogo o la asfixia.

Aspectos físicos

- Problemas de piel y cabello, como la soriasis y la caspa • Intoxicación alimentaria
- Vómitos • Agotamiento • Dolores de cabeza
- Úlceras bucales • Retención de líquido
- Formas suaves de asma • Dolor de garganta, especialmente si hay dificultad al tragar
- Calambres • Sueño alterado e inquieto
- Dolor de angina de pecho.

El trióxido de arsénico es un compuesto que se utiliza para tratar síntomas muy diversos.

Modalidades

- **Mejora:** con bebidas calientes; con el calor; con el movimiento.
- **Empeora:** con el tiempo frío y húmedo.

Consejos para el tratamiento

Es un remedio muy útil para tratar los problemas digestivos. También es muy bueno para calmar la ansiedad y el nerviosismo. Actúa sobre todos los órganos y tejidos del cuerpo.

El remedio Arsen. Alb. actúa sobre las mucosas de los sistemas respiratorio y digestivo. También se puede utilizar para tratar las adicciones como, por ejemplo, la del tabaco.

Aurum Met.

El remedio homeopático **Aurum Met.** Se obtiene del oro adecuadamente molido hasta convertirlo en polvo fino.

Uso y tratamiento

El remedio homeopático Aurum Met. es útil en los supuestos indicados a continuación.

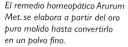

El remedio homeopático Arurum Met. se elabora a partir del oro puro molido hasta convertirlo en un polvo fino.

Aspectos mentales y emocionales

Tendencia a la adicción al trabajo ● Tendencia al perfeccionismo, que conduce a la insatisfacción ● Enfados severos causados por las críticas hacia la propia persona ● Infelicidad extrema ● Depresión, que en ocasiones conlleva ideas de suicidio ● Obsesión por la enfermedad y la muerte ● Trastornos ocasionados por el miedo ● Ideas obsesivas ● Tendencia a criticar a todos los que le rodean ● Incapacidad para compartir sus preocupaciones con los demás y, en su lugar, darle vueltas al problema en soledad ● Tendencia a las pesadillas ● Ansiedad desencadenada por ruidos fuertes.

Aspectos físicos

● Enfermedad por depresión ● Enfermedades del corazón, problemas circulatorios y sanguíneos ● Dolores de cabeza ● Dolor en el pecho y dificultad para respirar ● Problemas de senos y sinusitis ● Catarro ● Problemas de nariz y garganta ● Dolor en articulaciones y úlceras en la piel ● Trastornos afectivos estacionales (TAE).

Modalidades

● **Mejora:** con el aire fresco y el movimiento.
● **Empeora:** con el estrés emocional y la tensión; por la noche; en el invierno.

Consejos para el tratamiento

Un buen remedio para aplicar cuando otros han fallado, sobre todo en casos de depresión, cuando parece que "no hay luz alguna al final del túnel".

El trabajo excesivo y el estrés pueden ser tratados con Aurum Met. Este remedio homeopático se utiliza para ayudar a combatir problemas muy variados: desde la depresión hasta las enfermedades cardíacas.

Belladonna

El remedio homeopático Belladona procede de la planta venenosa del mismo nombre, una hierba muy popular en la Edad Media que se utilizaba en rituales mágicos.

A pesar de que todas las partes de la planta belladona (Atropa belladona) son venenosas, en homeopatía sólo se utilizan las hojas y las flores.

Uso y tratamiento

El remedio homeopático Belladona es útil en los supuestos indicados a continuación.

Aspectos mentales y emocionales

● Ira repentina ● Sentimientos de culpabilidad ● Estrés ● Depresión desencadenada por excitación ● Accesos de cólera acompañados con enrojecimiento y congestión de la cara.

Aspectos físicos

● Todos los dolores donde haya ardor, calor, enrojecimiento y estremecimientos ● Gripe, resfriados y tos ● Dolor de garganta ● Dolor de oídos que empeoran al mojar o enfriar la cabeza ● Dolores de parto ● Cistitis ● Todas las infecciones que producen inflamación ● Dolor al salir los dientes ● Furúnculos ● Insomnio.

Modalidades

● **Mejora:** al sentarse.
● **Empeora:** con el ruido y el movimiento.

Consejos para el tratamiento

Es un remedio excelente para los dolores agudos, especialmente cuando van acompañados de estremecimientos y sofocos.

Remedio imprescindible en un botiquín homeopático de primeros auxilios.

El remedio homeopático Belladona se utiliza para controlar los accesos de cólera y violencia.

B r y o n i a

El remedio homeopático Bryonia se obtiene de las raíces de una planta trepadora, la brionia o nuez blanca, que crece en Europa central y meridional. Los romanos utilizaban las brionias para curar los resfriados y las heridas.

Uso y tratamiento

El remedio homeopático Bryonia es útil en los supuestos indicados a continuación.

Aspectos mentales y emocionales

• Ira, irritabilidad y nerviosismo • Memoria deficiente • Miedo a la muerte • Preferencia por la soledad, sobre todo en los malos momentos.

Aspectos físicos

• Dolores de cabeza punzantes y pulsátiles • Artritis y reumatismo • Sequedad de ojos y labios • Garganta muy seca y dolorida • Tos seca e irritante • Estreñimiento • Gripe • Neumonía • Pleuresía con un intenso dolor de pecho • Cólico.

El remedio Bryonia se usa para el tratamiento de la ira y de la ansiedad, así como para aliviar los dolores de cabeza violentos.

Modalidades

• **Mejora:** con el descanso y la quietud; con un ambiente frío.
• **Empeora:** con cualquier tipo de movimiento; con vientos fríos.

Consejos para el tratamiento

El remedio homeopático Bryonia es mejor utilizarlo en cuanto aparecen los primeros síntomas de dolor. La Bryonia es más efectiva en los resfriados que presentan síntomas de mucha sed y sequedad de garganta.

El remedio homeopático Bryonia se obtiene de las raíces de la planta Bryonia alba, las cuales se trocean y muelen hasta conseguir una papilla.

Calc. Carb.

El remedio homeopático Calc. Carb. se obtiene del carbonato cálcico contenido en las conchas de las ostras.

Uso y tratamiento

El remedio homeopático Calc. Carb. es útil en los supuestos indicados a continuación.

Aspectos mentales y emocionales

 Miedo a la oscuridad, a la muerte, a la locura y al mal augurio En los ancianos, miedo a un infarto Ansiedad que puede causar palpitaciones Depresión con cansancio y letargia Memoria deficiente Cansancio y lentitud de pensamiento Obsesión con los problemas Ansiedad por las críticas Hipocondria Pobreza de espíritu Celos Pereza Miedo a la enfermedad.

Aspectos físicos

 Dolor de dientes, huesos y articulaciones Fracturas que tardan mucho en curarse Dolor de espalda Problemas digestivos Síndrome del intestino

Las conchas de las ostras que producen perlas están compuestas de carbonato cálcico. El remedio homeopático Calc. Carb. se elabora a partir de la trituración de este mineral hasta convertirlo en polvo.

irritable Estreñimiento Síndrome premenstrual Congestión nasal Pólipos Tos seca, irritante y con cosquilleo en la garganta Obesidad Trastornos alimentarios, en particular la bulimia Síntoma de fatiga crónica Verrugas Dolores de cabeza causados por el estudio o pesadez de cabeza Ojos, sensibilidad a la luz Pérdida de audición Ojeras oscuras Gusto ácido en la boca Encías sangrantes Calambres Congestión nasal Debilidad en las rodillas Piel de aspecto poco saludable.

Modalidades

● **Mejora:** con tiempo cálido.
● **Empeora:** con tiempo frío y húmedo; con el esfuerzo.

Consejos para el tratamiento

El Calc. Carb. es excelente para tratar las fracturas de huesos que tardan en curarse.

El remedio homeopático Calc. Carb. se utiliza para combatir la ansiedad, el miedo, la depresión y el sentimiento de desvalimiento extremo.

Calc. Phos.

El remedio homeopático Calc. Phos. se obtiene de la sal mineral fosfato cálcico.

Uso y tratamiento

El remedio homeopático Calc. Phos. es útil en los supuestos indicados a continuación.

Aspectos mentales y emocionales

● Infelicidad y descontento con la vida, posiblemente enraizados en la infancia ● La pérdida de relaciones que puede desencadenar una enfermedad ● Tendencia a la irritabilidad ● Estado de gran inquietud ● Dificultad en mantener una rutina ● En búsqueda constante de nuevos estímulos ● Memoria deficiente.

Aspectos físicos

● Roturas, fracturas y dolor de articulaciones ● En adolescentes y niños, crecimiento lento de huesos y dientes ● Agotamiento y fatiga ● Trastornos digestivos ● Problemas recurrentes de garganta.

Modalidades

● **Mejora:** con tiempo cálido, seco y soleado.
● **Empeora:** con tiempo frío y húmedo; por el estrés y las preocupaciones.

Consejos para el tratamiento

Un buen remedio para acelerar la curación de fracturas de huesos y de cualquier problema

El remedio homeopático Calc. Phos. es un polvo que se consigue por medio de un proceso químico.

de huesos o articulaciones que presentan un restablecimiento lento. Puede aliviar los "dolores de crecimiento" de niños y adolescentes. Bueno para la convalecencia.

El fosfato cálcico está presente de forma natural en nuestros dientes, proporcionándoles dureza y rigidez. El remedio homeopático Calc. Phos. se puede utilizar para combatir las caries dentales.

Cantharis

El remedio homeopático Cantharis se obtiene del escarabajo cantárida, un insecto de color verde brillante conocido desde hace siglos por sus propiedades venenosas e irritantes.

Uso y tratamiento

El remedio homeopático Cantharis es útil en los supuestos indicados a continuación.

Aspectos mentales y emocionales

● Adicción al sexo ● Irritabilidad e ira, que pueden desembocar en accesos de rabia y violencia ● Gritos de rabia ● Ansiedad severa.

Aspectos físicos

● En todos los estado en los que exista ardor, quemazón, picor y dolor ● Cistitis y todas las infecciones del tracto urinario ● Quemaduras ● Diarrea con sensación de quemazón o escozor ● Picaduras y mordeduras de insectos ● Dolor de garganta con sensación de ardor o escozor ● Ojos,

El remedio homeopático Cantharis se obtiene del escarabajo cantárida. Este insecto segrega una sustancia llamada cantaridina, que es irritante.

dolor y picor ● Ardor y dolor de estómago ● Quemaduras solares e inflamación de la piel.

Modalidades

● **Mejora:** con la fricción suave.

● **Empeora:** por el contacto y el movimiento.

Consejos para el tratamiento

El remedio homeopático Cantharis es excelente para combatir la cistitis, especialmente cuando la situación se agrava sin previo aviso.

Remedio imprescindible en un botiquín homeopático de primeros auxilios.

El remedio homeopático Cantharis se puede utilizar para el tratamiento de problemas que presenten síntomas de quemazón, escozor y ardor, incluidas las quemaduras solares.

Carbo Veg.

El remedio homeopático Carbo Veg. se obtiene del carbón vegetal hecho con madera de haya, abedul o chopo. Antaño, el carbón vegetal se utilizaba para absorber los gases y aliviar la flatulencia.

Las maderas de haya, abedul y chopo se queman parcialmente para elaborar el carbón vegetal, de peculiares características.

Uso y tratamiento

El remedio homeopático Carbo Veg. es útil en los supuestos indicados a continuación.

Aspectos mentales y emocionales

● Pérdida de memoria ● Miedo a los extraños ● Claustrofobia ● *Shock* agudo ● Cansancio mental extremo ● Sentimiento de debilidad mental y emocional.

Aspectos físicos

● Circulación deficiente ● Venas varicosas ● Indigestión ● Flatulencia ● Sentimiento de hinchazón abdominal (incluso habiendo comido muy poco) ● Dolor de cabeza después de comer en exceso ● Tos ● Ronquera y sequedad de garganta ● Hemorragias nasales ● Enfermedades prolongadas, que conducen al agotamiento.

Modalidades

● **Mejora:** con el aire fresco.
● **Empeora:** con comidas ricas en grasa; por la tarde noche; al acostarse.

Consejos para el tratamiento

El remedio homeopático Carbo Veg. es muy bueno para aliviar la sensación de agotamiento y fatiga. Remedio también útil para la convalecencia después de una operación o enfermedad. Bueno para acelerar los restablecimientos lentos. Bueno para aliviar dolencias o estados crónicos.

El remedio homeopático Carbo Veg. suele administrarse en caso de agotamiento, debilidad y falta de energía. También es útil para tomarlo tras una operación o después de una enfermedad.

Chamomilla

El remedio homeopático Chamomilla se obtiene de la planta fresca de manzanilla. La manzanilla se ha utilizado durante siglos por su efectos sedantes, suavizantes y curativos, en particular para el tratamiento de los problemas de la piel.

Uso y tratamiento

El remedio homeopático Chamomilla es útil en los supuestos indicados a continuación.

Aspectos mentales y emocionales

- Mal humor e ira al sentirse enfermo
- Irritabilidad y estado quejoso • Impaciencia
- Hipersensibilidad, que puede desembocar en

El remedio homeopático Chamomilla se obtiene del jugo de toda la planta fresca de Matricaria recutita en flor.

maltrato a las personas queridas
- Insatisfacción.

Aspectos físicos

- Dolor de oído • Dolor dental
- Insomnio • Cualquier problema de la piel, incluido el eczema
- Inflamaciones de la piel • Desvelos, insomnio y cólicos en los niños • Diarrea • Tos, especialmente la tos nocturna.

Modalidades

- **Mejora:** con el buen tiempo.
- **Empeora:** con el calor; con los vientos fríos o el aire fresco; con estados de mal humor.

Consejos para el tratamiento

El remedio homeopático Chamomilla es adecuado para niños y bebés. Para estos últimos, sobre todo a la hora de acostarlos, ya que las molestias al salirles los dientes o por los cólicos hace que los bebés se inquieten, lloren y no duerman. La Chamomilla los tranquiliza y les facilita el sueño.

La Chamomilla es un buen remedio para la gente que sufre de insomnio o tiene pesadillas de las que despierta gritando.

China

Estas hojas son de quina, un árbol cuya corteza contiene importantes elementos curativos.

El remedio homeopático China se obtiene de la quina, una planta que contiene quinina: uno de los primeros remedios investigados por Samuel Hahnemann.

Uso y tratamiento

El remedio homeopático China es útil en los supuestos indicados a continuación.

Aspectos mentales y emocionales

• Indiferencia y apatía • Agotamiento nervioso • Desesperación • Miedo a los reptiles • Arrebatos de ira • Rencor • Accesos de llanto • Depresión • Trastornos de la alimentación, como la bulimia • Falta de concentración • Sentimiento de estar al borde del abismo • Hipersensibilidad • Alcoholismo • Dificultades de expresión.

Aspectos físicos

• Pérdida de líquidos corporales debido a sofocos • Sudor abundante • Retención de líquidos • Tobillos hinchados • Dolores de cabeza • Mareos • Tics nerviosos • Hemorragias nasales • Zumbido de oídos (acufenos) • Problemas digestivos, incluidos la diarrea y el vómito • Problemas de vesícula • Sensación de frío • Temblores • Fatiga, incluido el agotamiento

posviral • Síndrome de fatiga crónica • Piel sensible al contacto • Cuero cabelludo delicado.

Modalidades

• **Mejora:** con el calor y las horas de sueño.
• **Empeora:** con la pérdida de líquidos corporales; con el frío y la sequía.

Consejos para el tratamiento

El remedio homeopático China es bueno para aliviar el sentirse "quemado" debido a un exceso de trabajo o a traumas emocionales que producen agotamiento y debilidad. También es un buen remedio para la convalecencia.

El remedio homeopático China es útil para el tratamiento de la irritabilidad y de los estallidos inesperados de ira.

Coffea

El remedio homeopático Coffea se obtiene de la cafeína contenida en los granos de café sin tostar.

Uso y tratamiento

El remedio homeopático Coffea es útil en los supuestos indicados a continuación.

Aspectos mentales y emocionales

● Hiperactividad e incapacidad para descansar la mente ● Insomnio ● Sobreexcitación en niños ● Ansiedad y sentimientos de irritabilidad ● Sobrecarga sensorial ● Sentimiento de culpabilidad, especialmente por los hijos ● Problemas en las relaciones que provocan

Los granos tostados del café se obtienen de las bayas de los cafetales, Coffea arabica. Los granos de café también se utilizan para elaborar el remedio homeopático Coffea.

trastornos psicosomáticos como dolores de cabeza o migrañas.

Aspectos físicos

● Sensibilización al dolor ● Dolores de cabeza ● Dolores faciales y neuralgias ● Palpitaciones causadas por la ira o el estrés ● Piel que reacciona de forma hipersensible ● Migrañas.

Modalidades

● **Mejora:** con el calor.
● **Empeora:** al aire libre y con los olores fuertes.

Consejos para el tratamiento

El remedio homeopático Coffea es bueno para combatir el insomnio causado por una actividad mental excesiva, especialmente si va acompañado de incapacidad para relajarse.

El remedio homeopático Coffea se utiliza para tratar la actividad mental excesiva, incluidas la hiperactividad y la sobreexcitación en los niños.

D r o s e r a

El remedio homeopático Drosera se obtiene de una pequeña planta que atrapa insectos con sus hojas.

Uso y tratamiento

El remedio homeopático Drosera es útil en los supuestos indicados a continuación.

Aspectos mentales y emocionales

• Sentimientos de inquietud y ansiedad frente a la soledad • Miedo a los fantasmas • Dificultad de concentración • Manía persecutoria • Tendencia al parloteo • Presentimientos de noticias malas o desagradables.

Aspectos físicos

• Resfriados, especialmente cuando van acompañados de tos violenta • Resfriados que no se curan, acompañados de espasmos • Resfriados acompañados de náuseas y vómitos • Tos ferina • Dolor en las articulaciones; en adolescentes, dolores de crecimiento en las piernas, si van acompañados de síntomas de rigidez.

Modalidades

• **Mejora:** estando fuera, al aire libre; con estiramientos del cuerpo y de las extremidades.

• **Empeora:** por la noche, o estando tumbado bastante tiempo; después de ingerir bebidas y comidas frías; tras haber hablado mucho rato.

Drosera rotundifolia es una pequeña planta que se encuentra en las zonas pantanosas y en los brezales. Para la elaboración del remedio Drosera se utiliza toda la planta en flor.

Consejos para el tratamiento

El remedio homeopático Drosera es excelente para combatir la tos y los resfriados, sobre todo la tos seca con náuseas.

El remedio homeopático Drosera es bueno para los dolores articulares y, en los adolescentes, para los dolores de crecimiento. Los síntomas se pueden aliviar también con estiramientos al aire libre.

Gelsemium

El remedio homeopático Gelsemium se obtiene del jazmín de Virginia o jazmín amarillo.

Uso y tratamiento

El remedio homeopático Gelsemium es útil en los supuestos indicados a continuación.

Aspectos mentales y emocionales

● Miedos y fobias, cuando van acompañadas de temblores y estremecimientos ● Miedo al dentista o, en general, a los médicos ● Miedo a la soledad ● Ansiedad por acontecimientos que se avecinan como, por ejemplo, reuniones ● Somnolencia y abotargamiento mental ● Ataques de pánico ● Aversión a los insectos y a los reptiles ● Dificultad para dormir.

Aspectos físicos

● Gripe ● Dolor de garganta con amígdalas irritadas ● Dificultad al tragar ● Fatiga, agotamiento y somnolencia ● Tos y resfriados ● Escalofríos ● Estornudos con la cara congestionada y ardiente ● Inflamación y dolor de ojos ● Migrañas y dolores de cabeza, sobre todo en la base del cráneo o en la parte posterior de la cabeza ● Debilidad y pesadez en las extremidades ● Diarrea, que empeora con la ansiedad.

La planta trepadora Carolina jasmine crece en algunas zonas de Estados Unidos. Las raíces frescas de esta planta se utilizan para la elaboración del remedio homeopático Gelsemium.

Modalidades

● **Mejora:** con el descanso y la quietud; después de ir al lavabo.

● **Empeora:** con tiempo frío y húmedo.

Consejos para el tratamiento

El remedio homeopático Gelsemium es el mejor para la gripe. También es excelente para la tos, los resfriados y los dolores de garganta, especialmente si van acompañados de escalofríos y fiebre.

Remedio imprescindible en un botiquín homeopático de primeros auxilios.

El remedio homeopático Gelsemium se utiliza para el tratamiento de las fobias que producen temblores. El remedio actúa sobre la médula espinal y el sistema respiratorio.

Graphites

El remedio homeopático Graphites se obtiene del mineral grafito, que se suele utilizar en la fabricación de lápices.

Uso y tratamiento

El remedio homeopático Graphites es útil en los supuestos indicados a continuación.

Aspectos mentales y emocionales

• Impaciencia, inquietud, sobre todo si es de tipo nervioso o ansioso • Sentimientos de culpabilidad provocados por nimiedades • Depresión • Indecisión • Timidez • Depresión posmenopáusica • Bulimia.

Aspectos físicos

• Eczema, especialmente en la zona posterior de las rodillas, en las muñecas y dentro o fuera de las orejas • Dermatitis de contacto, sobre todo en las palmas de la manos y entre los dedos • Soriasis • Piel seca y agrietada, con dolor • Picor o erupciones cutáneas del cuero cabelludo • Dolores provocados por un resfriado • Problemas de estómago • Calambres • Estreñimiento • Orzuelos • Problemas en las uñas • Sabañones • Ciclos menstruales erráticos • Dolores de cabeza matutinos.

Modalidades

• **Mejora:** comiendo.
• **Empeora:** con el calor.

El remedio homeopático Graphites se puede utilizar para una gran variedad de trastornos, incluidos los problemas de estómago y los dolores de cabeza matutinos.

Consejos para el tratamiento

El remedio homeopático Graphites se utiliza en los primeros síntomas de los problemas de piel, en particular el eczema y la dermatitis, sobre todo cuando hay supuración. En estos casos, el remedio debe aplicarse tópicamente mediante un ungüento o crema homeopática.

Remedio imprescindible en un botiquín homeopático de primeros auxilios.

El grafito es un tipo de carbón y el componente principal de los lápices. En la elaboración del remedio homeopático Graphites se tritura el mineral grafito hasta obtener un polvo fino.

Hamamelis

Hamamelis es un remedio homeopático que se elabora con la corteza, las ramitas
y las raíces de la planta *Hamamelis virginiana.*

Uso y tratamiento

El remedio homeopático Hamamelis es
útil en los supuestos indicados a
continuación.

Aspectos mentales y emocionales

• Depresión leve; la persona se siente mejor a
solas • Irritabilidad e inquietud, especialmente
en presencia de otras personas.

Aspectos físicos

• Venas varicosas • Varicocele (varices en
los testículos) • Piernas pesadas, cansadas,
entumecidas y con picor o bien con dolor
y sensación de quemazón.

*El remedio homeopático
Hamamelis se elabora triturando
conjuntamente las ramitas,
cortezas y raíces de la planta
Hamamelis virginiana.*

• Ojos morados • Hematomas
• Orzuelos • Hemorragias nasales
• Prurito leve en la piel • Picaduras de
insectos, si van acompañadas de picor e
irritación cutánea • Quemaduras leves
• Acné y pieles grasas • Hemorroides.

Modalidades

• **Mejora:** al aire libre; con la lectura,
la actividad mental y la conversación.
• **Empeora:** con el calor, la humedad caliente
y la presión; con el movimiento.

Consejos para el tratamiento

Utilice el remedio homeopático Hamamelis
al primer síntoma de varices o hemorroides,
o cuando perciba que éstas empeoran. El
tratamiento puede completarse con la
aplicación tópica de una crema o ungüento
sobre las zonas afectadas.

*El remedio homeopático Hamamelis es excelente para el
tratamiento de las hemorragias, tanto internas como externas.
Se puede utilizar para aliviar los hematomas causados por golpes.*

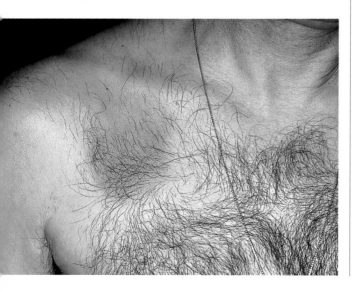

Hepar sulph.

El remedio homeopático **Hepar Sulph.** se obtiene del sulfuro cálcico.

Uso y tratamiento

El remedio homeopático Hepar Sulph. es útil en los supuestos indicados a continuación.

Aspectos mentales y emocionales

Irritación por cosas triviales • Tendencia a ofenderse con facilidad • Hablar rápido cuando se está ansioso • Reacción desmesurada con el enfado • Tendencia a accesos de tristeza y depresión.

Aspectos físicos

Todo los problemas de piel que presentan pus y son de lenta curación • Úlceras y llagas en la piel • Acné y furúnculos • Dolor de oídos • Dolor de oídos acompañado de dolor de garganta • Catarro • Tos que reseca e irrita la garganta • Úlceras bucales • Gripe con sudoración y estornudos • Labios resecos y agrietados • Transpiración con mal olor corporal, incluso utilizando desodorante.

Modalidades

• **Mejora:** con el calor; tapando la zona; manteniendo la cabeza caliente.

• **Empeora:** con el contacto y el frío.

El remedio homeopático Hepar Sulph. se prepara químicamente mezclando carbonato cálcico (procedente de las conchas de las ostras) y azufre..

Consejos para el tratamiento

El remedio homeopático Hepar Sulph. es bueno para acelerar la curación. Bueno para limpiar las infecciones y las supuraciones.

El remedio homeopático Hepar Sulph. puede utilizarse para tratar las infecciones que causan el dolor de oídos. Ayuda en la eliminación de pus de las zonas infectadas.

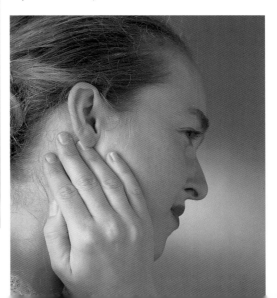

Hypericum

El remedio homeopático Hypericum se obtiene del hipérico o hierba de San Juan.

Uso y tratamiento

El remedio homeopático Hypericum es útil en los supuestos indicados a continuación.

Aspectos mentales y emocionales

- Depresión con cansancio y letargia
- Depresión después de una operación o herida • Vértigo
- *Shock* producido por haber sufrido daño físico o por un trauma emocional
- Estrés y ansiedad acompañados de espasmos y sensación de opresión en el cuerpo.

Aspectos físicos

Neuralgia • Heridas producidas por objetos afilados (cristal, uñas, etc.) • Fracturas astilladas • Todo tipo de lesiones, especialmente las producidos por aplastamiento • Conmoción cerebral • Dolores punzantes • Dolores pulsátiles • Daños o heridas en pies, manos y columna vertebral • Lesiones leves en los ojos • Dolor crónico de espalda, con sensación de que sube y baja por la espalda • Asma, cuando se está en ambientes húmedos • Dolor

Las hojas y las flores del hipérico (Hypericum perforatum) producen un jugo rojo que se utiliza para la elaboración del remedio homeopático Hypericum.

de muelas producido por intervenciones odontológicas • Diarrea • Hemorroides con dolor y sangrado.

Modalidades

- **Mejora:** al descansar la cabeza hacia atrás; con un suave masaje.
- **Empeora:** con el tiempo frío, lluvioso y neblinoso.

Consejos para el tratamiento

El remedio homeopático Hypericum es bueno para curar heridas y daños en la piel, en particular cuando existe riesgo de infección.

Remedio imprescindible en un botiquín homeopático de primeros auxilios.

El Hypericum se utiliza para tratar el dolor nervioso después de una herida.

Ignatia

El remedio homeopático Ignatia se obtiene de las habas de San Ignacio, un arbusto cuyo nombre científico es *Ignatia amara*.

Uso y tratamiento

El remedio homeopático Ignatia es útil en los supuestos indicados a continuación.

Aspectos mentales y emocionales

● Estados emocionales graves ● *Shock* ● Ira ● Dolor ● Incapacidad para expresar emociones ● Histeria ● Insomnio ● Llanto fácil y repentino ● Culpabilización y compasión hacia uno mismo ● Preocupación ● Pena posterior a un divorcio o a la ruptura de una relación ● Cambios de humor repentinos e imprevistos ● Agotamiento por exceso de trabajo ● Comportamiento obsesivo-compulsivo ● Hipocondría ● Celos ● Ideas obsesivas.

Aspectos físicos

● Dolores de cabeza causados por estrés emocional y tensión ● Tos y dolor de garganta ● Dificultad para tragar ● Tics nerviosos en la cara desencadenados por la ansiedad ● Problemas digestivos, especialmente después de un *shock*, o dolor si van acompañados de una sensación de "hundimiento" ● Antojos por comidas raras cuando se está enfermo ● Diarrea ● Desvelos, sobre todo cuando hay aflicción.

El remedio homeopático Ignatia se elabora a partir de las semillas de los frutos de Ignatius amara. Las semillas se trituran hasta convertirlas en polvo.

Modalidades

● **Mejora:** con el calor y el sol; con el cambio de postura.

● **Empeora:** con el aire frío; con el enfado; por la mañana.

Consejos para el tratamiento

El remedio homeopático Hypericum es ideal para aliviar los problemas emocionales. También es bueno para aliviar los problemas muy cambiantes, para los cambios de humor y los duelos, así como para cualquiera de los trastornos físicos que los acompañan.

Kali phos.

El remedio homeopático Kali Phos.
se obtiene del fosfato potásico.

Uso y tratamiento

El remedio homeopático Kali Phos. es útil
en los supuestos indicados a continuación.

Aspectos mentales y emocionales

● Agotamiento total ● Reacciones de
hipersensibilidad y nerviosismo a causa del
estrés ● Frustración debido a la falta de
positivismo ● Timidez y rendición o abandono
por ansiedad ● Nerviosismo en el trato con
la gente ● Depresión, incluida la depresión
posviral ● Pesadillas ● Pérdida de concentración
y memoria deficiente ● Miedo a padecer un
ataque de nervios.

*El remedio homeopático Kali Phos. se puede
utilizar para tratar el dolor del cuello y de la
parte alta de la espalda, así como
los dolores de cabeza
tensionales.*

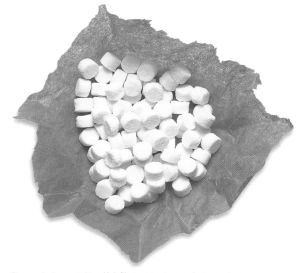

*El remedio homeopático Kali Phos. se prepara químicamente a
partir del carbonato potásico, derivado de la potasa, y del ácido
fosfórico diluido.*

Aspectos físicos

● Debilidad de las extremidades ● Dolor de
cuello y parte alta de la espalda ● Dolores de
cabeza tensionales ● Mareos al levantarse
desde una postura sentada o arrodillada
● Síndrome de fatiga crónica ● Mucosidad por
resfriados o catarros ● Tos con expectoración
● Diarrea ● Cistitis.

Modalidades

● **Mejora:** con el calor y el movimiento.
● **Empeora:** con la preocupación.

Consejos para
el tratamiento

Conocido como "el gran tranquilizador
nervioso", el remedio homeopático Kali
Phos. es excelente para el tratamiento
de todas las formas de agotamiento, en
particular el causado por el estrés.

Lachesis

El remedio homeopático Lachesis se obtiene del veneno de la serpiente surucucú.

El remedio homeopático Lachesis se obtiene del veneno desecado de la serpiente surucucú.

Uso y tratamiento

El remedio homeopático Lachesis es útil en los supuestos indicados a continuación.

Aspectos mentales y emocionales

• Hipersensibilidad • Parloteo incoherente y obsesivo • Nerviosismo e inquietud • Ideas y opiniones obsesivas, especialmente relativas a la religión • Miedo a ser atacado o robado • Suspicacia frente a personas desconocidas • Celos y suspicacia respecto a las personas queridas • Aversión a mezclarse con la gente • Ira reprimida • Pesadillas • Irritabilidad • Ira después de la rotura de relaciones • Adicciones, incluidas la del alcohol, el tabaco y otras drogas • Síndrome premenstrual • Depresión posmenopáusica • Ataques de pánico.

Aspectos físicos

Dolores de cabeza, en particular al despertar • Cara hinchada o abotargada • Dolor de estómago cuando se ansían estimulantes • Dolores de garganta constrictivos • Asma • Dolor de angina de pecho • Palpitaciones y opresión o constricción en el pecho • Sofocos • Abotargamiento • Venas varicosas • Hemorroides • Varicocele (venas varicosas en los testículos) • Flebitis y trombosis • Problemas de la menopausia.

Modalidades

• **Mejora:** al aire libre; con la comida y las bebidas frías.

• **Empeora:** cuando se intenta dormir; con el contacto; con la ropa ajustada.

Consejos para el tratamiento

El remedio homeopático Lachesis es excelente para los problemas circulatorios. También es bueno para el estrés extremo, sobre todo si va acompañado de dolor y opresión en el pecho.

El remedio homeopático Lachesis alivia la inflamación y el dolor de garganta, permitiendo poder beber líquidos que previamente resultaban difíciles de tragar.

Ledum

El remedio homeopático de Ledum se obtiene del romero silvestre, también llamado té de los pantanos o té del labrador.

Uso y tratamiento
El remedio homeopático de Ledum es útil en los supuestos indicados a continuación.

Aspectos mentales y emocionales
- Desvelos con sudoración nocturna
- Impaciencia ● Timidez.

Aspectos físicos
- Sensaciones de calor e hinchazón desencadenados por el estrés ● Heridas ● Picaduras con hematomas e inflamación
- Rasguños y cortes ● Mordeduras
- Prevención de la infección de cortes, picaduras o mordeduras ● Lesiones en los ojos
- Dolores artríticos y reumáticos que afecten a las tobillos, rodillas y parte inferior de las piernas ● Sensación de ardor y calor en las extremidades.

Modalidades
- **Mejora:** con las compresas frías.
- **Empeora:** por la noche; con el calor.

El remedio homeopático Ledum puede aliviar los desvelos y sudores nocturnos.

El remedio homeopático Ledum se obtiene de las flores frescas del romero silvestre (Ledum palustre) desecadas y molidas.

Consejos para el tratamiento
El remedio homeopático Ledum es ideal para las heridas producidas por objetos punzantes. Puede prevenir cualquier infección causada por mordeduras, picaduras y cortes.

Remedio imprescindible en un botiquín homeopático de primeros auxilios.

Lycopodium

El remedio homeopático Lycopodium se obtiene del polen de la caminadera, una hierba perenne.

Uso y tratamiento

El remedio homeopático Lycopodium es útil en los supuestos indicados a continuación.

Aspectos mentales y emocionales

● Falta de confianza ● Miedos sexuales ● Ansiedad y miedo a las entrevistas o a hablar en público ● Sensibilidad ● Despiste ● Irritación causada por asuntos triviales ● Aversión a ser contrariado ● Sentimiento de estrés con las personas desconocidas ● Miedo a los fantasmas, a la muerte y a la oscuridad ● Aversión a la soledad ● Miedo reprimido ● Agorafobia ● Síndrome de fatiga crónica ● Ataque de nervios ● Bulimia.

Aspectos físicos

● Trastornos digestivos, incluidos la indigestión, el síndrome del intestino irritable, las náuseas, las úlceras, el dolor por apetito, la sensación de gran saciedad después de haber comido poco, la flatulencia y el estreñimiento ● Impotencia ● Dolor de garganta ● Tos seca ● Cansancio extremo después de un resfriado o una gripe ● Problemas de vejiga urinaria y riñones,

Las espigas florecidas de la caminadera producen un polen amarillo del que se obtiene el remedio homeopático Lycopodium

incluidas las piedras en el riñón ● Problemas de próstata ● Caída del cabello ● Piernas cansadas por la noche ● Pies y manos fríos ● Dolor de cabeza localizado sobre los ojos ● Dolor de hombros ● Venas varicosas ● Eczema crónico.

Modalidades

● **Mejora:** con la comida y movimiento.
● **Empeora:** con el calor y en los lugares cerrados y poco ventilados.

Consejos para el tratamiento

El remedio homeopático Lycopodium es el primero que se recomienda para los trastornos digestivos.

El remedio homeopático Lycopodium ayuda a curar trastornos digestivos, en particular la indigestión.

Merc. Sol.

El remedio homeopático Merc. Sol. se obtiene del óxido negro de mercurio.

Uso y tratamiento

El remedio homeopático Merc. Sol. es útil en los supuestos indicados a continuación.

Aspectos mentales y emocionales

● Lentitud y pereza mental ● Desconfianza de las personas ● Miedo a ser robado y denigrado ● Memoria deficiente ● Fatiga y debilidad mental y emocional ● Síndrome de fatiga crónica ● Inquietud y ansiedad ● Inseguridad profunda ● Suspicacia ● Susceptibilidad frente a las críticas ● Temperamento agresivo repentino ● Falta de voluntad ● Tendencia a la arrogancia ● Represión emocional.

Aspectos físicos

● Tartamudeo ● Babeo mientras se está durmiendo ● Cansancio en las extremidades y sentimiento de debilidad en todo el cuerpo ● Olor corporal ● Dolores causados por

El remedio homeopático Merc. Sol. se obtiene de disolver el mercurio líquido en ácido nítrico, lo que comporta la formación de un precipitado de color negro grisáceo.

cortes o quemaduras ● Problemas de la boca y de las encías ● Úlceras bucales ● Mal sabor de boca, especialmente gusto metálico ● Dolor de garganta ● Resfriados ● Conjuntivitis con supuración ● Tos espasmódica ● Dolor en las articulaciones ● Catarro ● Problemas del cuero cabelludo como erupciones o formación de costras ● Llagas de cama.

Modalidades

● **Mejora:** con el descanso a temperatura moderada.

● **Empeora:** por la noche; con el calor o los cambios de temperatura.

Consejos para el tratamiento

El remedio homeopático Merc. Sol. es excelente para las dolencias de la boca, especialmente para las úlceras bucales y los problemas de encías.

El remedio homeopático Merc. Sol. se puede utilizar para tratar los problemas de la boca y de la garganta, incluida la gingivitis, la halitosis y la amigdalitis.

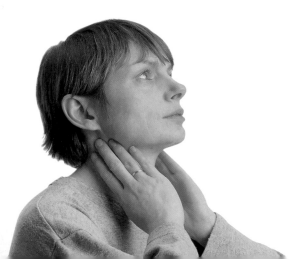

Natrum mur.

El remedio homeopático **Natrum Mur.** se obtiene de la sal común o cloruro sódico.

La sal común es el compuesto del que se obtiene el remedio homeopático Natrum Mur. Se consigue con la evaporación del agua salada, que deja una costra de sal.

Uso y tratamiento

El remedio homeopático Natrum Mur. es útil en los supuestos indicados a continuación.

Aspectos mentales y emocionales

Ansiedad y depresión causada por dolor reprimido • Miedo reprimido • Agorafobia • Miedo a las tormentas con aparato eléctrico • Hipocondria • Nerviosismo • Culpabilidad • Anorexia • *Shock* • Baja autoestima • Síndrome premenstrual • Cambios emocionales repentinos e inesperados • Resentimiento • Tendencia a enfurruñarse y a ocultar los sentimientos.

Aspectos físicos

Insolación • Migraña • Cansancio ocular • Resfriados • Labios agrietados y secos • Úlceras bucales • Encías inflamadas • Furúnculos y verrugas • Anemia • Estreñimiento • Dolor de espalda • Menstruaciones irregulares • Caída del cabello • Piel y cabellos grasientos • Resfriados y tos • Palpitaciones.

Modalidades

• **Mejora:** con el aire fresco.
• **Empeora:** con el calor y la luz solar; al despertar.

Consejos para el tratamiento

El remedio homeopático Natrum Mur. es bueno para las personas que tienden a escarbar en el pasado; excelente para tratar traumas emocionales como la ansiedad o la depresión causada por pérdidas, dolor o separaciones.

El remedio Natrum Mur. puede aliviar el miedo a las tormentas. Los síntomas de ansiedad pueden empeorar con el mal tiempo.

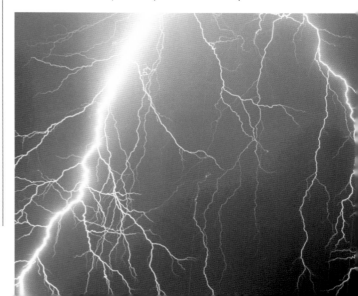

Nux vomica

El remedio homeopático Nux vomica se obtiene de la estricnina, un veneno que se extrae de las semillas del árbol *Strychnus nux vomica.*

Las hojas, la corteza y las semillas del árbol Strychnos nux vomica *contienen estricnina, pero el remedio homeopático Nux vomica suele extraerse de las semillas desecadas.*

Uso y tratamiento

El remedio homeopático Nux vomica es útil en los supuestos indicados a continuación.

Aspectos mentales y emocionales

● Tendencia a la autoindulgencia ● Necesidad impetuosa de estimulantes como el alcohol, el tabaco o las comidas ricas en grasas o azúcares ● Naturaleza adictiva ● Miedo al fracaso ● Tendencia a discutir ● Tendencia a la crítica ● Miedo a las arañas y a los escarabajos ● Temor a la muerte ● Depresión ● Insomnio ● Hiperactividad ● Frustración.

Aspectos físicos

● Problemas digestivos como la indigestión o el ardor de estómago ● Intoxicación alimentaria ● Vómitos ● Estreñimiento ● Diarrea ● Calambres estomacales ● Dolores en la parte inferior de la espalda ● Hipo ● Dolores de cabeza y migrañas ● Alergia ● Resfriados y gripe ● Nariz obstruida ● Dolor muscular agudo ● Fragilidad ● Náuseas matutinas y retortijones durante el embarazo.

Modalidades

● **Mejora:** durmiendo.
● **Empeora:** por la mañana.

Consejos para el tratamiento

El remedio homeopático Nux vomica es excelente contra la resaca. Asimismo, ayuda en la digestión y estimula el apetito.

Remedio imprescindible en un botiquín homeopático de primeros auxilios.

El remedio homeopático Nux vomica suele utilizarse para tratar las ansias imperiosas de ciertas cosas, como por ejemplo de comidas ricas en grasas o azúcares.

Phosphorus

El remedio homeopático Phosphorus se obtiene del mineral que se encuentra en los fosfatos y en la materia viva. El fósforo se encuentra en los huesos, dientes y fluidos corporales.

El fósforo es un mineral de color amarillo que se obtiene de los fosfatos y de la materia viva.

Uso y tratamiento

El remedio homeopático Phosphorus es útil en los supuestos indicados a continuación.

Aspectos mentales y emocionales

• Hipersensibilidad • Imaginación excesiva • Tendencia al enfado • Miedo a la oscuridad y a la muerte • Miedo reprimido • Ideas obsesivas • Fatiga • Deseo ardiente de seguridad • Preocupación innecesaria por la salud • Pesadillas e insomnio • Tics faciales • *Shock* • Pobreza de espíritu • Episodios de clarividencia • Preferencia por la compañía y miedo a la soledad.

Aspectos físicos

• Tos seca y dura, sin expectoración y con opresión en el pecho • Baja resistencia a las infecciones • Dolor de garganta con ronquera • Neumonía • Bronquitis • Sensibilidad al frío • Asma • Hematomas • Hemorragias nasales • Encías sangrantes • Menstruaciones abundantes • Dolores de cabeza • Vértigos • Orzuelos • Ataques de pánico • Agotamiento y fatiga • Intoxicación alimentaria • Ardor de estómago • Dolor de espalda con sensación de ardor y calor • Caspa • Debilidad en las extremidades.

Modalidades

• **Mejora:** con el aire libre cálido; con el contacto y la fricción suave.
• **Empeora:** con el sobreesfuerzo; por la noche.

Consejos para el tratamiento

El remedio homeopático Phosphorus es el ideal para aliviar los problemas de salud desencadenados por el miedo y la ansiedad. Sirve para tranquilizar el sistema nervioso.

El efecto del remedio homeopático Phosphorus puede ser reforzado con el masaje.

Pulsatilla

El remedio homeopático Pulsatilla se
obtiene de la pulsátila común negruzca,
también conocida como flor de Pascua de
los prados, una planta originaria de Rusia,
Escandinavia, Dinamarca y Alemania. Para
su elaboración se utiliza la planta en flor.

Uso y tratamiento

El remedio homeopático Pulsatilla es útil
en los supuestos indicados a continuación.

Aspectos mentales y emocionales

- Tendencia a los accesos de llanto incontrolados
- Temperamento tranquilo • Miedo reprimido
- Depresión • Comportamiento obsesivo-
compulsivo • Miedo al sexo contrario
- Miedo a los fantasmas y a la oscuridad
- Tendencia al llanto causado por
dolor emocional • Bulimia.

Aspectos físicos

- Resfriados y tos • Catarro
- Mucosidad abundante de
nariz • Conjuntivitis
- Problemas digestivos
- Síndrome del intestino
irritable • Problemas
menopáusicos y
menstruales, en especial

*El remedio homeopático Pulsatilla
es útil para aliviar la depresión
y los accesos de llanto.*

*Para la elaboración del remedio homeopático Pulsatilla se utiliza el
jugo obtenido al triturar las flores de la pulsátila común negruzca
(Pulsatilla nigricans).*

acompañados de depresión • Dolor en la parte
inferior de la espalda • Dolores de cabeza • Venas
varicosas • Artritis • Orzuelos • Incontinencia.

Modalidades

- **Mejora:** con el llanto y la comprensión;
con el aire fresco; con el ejercicio físico suave.
- **Empeora:** con el calor; con las comidas ricas
en grasas o azúcares.

Consejos para el tratamiento

El remedio homeopático Pulsatilla actúa de forma
efectiva sobre el estado mental de la persona.

Rhus tox.

El remedio homeopático Rhus tox. se obtiene de las hojas frescas de la hiedra venenosa llamada zumaque.

El remedio homeopático Rhus tox. se elabora a partir de la pulpa compuesta por las hojas trituradas de ejemplares no florecidos de la hiedra venenosa zumaque.

Uso y tratamiento

El remedio homeopático Rhus tox. es útil en los supuestos indicados a continuación.

Aspectos mentales y emocionales

* Irritabilidad * Depresión * Pensamientos de suicidio * Falta de alegría vital * Ansiedad * Miedo a ser envenenado * Ansiedad nocturna.

Aspectos físicos

* Problemas de piel, incluido el eczema, las dermatitis y las ampollas * Quemazón, escozor, picores e inflamación de la piel * Resfriados * Escoceduras causada por los pañales * Ciática * Varicela * Gripe * Dolor y escozor de ojos * Dolor muscular * Rigidez * Dolor de las articulaciones * Dolor de espalda * Artritis y reumatismo * Torceduras y distensiones * Dolor de mandíbulas * Bloqueo del hombro * Neuralgias * Restablecimiento postoperatorio * Tenosinovitis.

Modalidades

● **Mejora:** con el movimiento; con un ambiente cálido y seco.

● **Empeora:** con el descanso y la inmovilidad; con el frío y la humedad.

Consejos para el tratamiento

El remedio homeopático Rhus tox. es excelente para aliviar los dolores musculares. El eczema y otros problemas de piel responden bien al Rhus tox cuando otros remedios fallan.

Remedio imprescindible en un botiquín homeopático de primeros auxilios.

El remedio homeopático Rhus tox. puede aliviar las tenosinovitis que suele producirse al pasar muchas horas trabajando con el teclado del ordenador.

Ruta grav

El remedio homeopático Ruta grav. se obtiene de la ruda, una planta herbácea llamada *Ruta graveolens*. En su elaboración se usa el jugo de la planta antes de que florezca.

Uso y tratamiento
El remedio homeopático Ruta grav. es útil en los supuestos indicados a continuación.

Aspectos mentales y emocionales
● Insatisfacción personal
● Depresión ● Crítico respecto de los demás y de uno mismo
● Ansiedad.

Aspectos físicos
● Dolores en huesos y músculos
● Dolor profundo ● Artritis y reumatismo ● Dolor profundo y penetrante de la parte inferior de la espalda ● Tenosinovitis ● Lesiones en los ligamentos, tendones y cartílagos ● Dolor de ciática ● Dolor de pecho y costillas causado por la tos ● Tensión y cansancio de ojos debido al esfuerzo excesivo ● Dolores de cabeza, especialmente aquellos que son causados por la lectura ● Estreñimiento.

Modalidades
● **Mejora:** con el movimiento.
● **Empeora:** con tiempo frío y húmedo; al estar tumbado.

Para la elaboración del remedio homeopático Ruta grav. se utiliza el jugo de la planta ruda (Ruta graveolens) antes de que florezca.

Consejos para el tratamiento
El remedio homeopático Ruta grav. actúa sobre el periostio (membrana que recubre los huesos) y los cartílagos, por lo que es excelente para articulaciones que se mueven mucho como, por ejemplo los tobillos y las muñecas. Asimismo, es ideal para el tratamiento de las tenosinovitis: inflamación de la membrana sinovial de las articulaciones.

El remedio homeopático Ruta grav. se puede utilizar para aliviar los dolores profundos y el reumatismo. El tiempo húmedo o lluvioso pueden empeorar los síntomas de este tipo de trastornos.

Sepia

El remedio homeopático Sepia se obtiene de la tinta del molusco cefalópodo del mismo nombre.

Uso y tratamiento

El remedio homeopático Sepia es útil en los supuestos indicados a continuación.

Aspectos mentales y emocionales
- Depresión menopáusica
- Agotamiento y lentitud mental
- Sentimiento de debilidad
- Tendencia al llanto ◦ Estrés y ansiedad ◦ Sentimiento de incapacidad para afrontar los problemas ◦ Miedo a las enfermedades ◦ Ideas obsesivas ◦ Irritabilidad ◦ Dolor emocional, especialmente debido a rupturas o a separaciones.

Aspectos físicos
Síndrome de fatiga crónica ◦ Problemas de la menopausia, incluidos los sofocos y las sudoraciones nocturnas ◦ Trastornos ováricos, vaginales y uterinos, incluido el prolapso de útero ◦ Menstruaciones

El remedio homeopático Sepia se recomienda para aliviar los sofocos durante la menopausia.

La sepia, un molusco cefalópodo, utiliza la tinta oscura para protegerse de sus enemigos. Los pigmentos de esta tinta son los que, precisamente, se utilizan para la elaboración del remedio homeopático Sepia.

abundantes ◦ Aftas ◦ Dolor de espalda ◦ Flatulencia y estómago y abdomen delicados ◦ Dolores de cabeza y migrañas ◦ Estreñimiento ◦ Hemorroides ◦ Venas varicosas ◦ Caída del cabello ◦ Cansancio ◦ Mareos ◦ Pies sudorosos.

Modalidades
- **Mejora:** durmiendo; con ambiente cálido; con el ejercicio físico suave.
- **Empeora:** por la mañana; con un estilo de vida sedentario.

Consejos para el tratamiento

El remedio homeopático Sepia es excelente para la mujer porque contribuye a aliviar los problemas de la menopausia. También es bueno contra el agotamiento.

Silicea

El remedio homeopático Silicea se obtiene del principal componente de la mayoría de rocas y tallos de plantas, la sílice. El silicio también se encuentra en los dientes, el pelo y los huesos. El remedio homeopático Silicea se obtiene sobre todo del cuarzo y del sílex.

El cristal de roca es un tipo de cuarzo. Tradicionalmente, tanto el cuarzo como el sílex se han utilizado en la elaboración del remedio homeopático Silicea.

Uso y tratamiento

El remedio homeopático Silicea es útil en los supuestos indicados a continuación.

Aspectos mentales y emocionales

• Falta de seguridad en sí mismo • Miedo al fracaso • Falta de positivismo y timidez • Ansiedad ante la inminencia de hechos importantes • Agotamiento tras períodos de intensa concentración • Miedo a actuar • Obsesión con los detalles • Obstinación • Miedo al compromiso.

Aspectos físicos

• Sistema inmunológico débil • Sistema nervioso débil • Lentitud en la curación, en particular

El remedio homeopático Silicea se puede utilizar para acelerar la curación de las fracturas de huesos.

las fracturas óseas • Tos, resfriados e infecciones respiratorias recurrentes • Infecciones de oídos • Dolor de garganta con espasmos • Inflamación de las glándulas • Catarro • Infecciones de la zona torácica, especialmente las relacionadas con la tuberculosis • Furúnculos • Dolores de cabeza, especialmente los desencadenados por el frío • Dolor de huesos y articulaciones • Anorexia y nutrición deficiente en general • Piel poco sana, incluido el acné • Boqueras (llagas en las comisuras de la boca) • Encías sensibles • Estreñimiento • Pies y cabeza sudorosos.

Modalidades

• **Mejora:** con el calor.

• **Empeora:** con tiempo frío y húmedo; con la sequía.

Consejos para el tratamiento

El remedio Silicea se recomienda a las personas poco resistentes a la enfermedad y que se recuperan con lentitud tras una infección.

Staphysagria

El remedio homeopático de Staphysagria se obtiene de las semillas de una planta que se conoce como la flor de la espuela de caballero. Antiguamente, los griegos y los romanos la usaban como remedio curativo.

Uso y tratamiento

El remedio homeopático de Staphysagria es útil en los supuestos indicados a continuación.

Aspectos mentales y emocionales

● Emociones reprimidas, en particular la ira ● Ataques de nervios ● Obsesión por las enfermedades, los síntomas y los problemas emocionales ● Tendencia excesiva a la soledad ● Susceptibilidad frente a las críticas sobre la propia persona y tendencia al enfado causado por las mismas ● Resentimiento y celos ● Hipersensibilidad ● Adicción al sexo ● Adicción al trabajo ● Consumo excesivo de alcohol.

El remedio homeopático de Staphysagria se obtiene de las semillas de la planta Delphinium staphysagria.

Aspectos físicos

● Traumas postoperatorios ● Crecimiento de la próstata ● Problemas de la piel ● Dolores de cabeza ● Flatulencia ● Problemas del crecimiento dental ● Neuralgias ● Inflamación de los ojos.

Modalidades

● **Mejora:** con el calor.
● **Empeora:** con la represión de las emociones; con el contacto.

Consejos para el tratamiento

Se recomienda para tratar las emociones y la ira reprimidas, así como los problemas derivados de dichas represiones.

El remedio homeopático de Staphysagria se recomienda para el tratamiento de la rabia reprimida.

Sulphur

El remedio homeopático Sulphur se obtiene del azufre.

Uso y tratamiento

El remedio homeopático Sulphur es útil en los supuestos indicados a continuación.

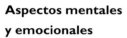

Aspectos mentales y emocionales

- Memoria deficiente
- Incapacidad para pensar con claridad
- Falta de tacto o atención con los demás
- Pereza • Irritabilidad • Egoísmo y egocentrismo • Tendencia a la discusión • Tendencias agresivas • Claustrofobia • Miedo a la altura (vértigo) • Bulimia • Insomnio • Depresión posmenopáusica • Alcoholismo • Adicción al tabaco • Falta de voluntad • Pesadillas.

Aspectos físicos

- Quemazón, escozor y picor de la piel
- Eczema, dermatitis y soriasis • Aftas
- Irritaciones causadas por los pañales
- Catarros • Pies sudorosos, ardientes y con picores • Trastornos digestivos • Estreñimiento • Diarrea • Indigestión • Pérdida de apetito • Hemorroides • Dolor en la parte inferior de la espalda • Gota • Dolor de cabeza • Conjuntivitis • Enrojecimiento, dolor y escozor de ojos • Olor corporal • Problemas de la menopausia, como los sofocos y los

El remedio homeopático Sulphur se obtiene del polvo denominado flor de azufre que se extrae del mineral azufre.

mareos • Caída del cabello • Cuero cabelludo seco y con picores • Labios secos • Dolores de garganta • Rigidez de tobillos y rodillas.

Modalidades

- **Mejora:** al aire libre cuando el tiempo es cálido.
- **Empeora:** por la mañana temprano y por la noche; con tiempo húmedo y frío; al lavarse; con posturas sentadas o erguidas mantenidas durante períodos prolongados.

Consejos para el tratamiento

El remedio homeopático Sulphur es útil para el tratamiento de los problemas de la piel, en especial para los problemas de irritación, picor o escozor (como el eczema). Este remedio también es efectivo para los tratamientos de desintoxicación.

El remedio homeopático Sulphur es eficaz para aliviar las irritaciones y escoceduras causadas por los pañales.

Thuja

El remedio homeopático Thuja se obtiene de las hojas y ramas de una conífera perenne conocida con el nombre de cedro blanco.

Una vez molidas, las hojas y las ramas de la conífera Thuja occidentalis se utilizan para la elaboración del remedio homeopático Thuja.

Uso y tratamiento

El remedio homeopático Thuja es útil en los supuestos indicados a continuación.

Aspectos mentales y emocionales

- Anorexia • Ideas distorsionadas sobre el propio cuerpo • Miedo a los extraños
- Tics faciales • Ideas obsesivas • Ansiedad
- Tendencia al llanto • Dislexia • Paranoia
- Desvelos nocturnos • Falta de autoestima
- Carácter manipulable y débil.

Aspectos físicos

- Pólipos y verrugas • Problemas de la piel
- Piel muy grasa • Acné • Transpiración acompañada de olor fuerte • Dolores de cabeza • Pólipos en la nariz • Orzuelos
- Problemas en las uñas • Hemorroides
- Pérdida de apetito • Frío constante
- Infecciones de la uretra y de la vagina
- Problemas de la menstruación, incluidos los retortijones.

Modalidades

- **Mejora:** con el movimiento.
- **Empeora:** con el frío y la humedad; por la noche.

Consejos para el tratamiento

El remedio homeopático Thuja es el que primero se recomienda para tratar las verrugas y los pólipos. Además, se puede aplicar localmente para reforzar el tratamiento por vía oral.

El remedio homeopático Thuja, además de ser eficaz para el tratamiento de las verrugas, los pólipos y otros problemas de la piel, también puede combatir la pérdida de apetito.

Zinc. Met.

El remedio homeopático **Zinc. Met.**
se obtiene del metal de zinc.

Uso y tratamiento

El remedio homeopático Zinc. Met. es útil
en los supuestos indicados a continuación.

Aspectos mentales y emocionales

● Fatiga mental ● Memoria deficiente
● Desasosiego ● Depresión ● Alcoholismo
● Irritabilidad ● Nerviosismo ● Incapacidad
de quedarse quieto.

Aspectos físicos

● Agotamiento ● Piernas agitadas ● Cansancio
debido a la falta de sueño ● Debilidad y
agotamiento ● Pesadez de cabeza ● Sabañones
● Calambres ● Venas varicosas ● Síndrome de
fatiga crónica ● Bulimia ● Sensibilidad al ruido
● Anemia.

Modalidades

● **Mejora:** con el movimiento intestinal;
con la reafirmación emocional.
● **Empeora:** después de las comidas.

Consejos para el tratamiento

El remedio homeopático Zinc. Met. es bueno
para combatir la falta de vitalidad o para el
tratamiento del agotamiento. También es eficaz
para tratar la sensación constante de frío.

El zinc es un metal azulado que una vez molido sirve para
la elaboración del remedio homeopático Zinc. Met.

El remedio
homeopático Zinc.
Met. puede contribuir
a que la persona
recupere su vitalidad.

Aplicaciones tópicas

Algunos remedios homeopáticos tienen un formato que permite su aplicación directa sobre la piel. Se trata de las aplicaciones tópicas, un tratamiento ideal para reforzar la toma por vía oral del remedio homeopático. Las aplicaciones tópicas también se pueden usar de forma independiente como tratamiento de primeros auxilios. Los tratamientos tópicos se presentan en distintos formatos, tal y como se detalla en el recuadro inferior.

Formas de tratamientos tópicos

Cremas: de absorción rápida.

Ungüentos: de textura más grasa que las cremas; recomendados para áreas de tratamiento extensas.

Tinturas: remedios líquidos listos para diluir en agua; para cortes y rozaduras. Diluir según instrucciones.

Ungüentos para masajes: remedios preparados con un aceite de soporte vegetal, listos para poder ser aplicados directamente.

Aerosoles: mezcla lista para su aplicación; útil para las picaduras y mordeduras de insectos (ej. el aerosol de pelitre).

Los siguientes remedios son los más asequibles para las aplicaciones tópicas. Además del nombre del remedio, se incluye un breve comentario de sus indicaciones, aplicaciones y usos.

Arnica: dolores musculares, contusiones y hematomas. Torceduras y distensiones. Después del deporte o del ejercicio físico. Dolores de las articulaciones. Dolor e inflamación de la espalda. Pies cansados e hinchados. Primeros signos de tenosinovitis. Bloqueo de hombros. Inflamación y dolor de cuello. Quemaduras de sol (evitar la aplicación sobre heridas abiertas).

Calendula: piel sensible, seca, irritada, agrietada o inflamada. Acné. Dermatitis de contacto. Eczema. Sarpullidos. Resfriados. Escoceduras al afeitar. Quemaduras solares. Puede utilizarse en niños contra irritaciones y rozaduras leves de la piel como, por ejemplo, las producidas por los pañales. Buena para limpiar cortes y heridas. Se puede utilizar como crema facial hidratante o como bálsamo para después del afeitado.

Graphites: eczema. Dermatitis de contacto. Soriasis. Eczema varicoso. También puede ayudar en la prevención del eczema en zonas de venas varicosas donde la piel está muy seca, translúcida y delgada. Para pieles muy secas, que presentan picor y dolor. Piel dolorida, alrededor de la nariz durante los resfriados. Utilizar como hidratante facial para combatir el eczema, la dermatitis o las reacciones alérgicas de los cosméticos.

Hamamelis: para la piel que duele, pica o escuece. Venas varicosas. Flebitis. Hemorroides. Pesadez y dolor en piernas y pies, en particular después de pasar largo tiempo de pie. Aplicar siempre con mucha suavidad alrededor de las varices. No utilizar sobre heridas abiertas.

Hypericum: para cortes, heridas, escoceduras, rascadas y rozaduras. Resfriados. Piel irritada, inflamada y que pica. Astillados. Irritación de las uñas (padrastros, uñas mordidas, dolor en general). Labios agrietados y doloridos. Ampollas. Hemorroides que duelen y sangran.

Rhus tox.: dolor muscular, especialmente debido al ejercicio físico. Tenosinovitis. Dolor en las articulaciones, incluido el codo de tenista y las lesiones de rodillas. Artritis y reumatismo. Ciática. Eficaz para utilizar después de Arnica una vez que el hematoma se ha reducido. No aplicar sobre la piel si hay heridas abiertas.

Ruta grav.: rigidez y dolor profundo en tendones, ligamentos, articulaciones y músculos. Tenosinovitis. Ciática. Dolor de pecho y de costillas causado por la tos. Buena para el tratamiento de tobillos y muñecas en deportistas. No aplicar sobre la piel si hay heridas abiertas.

Thuja: verrugas. Pólipos. Uñas quebradizas y débiles.

Botiquín de primeros auxilios

Un botiquín homeopático de primeros auxilios es un buen recurso para tener en casa, en el coche o durante las vacaciones. Asegúrese de que está siempre a punto. Quizás decida comprar un pequeño botiquín o caja donde tener los remedios homeopáticos listos para su uso.

Muchas farmacias y distribuidores de homeopatía tienen a la venta botiquines de primeros auxilios bien provistos. Algunos de ellos incluyen más de 18 remedios, dispuestos en pequeñas botellas o viales. Eche un vistazo a los remedios de esta sección y decida cuáles son los que más le interesan. Es posible que haya utilizado ya alguno de los remedios y que sepa cuáles son los que más le convienen por su tipo constitucional.

BOTIQUÍN DE REMEDIOS HOMEOPÁTICOS
Los 10 remedios homeopáticos que se comentan a continuación bastarían en la mayoría de situaciones que precisan de unos primeros auxilios.

Aconite
Pánico. Dolor. Miedo. Para los primeros síntomas del resfriado, dolor de garganta y fiebre. Incapacidad para relajarse.

Ansiedad. Como ayuda para inducir al sueño tras un largo viaje. Cualquier dolencia de aparición repentina.

Apis. Mel.
Para picadas y mordeduras. Retención de líquidos e inflamación. Hinchazón de piernas y pies cansados.

Arnica
Shock. Lesiones. Contusiones y hematomas. Dolor de cuello, espalda, articulaciones y hombros. Se recomienda la aplicación tópica de Arnica mediante cremas o ungüentos para contusiones, torceduras, distensiones o quemaduras solares (no aplicar sobre la piel si hay heridas abiertas).

Cantharis
Cistitis crónica. Dolor ardiente y punzante. Picaduras y mordeduras de insectos. Quemaduras

Gelsemium
Dolor de garganta. Resfriados y tos. Gripe con temblores.

Graphites

Alergias, reacciones y rasgaduras de la piel
debidas a las inclemencias del tiempo o a
los detergentes en polvo. Reacciones a los
productos químicos de las piscinas. Eczema.
Dermatitis. Se recomienda la aplicación
tópica de Graphites para aliviar el eczema,
la dermatitis y las irritaciones y escozor
de la piel.

Mezcla de Hypericum/Calendula

Tintura para la limpieza de cortes y heridas.
Ungüento o crema para la aplicación tópica
sobre heridas, cortes, rascadas, así como para
picadas y mordeduras de insectos.

Ledum

Heridas punzantes. Esquirlas, astillas. Picaduras
y mordeduras.

Nux vomica

Intoxicación alimentaria. Mareo de viaje.
Empachos. "Jet lag". Resaca. Consumo excesivo
de comidas ricas en grasas o azúcares.

Rhus tox.

Dolores musculares. Rigidez y esfuerzo excesivo.
Dolor de espalda y de articulaciones. Dolor
muscular. Eficaz para después del esquí, el
excursionismo u otras actividades vacacionales.
La aplicación tópica de Rhus tox. está indicada
para dolores musculares después del deporte
o de un esfuerzo físico.

Direcciones y websites útiles

Si no encuentra determinados productos en las tiendas especializadas próximas a su domicilio, solicite información a las asociaciones que se incluyen más abajo.

Sociedad Española de Medicina Homeopática
Colegio Oficial de Médicos
Pasión 13, 3
47001 Valladolid
www.semh.org

Instituto Homeopático de Catalunya
Avda. Josep Tarradellas, 80-82, entlo. 3ª
08029 Barcelona
Tel: 34 93 4306479
www.instituthomeopatic.com
e-mail: gasparin@netbcn.com

Portal de homeopatía
Referencias a asociaciones de homeopatía, practicantes y distribuidores de remedios homeopáticos
www.homeopatia.net/index_enlaces.htm

Asociación Médica Española de Homeopatía y Bioterapia
Rafael de Riego 9, 2ºA
28045 Madrid
Ap. Correos nº 225 Zumárraga – Guipúzcoa
Tel: 34 94 3725635
www.amehb.com/

Comité Europeo de Homeopatía
Información de los distintos ámbitos de la homeopatía en la Comunidad Europea: practicantes, centros, escuelas de instrucción, estatutos de la práctica homeopática, etc.
www.homeopathyeurope.org/

Distribuidores de productos homeopáticos

DHU (Deutsche Homöopathie-Union)

Iberia Laboratorios S.A

www.dhu.es/

Laboratorios Boiron

www.boiron.es/

Labcatal

www.labcatal-iberica.com/iberica.html

Farmacias de productos homeopáticos

Coliseum

Gran Vía de les Corts Catalanes, 606

08007 Barcelona

Fax: 34 93 3175181

Bonanova

Plaza Bonanova, 6

08022 Barcelona

Tel: 34 93 4178032

www.lasguias.com-f.bonanova

e-mail: m.soler.005@recol.es

Aparisis

Muntanya 77-79

08026 Barcelona

Tel: 34 93 4362830

Miserachs

Roger de Llúria, 51

08009 Barcelona

Tel: 34 93 3497840

Escartín

Sant Antoni Maria Claret, 40

08025 Barcelona

Tel: 34 93 4584346

Nota: muchos homeópatas prefieren no facilitar su dirección y teléfono en listines públicos. Compruebe siempre que su homeópata está cualificado. La recomendación personal es siempre la mejor manera de encontrar un buen homeópata.

Aceites esenciales

Introducción

Al ser humano le encantan las plantas aromáticas. Cuando pasamos por delante de una preciosa y olorosa flor, nuestro comportamiento así lo indica. La fragancia de una flor es motivo suficiente para detenernos, olvidar nuestras cavilaciones, sumergir la nariz entre los pétalos y aspirar el perfume. Cuando nos comportamos de este modo, nos olvidamos de las preocupaciones y de los problemas y el mundo se transforma en un lugar más sencillo donde vivir. A los jardineros les encanta tocar las hierbas aromáticas que cultivan y oler luego las fragancias que impregnan sus dedos, como el olor acre del romero, el estimulante olor de la menta, la suave y fresca fragancia de la lavanda o el olor intenso del hinojo. Estas fragancias que nos abren el apetito y nos relajan también contribuyen a que respiremos a pleno pulmón.

Todos estos perfumes que aspiramos y disfrutamos con tanto entusiasmo son los aceites esenciales: las fragancias naturales de las plantas aromáticas. Estas fragancias, producidas por la propia planta y almacenadas en sus tejidos, únicamente salen de su encierro por el contacto directo o por el calor del sol. De todas las plantas que existen sobre el planeta, tan sólo un uno por

Las flores atraen nuestro sentido del olfato como un imán. Así, sentimos predilección por plantas como las fragantes rosas.

El romero, de olor y sabor intensos, despierta nuestros sentidos y excita nuestras papilas gustativas. El romero se puede cultivar fácilmente en una maceta.

ciento contiene aceites esenciales. Desde la Antigüedad, el hombre ha disfrutado de una relación muy especial con este tipo de plantas, y las ha utilizado para la fabricación de perfumes, incienso y medicinas.

La aromaterapia utiliza los aceites esenciales para conseguir efectos saludables en el cuerpo y en la mente. Los aceites, aplicados sobre la piel, disueltos en el agua del baño o dispersos en el ambiente, favorecen la relajación y el bienestar.

Los aceites esenciales y la aromaterapia pueden contribuir de forma muy positiva a la mejora de nuestra salud física y emocional,

Relajarse con aceites esenciales durante el baño, apacigua los sentidos y alivia los dolores y las tensiones del cuerpo.

puesto que nos transmiten sentimientos de paz y equilibrio interior.

Esta sección del libro le invita a viajar por el fascinante mundo de los aceites esenciales y a conocer sus diversas procedencias y formas de obtención. Así, presentaremos aquellas plantas que producen aceites esenciales y le revelaremos sus singulares capacidades curativas. El índice de aceites esenciales de las páginas 81-117 contiene información detallada de 36 de los aceites esenciales más comunes, lo que le permitirá profundizar en su conocimiento y saber cómo debe aplicarlos, tanto en su propia persona, como en sus familiares y amigos. Los métodos que se describen son sencillos, de fácil aplicación y útiles para muchas de las situaciones más habituales de la vida cotidiana. En esta sección también encontrará información sobre medidas de seguridad, compra y almacenamiento de los aceites, así como procedimientos simples para tratamientos faciales.

Quizás descubra que coleccionar aceites esenciales, disfrutar con sus aromas y aprender sus diferentes aplicaciones es un pasatiempo fascinante, algo que puede desarrollar y convertir en, nada más y nada menos, un nuevo estilo de vida.

Esta sección vincula los aceites esenciales con las plantas de las que se extraen. El énfasis especial que este capítulo pone en el aspecto botánico no es más que el reflejo de una realidad: la vida en la Tierra depende de las plantas. Como protectores del planeta que somos, necesitamos utilizar los recursos naturales de una forma equilibrada si queremos disfrutar de ellos indefinidamente.

Los granos de pimienta contienen un aceite esencial que calienta y estimula, aliviando así el dolor de las articulaciones y de los músculos.

¿De dónde proceden los aceites esenciales?

Los aceites esenciales se obtienen únicamente de algunas plantas aromáticas. Saber cómo funcionan tales plantas y cuáles son las características de sus raíces, tronco, hojas, flores y frutos nos permitirá profundizar en el conocimiento de sus respectivos aceites esenciales. En esta sección se presentan los distintos aceites agrupados en función de la parte de la planta de donde proceden.

La magia de las plantas

Las plantas son los sistemas interactivos más fascinantes, capaces de responder ante el menor cambio de las condiciones ambientales en cualquier momento de su vida. La empresa principal de toda planta es la supervivencia, la competencia y la reproducción, y durante millones de años han evolucionado para alcanzar tales objetivos, desarrollando mecanismos de gran precisión, entre los que se cuentan los aceites esenciales. Los botánicos no están muy seguros de porqué ciertas plantas han evolucionado para producir aceites esenciales. A continuación se incluyen algunas sugerencias al respecto.

Los aceites esenciales se encuentran en diversas partes de la planta. Las raíces, el tronco, las hojas, las flores, los frutos y las semillas pueden contener estos preciados perfumes.

tropicales, desagradan profundamente a gusanos, escarabajos y otros insectos. De este modo, mediante los aceites esenciales, las raíces protegen sus delicados tejidos y pueden absorber la mayor cantidad posible de agua.

Los aceites esenciales de las hojas pueden tener una función protectora. En la planta ilang-ilang, las preciosas flores se cobijan entre las hojas de color verde oscuro y se protegen de las inclemencias ambientales.

Raíces

Los tejidos de las plantas consiguen minerales y agua a través de las raíces, que, además, les dan soporte y estabilidad para que puedan crecer. Algunas raíces aromáticas como la cúrcuma o el vetiver, que crecen en zonas

Los aceites esenciales se encuentran en la corteza de frutos que tienen un aroma penetrante y persistente, constituyendo éste una de las principales características de su popularidad.

Madera

Árboles como el sándalo o el cedro contienen aceites esenciales en el duramen de sus troncos y ramas. Existen indicios de que estos aceites protegen las estructuras internas de la madera del ataque de escarabajos y otros insectos. Arbustos como el olíbano o la mirra segregan una resina –sustancia pegajosa rica en aceites esenciales– para proteger la corteza de sus troncos de posibles grietas y daños. Desde hace milenios, el hombre ha recogido resinas para quemarlas como incienso.

Hojas

En las hojas de todas las plantas es donde tiene lugar la fotosíntesis, gracias a la cual, con la ayuda de la energía del sol, el carbono, el hidrógeno y el oxígeno son transformados en azúcares. Así pues, el proceso de la fotosíntesis es vital para la planta y para su floración y reproducción. Los aceites esenciales de las hojas protegen estos órganos, tan importantes para la supervivencia, del ataque de hongos y microbios, asegurando así que la planta tenga las mejores condiciones para producir su alimento.

Flores

Algunos de los aceites esenciales que se utilizan en aromaterapia incluyen exquisitas fragancias como las de lavanda, rosa, jazmín o azahar. Los aceites esenciales de otras plantas, como el frangipani, también conocido como juche, los nardos o la mimosa son muy costosos de extraer, por lo que sus perfumes suelen ser también de los más caros del mercado. Las flores sólo tienen un objetivo: atraer a los insectos polinizadores. La química de la atracción es vital para la relación entre la planta y el insecto. Algunas flores han evolucionado produciendo aromas que simulan a la perfección el olor de ciertas especies de insectos. Así, por ejemplo, el nenúfar gigante *Victoria amazonica* copia el olor feromónico del escarabajo negro volador. El ser humano también ha utilizado el aroma de las flores para atraer a su pareja, de ahí nuestra aprecio por los perfumes.

Frutos y semillas

De la corteza de todos los frutos cítricos se pueden extraer aceites esenciales. También se encuentran en las bayas de arbustos como el enebro. Los frutos y las bayas son el resultado final del proceso de floración y suelen ser aromáticos para hacerlos más apetitosos a pájaros y otros animales. Las semillas no se pueden digerir, por lo que son excretadas enteras en el suelo, aumentando así su posibilidad de germinar con éxito.

¿Cómo y dónde se obtienen los aceites esenciales?

La producción de aceites esenciales comporta la inversión de tiempo, trabajo y profesionalidad. Las plantas se cultivan, cosechan y procesan para producir los aceites, que serán después transportados largas distancias hasta llegar al consumidor. Puesto que se trata de un recurso natural, el éxito de la producción, al igual que cualquier otro cultivo, depende del equilibrio de las condiciones del suelo y del clima.

Muchos de los aceites esenciales se encuentran en lugares lejanos. Las plantas mediterráneas necesitan mucha luz solar para desarrollarse de forma adecuada.

para que las plantas produzcan sus aceites. La misma región geográfica es válida para enmarcar la producción de muchos cítricos de la familia *Rutaceae*, que incluye las suculentas naranjas, los limones y las mandarinas, cuyas cortezas están repletas de aceites esenciales.

Un poco más lejos se hallan los árboles, flores y especias de la India, donde se encuentran los principales productores de los aceites esenciales de jazmín, sándalo, cardamomo y pachulí. Indonesia produce algunos de los aceites más peculiares, como el de vetiver, que huele a humo y a tierra. El mejor aceite de geranio procede de la isla de Reunión, en el

El cardamomo en vaina produce un aceite esencial de fragancia cálida y especiada.

Geografía

Los aceites esenciales se encuentran en diferentes grupos de plantas de todo el mundo. Uno de los grupos botánicos más comunes es el de la familia de las *Labiatae*, que incluye muchas plantas mediterráneas como el romero, la mejorana o la lavanda. Muchos de los aceites utilizados en aromaterapia proceden de plantas que crecen en el sur de Europa y norte de África, ya que es necesaria mucha luz solar

La India es un enorme productor de especias, aromas y fragancias. Muchos de los aceites esenciales más raros proceden de Asia.

mucha mano de obra y técnicas tradicionales. En Bulgaria, las rosas se recolectan a mano una por una; son necesarias entre 50 y 100 rosas para producir una sola gota de aceite esencial.

En Australia hay muchas granjas mecanizadas que producen aceites esenciales. Tal es el caso del aceite del árbol de té, que se produce a gran escala en plantaciones enormes que usan maquinaria moderna para la recolección.

Métodos de extracción

Los aceites esenciales se encuentran en el interior de una especie de sacos pequeñísimos –células microscópicas– que la planta posee en sus tejidos. Para la extracción del aceite esencial se utilizan varias técnicas que se describen a continuación.

La destilación por corriente de vapor consiste en hacer pasar una corriente de vapor a gran presión a través del material vegetal, lo que provoca la liberación de los glóbulos de aceite esencial en el vapor de agua. A continuación, el vapor "perfumado" se enfría y se condensa; el aceite queda flotando en la superficie y puede así separarse del agua. Esta es la técnica más utilizada.

El prensado o estrujado implica la obtención directa del aceite esencial mediante el prensado de las pieles de los frutos cítricos.

La extracción con disolvente utiliza productos químicos para separar los compuestos aromáticos de los delicados tejidos de las plantas. Posteriormente, el extracto es refinado para producir un "absoluto".

océano Índico, mientras que Australia es el mayor productor mundial de aceite esencial de árbol de té. Cuando compre un aceite esencial consulte el índice de "Aceites esenciales" (véanse págs. 81-117) para comprobar dónde ha sido producido y cuánto ha tenido que viajar hasta llegar a sus manos.

Cultivo

La producción de aceites esenciales requiere el cultivo de grandes cantidades de plantas en vastas extensiones de terreno. Así, se precisa cerca de media tonelada de plantas de lavanda para extraer un litro de su aceite esencial. Por este motivo, las granjas de lavanda tienen una extensión de varias hectáreas.

Los aceites como el de vetiver se producen en países en vías de desarrollo, donde se utiliza

¿Para qué sirven los aceites esenciales?

La popularidad y difusión de la aromaterapia ha florecido principalmente en los últimos diez años y cada vez son más las personas que utilizan los aceites esenciales. No obstante, aunque pueda resultar sorprendente, los aceites esenciales tienen una larga trayectoria en la historia de la humanidad, tanto en el ámbito de la aromaterapia como en el de otras aplicaciones.

En el antiguo Egipto, hombres y mujeres utilizaban las fragancias aromáticas para perfumarse el cuerpo y el cabello.

Perfumes

Los aceites esenciales han sido uno de los ingredientes básicos en la confección de perfumes desde que Avicena –un perfumista árabe, místico y herborista, de principios del milenio pasado– inventara la destilación. Incluso antes de Avicena, los aceites esenciales se obtenían mediante un método denominado *enfleurage*, que consistía en prensar el material vegetal sobre bandejas con grasa a las que a continuación se les aplicaba calor, bien dentro de un horno o bien expuestas al sol. Luego, la grasa fundida se colaba y se dejaba enfriar, con lo que se obtenía un ungüento sólido y aromático que se utilizaba para perfumar la piel y el pelo.

En la Antigüedad, sólo las personas ricas podían costearse los exóticos y valiosos extractos que había en el mercado. Los perfumes eran signo de riqueza y de elevado estatus social. A principios del siglo XX, el desarrollo de los perfumes sintéticos significó la posibilidad de reproducir en masa los costosos perfumes de antaño. Sin embargo, hoy día, se siguen utilizando los aceites esenciales y los extractos aromáticos naturales para crear nuevas fórmulas de perfumes, aunque luego, una vez obtenida la fórmula, se copia y sintetiza el aroma artificialmente para producirlo en grandes cantidades.

El aceite esencial de menta se utiliza para dar sabor a ciertos productos de repostería, incluido el chocolate.

Productos alimenticios

Muchos de los alimentos y bebidas que tomamos están aromatizados con aceites esenciales. Algunos de los más evidentes incluyen la utilización de los aceites esenciales de menta o de naranja en los chocolates y otros productos de repostería. Sin embargo, lo más frecuente es que se utilicen para conseguir un sabor "natural" en los alimentos elaborados. Los aceites esenciales también se usan en la conservación de carnes, bebidas alcohólicas, conservas y salsas. La cantidad de aceite esencial que se utiliza es muy pequeña, ya que se suele partir de un extracto muy concentrado. En este sentido, se suele realizar un seguimiento pormenorizado del nivel de aceites esenciales en los alimentos con el objetivo de asegurarse que éstos son aptos para el consumo. En aromaterapia, los aceites esenciales nunca se ingieren (véase "Normas de seguridad de los aceites esenciales", págs. 78-79.)

Productos farmacéuticos

Además de en ciertos alimentos, el aceite esencial de menta también se utiliza en la composición de productos farmacéuticos como la pasta dentífrica. Otros aceites esenciales que tienen aplicaciones farmacéuticas son el alcanfor y el eucalipto, que se usan en la elaboración de ciertos jarabes para la tos y en ungüentos para aliviar los dolores musculares.

Aromaterapia

De las toneladas y toneladas de aceites esenciales que se fabrican en todo el mundo, sólo entre un cinco y un 10 % se destinan a la aromaterapia. Este hecho suele causar sorpresa porque la gente cree que los aceites esenciales son ingredientes específicos de la aromaterapia y no saben que su uso está tan generalizado. En aromaterapia es muy importante que los aceites sean completamente naturales y que no estén adulterados con compuestos sintéticos: los distribuidores de confianza compran directamente a los cultivadores de todo el mundo (para distribuidores véase pág. 125).

Ciertos aceites esenciales, como el de la naranja, se suelen utilizar como aroma y conservante en la elaboración de algunos productos alimenticios.

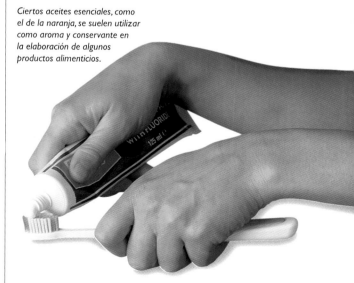

Aceites esenciales como el de menta o el de hinojo se utilizan para aromatizar diferentes pastas dentífricas de todo el mundo.

Normas de seguridad de los aceites esenciales

A pesar de que los aceites esenciales son completamente naturales, hay que tener en cuenta su elevadísima concentración en los extractos. Por este motivo, deben utilizarse de forma correcta y con las debidas precauciones. Las normas de seguridad que se incluyen en este capítulo le servirán para saber cómo utilizar los aceites esenciales en cada caso particular. Sin embargo, es aconsejable que consulte a su médico si padece alguna dolencia física o psíquica, ya que los aceites esenciales no son un sustituto del tratamiento médico convencional.

No ingerir por vía oral

La regla de seguridad más importante es:"no ingerir los aceites esenciales bajo ningún concepto". Los aceites esenciales están muy concentrados y su ingestión en grandes cantidades puede producir daños internos. Si se ingieren aceites esenciales de forma accidental, busque atención médica de inmediato.

Cuidado durante el embarazo

Si está usted embarazada o amamantando, es muy importante que no ingiera aceite esencial alguno. Cualquiera de los aceites que utilice para el masaje o el baño deben estar en concentraciones muy bajas. Si confecciona alguno de los preparados de este libro, debe utilizar la mitad del número de gotas indicado. Es preferible

Las mujeres embarazadas o que amamanten deben tomar muchas precauciones al utilizar los aceites esenciales.

que utilice sólo esencias de flores y frutos, ya que son las más suaves. Y sería una buena idea que consultara a un aromaterapeuta.

Seguridad con la piel

Dado que los aceites esenciales están muy concentrados, antes de aplicarlos sobre la piel es imprescindible diluirlos previamente en algún aceite de soporte, como por ejemplo el aceite de almendras dulces o el aceite de semillas de uva. Si usted no tiene una piel muy sensible (con tendencia a reacciones alérgicas), puede aplicarse directamente los aceites esenciales de lavanda o de árbol de té como primeros auxilios (dos gotas sobre un algodón aplicado sobre la zona afectada). Si usted es sensible a los frutos secos, evite el aceite de soporte de almendras dulces y utilice en su lugar el de semillas de uva.

Aceite fototóxicos

Los aceites esenciales de los cítricos –bergamota, pomelo, naranja, limón, lima y mandarina– contienen un ingrediente que puede reaccionar de forma adversa con la exposición al sol.

Sólo los aceites de lavanda y de árbol de té pueden utilizarse directamente sobre la piel. El resto de los aceites esenciales no se deben utilizar concentrados.

Si se aplica un masaje sobre la piel con algún preparado que contenga aceites de cítricos, evite la exposición directa a los fuertes rayos UV o a los rayos artificiales UVA hasta pasadas por lo menos 12 horas de su aplicación. Esta precaución no incluye las inhalaciones o vaporizaciones con tales aceites.

Presión sanguínea elevada

El aceite esencial de romero es muy estimulante y debe evitarse cuando se padece hipertensión. En su lugar, es preferible utilizar aceites como el de lavanda o el de ilang-ilang por sus efectos sedantes.

Epilepsia y asma

Se desaconseja la utilización del aceite esencial de romero por parte de personas que sufren epilepsia, ya que tiene la capacidad de aumentar ligeramente la frecuencia de los ataques epilépticos. En su lugar, estas personas pueden utilizar otros aceites tranquilizantes como el de sándalo, neroli o naranja. (Nunca intente aplicar algún aceite esencial durante un ataque epiléptico.) Si usted padece asma, no realice inhalaciones de aceites esenciales, utilícelos mejor en el baño o en el masaje.

Bebés y niños

Dado que los niños y bebés tienen una piel muy delicada, es muy importante dosificar correctamente el aceite esencial que se vaya a utilizar. Para ello, siga las recomendaciones que se indican a continuación.

Niños mayores de 2 años: diluya una gota de manzanilla romana, rosa o lavanda en 20 ml de aceite de soporte de almendras dulces para el cuidado general de la piel y el masaje infantil.

Niños de 2 a 10 años: cualquiera de los preparados que se incluyen en este libro deben suministrarse en una cantidad igual a la mitad de las gotas indicadas. Si al dividir por 2 el número de gotas no es exacto, redondéese por debajo (por ejemplo, reduzca de 3 gotas a 1 o de 5 a 2).

Niños mayores de 10 años: pueden aplicarse aceites en la misma dilución que los adultos.

Los ancianos

Cuando la piel es delicada y transparente, con venas bien visibles, los preparados que se incluyen en este libro deben suministrarse en una cantidad igual a la mitad de las gotas indicadas. Así, los aceites nutrirán la piel sin perjudicarla.

Los preparados para niños (y ancianos) contienen poca cantidad de aceites esenciales. La piel de los niños es muy sensible; la de los mayores, igualmente delicada.

Cómo se utilizan los aceites esenciales en aromaterapia

Tal y como su propio nombre indica, la aromaterapia es la "terapia" que utiliza los "aromas" de los aceites esenciales para aliviar las dolencias físicas y favorecer una buena salud mental. Existen varias formas sencillas de utilizar los aceites esenciales: en el baño, en inhalaciones, en vaporizaciones y en el masaje.

Baño

Tomarse un baño de 20 minutos a una temperatura agradable le aliviará la tensión y el estrés. Si escoge un solo aceite esencial, vierta como máximo 4 gotas en el agua del baño; si utiliza dos aceites esenciales, vierta como máximo 3 gotas de cada aceite. Antes de introducirse en la bañera, remueva el agua delicadamente. En el caso de que su piel sea muy seca o sensible, puede diluir los aceites esenciales en unos 20 ml de leche hidratante o de crema de baño no perfumada antes de añadirlos al agua. Una combinación sencilla y muy relajante es la compuesta por 3 gotas de lavanda y 3 gotas de sándalo.

Inhalación

Este método sirve para aliviar los resfriados, la gripe o la sinusitis. Necesitará un recipiente lleno hasta la mitad con agua a punto de hervir. Vierta 2 gotas de aceite esencial de eucalipto y 2 gotas de árbol de té en la superficie del agua, luego cubra su cabeza con una toalla e inhale el vapor aromático que se desprende durante unos 15 o 20 minutos. Quítese las gafas o las lentes de contacto para que no se empañen o irriten sus ojos.

Las inhalaciones de vapor pueden ayudarle a aliviar los resfriados y despejar los orificios sinusales. Tenga siempre mucho cuidado cuando utilice agua hirviendo.

Vaporización

Los aromatizadores calientan poco a poco
el aceite esencial y dispersan su aroma por
el ambiente. Puede comprar un aromatizador
de cerámica provisto de vela o bien un modelo
eléctrico de los muchos que existen. Cuando
utilice los aceites esenciales siga con detalle las
instrucciones de su aromatizador particular.
En general, para aromatizar toda la habitación
por espacio de unas dos horas, son suficientes
4 gotas, si se trata de un solo aceite, o bien, si
combina dos aceites distintos, 3 gotas de cada
uno de ellos. Puede utilizar aceites esenciales

de árbol de té o de
limón para disipar
olores molestos o
bien escoja su aroma
favorito para crear el
ambiente que desee.

*Un difusor de fragancias
eléctrico puede aliviar ciertos
problemas respiratorios y es
un aparato muy seguro.*

Masaje

Cuando utilice un aceite esencial para el masaje,
es necesario diluirlo primero en un aceite de
soporte, como el de semillas de uva, el de
almendras dulces o el de jojoba. La mayoría de
los preparados que se proponen en este libro
consisten en 10 gotas de aceite esencial diluidas
en 20 ml (4 cucharaditas) de aceite de soporte.
El preparado debe almacenarse en una botella
de cristal limpia. Esta es una dilución suficiente
para la mayoría de pieles y una cantidad que
permite aplicar un masaje completo por todo
el cuerpo, excluida la cara. Las pieles más

*Durante la elaboración de los remedios es muy importante poner
la máxima atención en la dosificación de los aceites esenciales,
especialmente en el caso de los niños.*

sensibles, como la de los niños y la de los
ancianos, sólo precisan 5 gotas en 20 ml
(véanse págs. 120-121 para preparados
especiales de masaje). Los preparados duran
como máximo unas cuatro semanas. Si quiere
elaborar más cantidad, simplemente tome
40 ml de aceite de soporte y añádale 20 gotas
de aceite esencial.

Índice de aceites esenciales

En esta sección encontrará 36 aceites
esenciales agrupados según la parte de la planta
de dónde se han extraído. Cada aceite esencial
contiene información clave y recetas para que
usted elabore sus propios preparados y pueda
aliviar ciertas dolencias físicas o mentales, así
como combatir determinados estados
emocionales.

Aceites de las raíces

La energía de estos aceites suele equilibrar y estabilizar al cuerpo. En la naturaleza, estos aceites protegen y fortalecen las plantas que los producen.

Jengibre
Zingiber officinale
Características vegetales: el jengibre es un ingrediente clave en las recetas de cocina indias y chinas. También se utiliza en la medicina tradicional china para el tratamiento de problemas digestivos y de circulación. Las raíces de jengibre se secan antes de ser sometidas a destilación, lo que comporta que el aroma del aceite esencial que se obtiene sea menos intenso que el de las raíces machacadas de plantas frescas.

El intenso y especiado aceite esencial de jengibre puede mejorar los niveles de energía.

Información de seguridad: no se conocen contraindicaciones.

Características de la fragancia: aroma seco y mohoso, que es más picante y especiado al evaporarse, dejando un persistente aroma dulzón.

Usos principales: facilita la digestión. Calienta los músculos y alivia su dolor. Favorece la circulación deficiente. Aumenta la energía.

Combinaciones recomendadas: para aliviar la indigestión, diluya 2 gotas de menta, 3 gotas de jengibre y 5 gotas de limón en 20 ml de aceite de soporte y aplíquelo con un suave masaje sobre el abdomen. Para aliviar los dolores, tómese un baño con 4 gotas de lavanda y 2 de jengibre. Para mejorar la circulación, diluya 6 gotas de pimienta negra y 4 de gotas de jengibre en 20 ml de aceite de soporte y aplíquelo dando un masaje sobre la zona afectada. Comprobará cómo la zona cutánea donde se ha aplicado el masaje se torna rosada, una reacción normal que indica un aumento de la circulación en esa zona.

El jengibre se viene utilizando desde hace siglos en la medicina tradicional china para el tratamiento de procesos digestivos y circulatorios.

El vetiver es un cultivo de gran interés comercial en Indonesia y también un apreciado aceite esencial.

Usos principales: calienta y alivia los dolores, en particular el de espalda. Mejora la circulación. Alivia los retortijones de la menstruación. Ayuda a estabilizar y equilibrar las emociones en casos de estrés extremo.

Combinaciones recomendadas: el vetiver tiene un olor muy fuerte, por lo que para la elaboración de los preparados tan sólo son necesarias 2 gotas de su aceite esencial. Para aliviar dolores y favorecer la circulación, pruebe a realizar un masaje diario con 2 gotas de vetiver, 3 gotas de jengibre y 5 gotas de lavanda en 20 ml de aceite portador. Los retortijones menstruales se pueden aliviar con una combinación de 8 gotas de mejorana y 2 gotas de vetiver en 20 ml de aceite portador, aplicado con un masaje en la parte inferior del abdomen dos veces al día. La inseguridad emocional puede calmarse tomando un baño con 1 gota de vetiver, 1 gota de neroli y 3 de lavanda. También puede diluir estos aceites en 10 ml de aceite de soporte y aplicarlos con suave masaje después del baño.

Masajear una espalda dolorida con aceite esencial de vetiver aliviará la molestia. Esta cálida fragancia tiene asimismo un efecto sedante para la mente y los sentidos.

Vetiver

Vetiveria zizanoides

Características de la planta: la mayoría del vetiver procede de Indonesia, donde se conoce como *akar wangi*. Se trata de una hierba resistente con un gran valor económico en agricultura. Las hojas superiores se entrelazan para hacer tejidos, mientras que las aromáticas raíces se recolectan para someterlas a destilación y extraer sus aceites esenciales. El vetiver también se cultiva en la isla de Reunión, en el océano Índico.

Información de seguridad: no se conocen contraindicaciones.

Características de la fragancia: aroma poco común e intenso a tierra y a humo; es bastante pesado y cálido.

Angélica

Angelica archangelica

Características de la planta:
la angélica es una hierba bien
conocida en Occidente incluida
en la tradición herbal desde la
época medieval. En la
actualidad, se cultiva para
obtener su aceite esencial en
países como Alemania y
Hungría. Toda la planta es aromática. Crece
hasta alcanzar una altura de dos metros y tiene
unas enormes flores esféricas compuestas por
pequeñas y delicadas florecillas. Las raíces, de
olor intenso, se han utilizado desde hace siglos
en la medicina herbal como depurativo general
y desintoxicante.

Información de seguridad: el aceite de
angélica es fototóxico. Después de aplicarlo
sobre la piel, evite la exposición directa a los
rayos solares hasta transcurridas por lo menos

*Toda la planta de angélica es aromática. Sin embargo, la raíz
es la parte de la planta de la que se extrae el aceite esencial.*

*La planta de angélica produce unas
flores esféricas compuestas por miles
de pequeñas florecillas. En la actualidad,
esta planta se cultiva para la extracción
de su aceite esencial.*

12 horas. Es aconsejable no
utilizar angélica durante la
gestación.

Características de la fragancia:
dulce y anisada, con una nota cálida y
especiada que se libera al evaporarse.

Usos principales: alivia el dolor muscular,
la artritis de las articulaciones y los dolores
reumáticos. Alivia los problemas de digestión.
Estimula y mejora el apetito. Es un tónico
energético y revitalizador, especialmente
durante la primavera.

Combinaciones recomendadas: para
mitigar los dolores musculares, diluya 2 gotas
de angélica, 2 de vetiver y 5 de lavanda en
10 ml de aceite de soporte y aplíquelo con
suave masaje en la zona afectada. Los
problemas de digestión se pueden aliviar
diluyendo 3 gotas de menta, 4 gotas de
jengibre y 3 gotas de angélica en 20 ml de
aceite portador y aplicando este preparado
mediante un masaje en la parte inferior del
abdomen. Una "combinación de primavera"
que vigoriza y tonifica el cuerpo y la mente
consiste en diluir 2 gotas de angélica, 3 gotas
de enebro y·5 gotas de pomelo en 20 ml de
aceite portador; aplique este preparado sobre
la piel con enérgico masaje después del baño
o la ducha.

Cúrcuma
Curcuma longa/Curcuma domestica

Características de la planta: la cúrcuma tiene un aspecto muy parecido al jengibre, con tallos altos y abundantes hojas elegantes, además pertenece a la misma familia botánica. Sus raíces, muy aromáticas, se utilizan para colorear los guisos. Las raíces de cúrcuma se limpian y se dejan secar al sol antes de someterlas a destilación para obtener su aceite esencial, o bien se muelen para utilizarlas como especia. Los principales productores de cúrcuma son la India, China e Indonesia.

Información de seguridad: no se conocen contraindicaciones.

Características de la fragancia: seca, mohosa y vegetal; especiada y dulce cuando se evapora.

Usos principales: alivia y suaviza los dolores de espalda y los de tipo muscular. Mejora la circulación. Tonifica y favorece la digestión, aliviando los calambres de estómago y el estreñimiento. Equilibra y estabiliza las emociones desbocadas. Calienta y aporta energía al organismo.

Combinaciones recomendadas: para mitigar los dolores, diluir 4 gotas de cúrcuma, 4 gotas de jengibre y 2 de vetiver en 20 ml de

Las raíces amarillas de cúrcuma se usan como especia en la cocina o como aceite esencial.

aceite portador y masajear suavemente con el preparado las zonas afectadas.

Los retortijones e indigestiones se pueden aliviar con 4 gotas de cúrcuma, 2 de lemongras y 4 de jengibre en 20 ml de aceite portador aplicado con un masaje sobre el abdomen. Para el tratamiento de la tensión emocional, tómese un baño caliente de 20 minutos; vierta en el agua 1 gota de cúrcuma, 2 gotas de neroli y 2 gotas de jengibre. Esta combinación también se puede diluir en 10 ml de aceite portador y aplicar sobre la piel con un masaje después del baño.

Relájese y combata la tensión emocional con una cálida combinación de aceites esenciales aplicados en fricción sobre la piel.

Aceites de la madera

Estos aceites se extraen de la parte central del tronco y las ramas más gruesas de los árboles. La energía asociada a estos aceites esenciales es expansiva y estimula la respiración profunda.

Sándalo

Santalum album

Características de la planta: el sándalo de mejor calidad procede de la región india de Mysore, cerca de Bangalore. Para que la madera de la planta alcance todo su potencial aromático se necesitan unos treinta años, por lo que su cultivo, rotación y recolección se realizan con sumo control. La madera se utiliza para la extracción del aceite esencial de sándalo, aunque también se muele para hacer varillas de incienso o elaborar cosméticos. Asimismo, la madera de sándalo se utiliza para la talla de estatuas y cajas.

Información de seguridad: no se conocen contraindicaciones.

Características de la fragancia: este bello aceite esencial ha de ser espeso y de color oro pálido, con un sutil aroma al principio, en función de lo concentrado que esté, y una fragancia dulzona a madera y especias cuando se evapora.

Usos principales: alivia la tos y congestión de pecho, los resfriados y los dolores de garganta. Suaviza la piel agrietada y mejora la textura de todo tipo de pieles. Alivia la depresión, la ansiedad y el sentimiento de pánico.

Combinaciones recomendadas: para la tos, diluya 3 gotas de sándalo, 3 gotas de cedro y 4 de limón en 20 ml de aceite portador y aplique con un suave masaje sobre la zona pectoral. Un tratamiento facial rejuvenecedor consiste en 6 gotas de sándalo, 2 gotas de pachulí y 2 gotas de rosa en 20 ml de aceite de jojoba, aplicado por la noche masajeando el rostro. Para el tratamiento de la ansiedad o la depresión, tómese un baño caliente de 20 minutos y previamente vierta en el agua 3 gotas de sándalo y 2 gotas de naranja. Diluya la misma combinación de aceites esenciales en 10 ml de aceite portador y aplíquelo sobre la piel tras el baño.

El sándalo aporta calma y paz a la mente y al cuerpo. También es apropiado para el tratamiento de pieles sensibles.

Los cedros del Atlas son enormes y majestuosos y además son aromáticos. El aceite esencial se extrae de la roja madera de su tronco y de sus ramas.

agrietada, el eczema, el acné y la piel grasa. Mitiga los ataques de pánico. En situaciones de estrés, calma y favorece la respiración profunda.

Combinaciones recomendadas: para los problemas de pecho, diluya 3 gotas de cedro del Atlas, 3 gotas de sándalo y 4 de limón en 20 ml de aceite de soporte y aplíquelos realizando un masaje pectoral. Para la piel agrietada, pruebe con 3 gotas de cedro del Atlas, 2 gotas de incienso y 5 gotas de lavanda en 20 ml de aceite portador. Para el acné y la piel grasa, pruebe con 3 gotas de cedro del Atlas, 2 gotas de árbol de té y 5 gotas de lavanda en 20 ml de aceite de jojoba y utilice la mezcla como crema limpiadora. Para combatir el estrés, vaporice 2 gotas de cedro del Atlas y 3 gotas de aceite de lavanda; utilice esta combinación en 10 ml de aceite portador para masajear el cuello y los hombros.

Cedro del Atlas

Cedrus atlantica

Características de la planta: estos cedros altos y majestuosos proceden de las montañas del Atlas, en Marruecos. Estos árboles superan los 30 metros de altura y tienen una forma piramidal. En los bosques de cedros flota un aroma procedente del aceite esencial de la roja madera de estos árboles. Los egipcios solían usar mucho la madera de cedro en la construcción de muebles y barcos, por su resistencia frente al ataque de los insectos y por su belleza.

Información de seguridad: no se conocen contraindicaciones.

Características de la fragancia: aroma agudo y fresco con un toque dulce y suave a madera.

Usos principales: alivia la bronquitis, las infecciones de pecho y la tos. Suaviza la piel

Los antiguos egipcios utilizaban las fragancias del cedro del Atlas para hacer bellos y aromáticos muebles.

Aceites de las resinas

Las resinas son unas sustancias aromáticas pegajosas –ingredientes originales del incienso– que emanan de la corteza de ciertos árboles y arbustos para proteger su superficie de posibles daños. Los aceites esenciales de las resinas sirven también para curar nuestra piel.

Incienso

Boswellia carterii var. thurifera

Características de la planta: el incienso es un arbusto recio del desierto de delicadas hojas y corteza blanquecina con textura de papel. El nombre de franquincienso, como también se le conoce, significa "verdadero incienso" y se viene quemando en ceremonias religiosas desde tiempos remotos. Las plantaciones de incienso de los faraones eran consideradas como una de las principales riquezas egipcias. También se utilizaba incienso en el proceso de embalsamar. Se practicaban unos cortes en la corteza de la planta para que produjeran resina. Aún se usa como incienso y se destila para la obtención de su aceite esencial, sobre todo en Somalia y Omán.

Información de seguridad: no se conocen contraindicaciones.

La resina de incienso forma unas "lágrimas" o gránulos. La resina emana de la corteza del arbusto cuando se le hace una incisión.

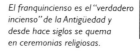

El franquincienso es el "verdadero incienso" de la Antigüedad y desde hace siglos se quema en ceremonias religiosas.

Características de la fragancia: aroma fresco y agudo al principio, adquiriendo después notas dulces de madera y resina.

Usos principales: desinfecta y cura heridas, cortes, eczema y lesiones en la piel. Tonifica y rejuvenece todo tipo de pieles, especialmente las maduras. Alivia la tos de pecho y la bronquitis, así como la ansiedad y el estrés emocional.

Combinaciones recomendadas: como remedio curativo para las lesiones en la piel, mezcle 4 gotas de incienso, 2 gotas de lavanda y 4 gotas de cedro del Atlas en 20 ml de aceite portador y aplíquelo sobre el área afectada dos veces al día. Como tónico para la piel madura, utilice 4 gotas de incienso, 3 gotas de neroli y 3 gotas de rosa en 20 ml de aceite de jojoba. Para la tos de pecho, pruebe inhalaciones de 3 gotas de incienso y 3 gotas de cedro del Atlas. Para aliviar el estrés emocional y relajarse, vaporice 3 gotas de incienso y 4 gotas de pomelo.

Mirra

Commiphora myrrha

Características de la planta: la mirra es un arbusto espinoso, originario de los climas áridos de Somalia y Arabia, con una corteza parecida al papel y una resina rojiza que emana de la corteza al practicarle una incisión. La mirra es soluble en agua y se ha utilizado como tónico para dientes y encías desde los tiempos de Hipócrates (469-399 a. C.), el padre de la medicina occidental. Al igual que el incienso, la mirra es muy buena para curar heridas y fue utilizada por los antiguos egipcios para embalsamar a sus muertos.

La resina de la mirra es rojiza y anaranjada y se utilizaba en el antiguo Egipto para embalsamar.

Información de seguridad: es mejor no utilizar la mirra durante el embarazo.

Características de la fragancia: aroma seco, agudo y sutil, que al profundizar revela notas intensas dulces y especiadas.

Usos principales: cura y desinfecta cortes profundos, heridas, grietas, así como el eczema. Limpia y desinfecta la boca, aliviando las encías doloridas y las úlceras bucales. Reconforta y calma los estados emocionales de gran ansiedad.

Combinaciones recomendadas: para aliviar la piel dañada, diluya 3 gotas de mirra, 4 gotas de árbol de té y 3 gotas de incienso en 20 ml de aceite portador y aplíquelo 2 o 3 veces al día sobre la zona afectada. Para los problemas de la boca, vierta 2 gotas de mirra en un vaso con agua, agite vigorosamente y utilícelo como colutorio (no se lo trague). Para la tos de pecho, diluya 3 gotas de mirra, 3 gotas de incienso y 4 gotas de cedro del Atlas en 20 ml de aceite portador y aplique un masaje en la zona pectoral, especialmente por la noche. Para aliviar el estrés, vierta 2 gotas de mirra y 3 gotas de geranio en un baño de agua caliente y relájese.

Utilizar mirra como colutorio ayuda a mantener los dientes y las encías saludables. Recuerde que no se debe ingerir.

Aceites de las hojas

Estos aceites, contenidos en la mayoría de las hojas –órganos de la planta encargados de sintetizar el alimento–, protegen su superficie del ataque de hongos y bacterias.

Mejorana
Origanum marjorana

La mejorana tiene un suave aroma a madera. El olor se desvanece muy rápidamente.

Características de la planta: la mejorana, también conocida como mayorana, no debe confundirse con el orégano, otra especie del mismo género. La mejorana es una de las hierbas predilectas de la cocina, que se utiliza desde hace siglos. Es una planta de escasa altura, hojas aromáticas y flores de tamaño pequeño, que salen en verano. Procede originalmente de la zona mediterránea, pero crece bien en climas más nórdicos, siempre y cuando esté en un lugar resguardado y soleado. El aceite esencial de mejorana procede de Francia.

Información de seguridad: no se conocen contraindicaciones.

Características de la fragancia: caliente y con notas de madera; recuerda en cierto modo al alcanfor, pero gradualmente se va volviendo más dulce y suave.

Usos principales: alivia los dolores musculares, las inflamaciones y las torceduras. Mitiga los retortijones menstruales y los cambios de humor. Combate la migraña, el dolor de cabeza y la tensión nerviosa.

Combinaciones recomendadas: para el dolor muscular, diluya 4 gotas de mejorana, 4 de jengibre y 2 de vetiver en 20 ml de aceite de soporte y aplíquelo en la zona afectada. Las molestias menstruales pueden aliviarse masajeando el abdomen con 4 gotas de mejorana, 4 gotas de lavanda y 2 gotas de vetiver diluidas en 20 ml de aceite de soporte. Para el dolor de cabeza y la tensión nerviosa, diluya 4 gotas de mejorana, 2 gotas de menta y 4 gotas de lavanda en 20 ml de aceite de soporte y aplíquelo en frente, cuello y hombros.

La utilización de aceites esenciales, como el de mejorana, puede aliviar el dolor de cabeza y las molestias menstruales.

Menta

Mentha piperita

Características de la planta: la menta es una planta muy vigorosa con un crecimiento invasor, sino, pregunte a cualquier jardinero. Gracias a su sistema de raíces, la menta se extiende muy rápidamente y, a no ser que se la confine a un espacio determinado, entra en competencia y desplaza a las otras hierbas. Su tallo erecto y cuadrado sostiene unas aromáticas hojas de color verde oscuro. Si la menta no se poda, los tallos crecen mucho y producen unas inflorescencias compuestas por pequeñas flores blancas. El aceite esencial de menta procede sobre todo de Estados Unidos, donde se utiliza para aromatizar pastas dentífricas y chicles.

Información de seguridad: si tiene la piel sensible, utilice la mitad de las gotas indicadas para la elaboración del preparado, ya que el aceite esencial de menta contiene mentol, una sustancia que puede tener un efecto irritante.

Características de la fragancia: aroma intenso a menta, fresco, estimulante y acre al principio, que adquiere gradualmente notas más dulzonas.

Usos principales: alivia los calambres de estómago, la indigestión, el estreñimiento y las náuseas. Mitiga los dolores musculares, la inflamación, los dolores de espalda, los dolores

La menta es una hierba muy aromática que crece con mucha facilidad y rapidez en el jardín.

de cabeza y las migrañas. Despeja la mente y mejora la concentración.

Combinaciones recomendadas: las molestias de la indigestión se pueden aliviar diluyendo 2 gotas de menta, 4 de jengibre y 4 de cardamomo en 20 ml de aceite portador y aplicando en un masaje abdominal. Para los dolores, utilice 2 gotas de menta, 4 de romero y 4 de pimienta negra en 20 ml de aceite portador y aplique un masaje diario sobre la zona afectada. Para aliviar los dolores de cabeza, diluya 2 gotas de menta y 3 gotas de lavanda en 10 ml de aceite portador y realice un masaje en la frente y el cuello. Para despejar la mente, vaporice 2 gotas de menta y 3 gotas de limón.

Las vaporizaciones con aceite esencial de menta en el lugar de trabajo pueden ayudarle a despejar la mente y ponerla en marcha.

Romero

Rosmarinus officinalis

Características de la planta:
su nombre en latín, *rosmarinus*,
significa "rosa del mar", una
referencia al hábitat original de la planta:
la seca y arenosa costa mediterránea.
Incluso hoy en día, el romero de mejor
calidad y el más aromático
procede de España y del norte de
África: cuánto más cálido y seco es
el clima, tanto mejor es su aroma. El aceite
esencial de romero posee un olor parecido
al eucalipto porque tienen un ingrediente
común, el eucaliptol.

Información de seguridad: el romero no
es apropiado para personas que padecen de
hipertensión, ya que se trata de un aceite

El romero es una planta perenne que tiene un aroma muy envolvente. Se utiliza tanto en cocina como en aromaterapia.

esencial estimulante. Las
personas que sufren epilepsia
también deben evitarlo.

**Características de la
fragancia:** aroma fuerte,
alcanforado, fresco y herbáceo, con una nota
definida de eucalipto.

Usos principales: alivia las molestias
musculares y el dolor de espalda, así como
la circulación deficiente. Estimula el cuero
cabelludo y favorece la eliminación de la caspa.
Despeja la respiración durante los resfriados,
la gripe o la sinusitis. Estimula y despierta
la mente.

El aceite esencial de romero mejora la concentración y la agudeza mental, por lo que puede ser muy útil en el lugar de trabajo.

Combinaciones recomendadas: para
aliviar los dolores y la mala circulación, pruebe
con 4 gotas de romero, 2 gotas de lemongras
y 4 gotas de nuez moscada en 20 ml de aceite
portador. Como tónico para el cuero
cabelludo, pruebe añadiendo 5 gotas de romero
y 5 gotas de árbol de té a 20 ml de champú no
perfumado y lave el pelo de forma habitual.
Para facilitar la respiración cuando esté
resfriado o tenga la gripe, añada 3 gotas
de romero y 3 gotas de árbol de té en un
recipiente con agua a punto de hervir e inhale
los vapores durante 20 minutos. Para estimular
la mente, vaporice 3 gotas de romero y 3 gotas
de menta.

Ciprés

Cupressus sempervivens

Características de la planta: los cipreses son unos árboles altos y perennes que dan un carácter elegante a los paisajes de Francia, Córcega, Cerdeña, España y Portugal. El nombre en latín, *sempervivens*, significa "siempre vivo" y hace referencia a la larga vida de esta especie. Los cipreses suelen plantarse cerca de los cementerios o de la iglesias como símbolo de vida eterna. El aceite esencial de ciprés se extrae de las ramas más tiernas, así como de los brotes y de las hojas, que son muy aromáticas. La destilación de estos aceites suelen realizarse en Francia o España.

Información de seguridad: no se conocen contraindicaciones.

Características de la fragancia: aroma a tierra, humo y hierba, con notas alcanforadas y dulzonas.

Usos principales: limpia la piel grasa y los poros obstruidos. Mejora el drenaje linfático. Alivia la tos espasmódica y la bronquitis. Apacigua las emociones desbordantes.

Los altos y oscuros cipreses destacan claramente en el paisaje mediterráneo.

Combinaciones recomendadas: para el tratamiento de la piel grasa, pruebe la combinación de 3 gotas de ciprés, 3 gotas de árbol de té y 4 gotas de pomelo en 20 ml de aceite de jojoba y aplíquela a diario como crema limpiadora y tónico. Para combatir la celulitis, utilice 4 gotas de ciprés, 4 gotas de pomelo y 2 gotas de enebro en 20 ml de aceite de soporte y aplíquelo sobre las zonas afectadas con vigoroso masaje. Para aliviar la tos espasmódica, realice inhalaciones con 3 gotas de ciprés y 2 gotas de cedro del Atlas dos veces al día; esta combinación también puede combinarse con 10 ml de aceite portador y aplicarse con un masaje sobre el pecho. Si sus emociones le desbordan o sufre estrés, pruebe a tomar un sedante baño caliente con 3 gotas de ciprés y 3 gotas de lavanda y relájese profundamente.

El aceite esencial de ciprés es útil para el tratamiento de las pieles grasas y con impurezas.

Petitgrain (hoja de naranjo)

Citrus aurantium var. amara

Características de la planta: el petitgrain es uno de los aceites esenciales que produce el naranjo amargo, los otros aceites son el neroli (la flor de azahar) y el aceite de naranjas amargas (prensado de la corteza del fruto). Las hojas del naranjo contienen saquitos de aceite esencial —como pequeños granos— apreciables a simple vista si se mira una hoja a contraluz; en francés "petitgrain" quiere decir "pequeño grano". Este aceite esencial es un ingrediente original del agua de colonia, famosa desde el siglo XVIII. La mayoría de aceites de petitgrain proceden de Francia y Paraguay.

Información de seguridad: no se conocen contraindicaciones. (A diferencia del aceite de naranja, el petitgrain no es fototóxico.)

Características de la fragancia: aroma fresco y agridulce a hierba con una pizca de limón.

El aceite de petitgrain se obtiene del naranjo amargo. A diferencia de la mayoría de aceites cítricos, el petitgrain no es fototóxico.

Usos principales: tonifica, refresca y equilibra las pieles grasas y mixtas. Alivia los calambres de estómago, las indigestiones y las flatulencias. Calma y apacigua la mente, eliminando la tensión y el agotamiento nervioso.

Combinaciones recomendadas: para pieles grasas y mixtas, diluya 4 gotas de petitgrain, 2 gotas de pachulí y 4 gotas de lavanda en 20 ml de aceite de jojoba y utilícelo dos veces al día como crema limpiadora y tónico. Para aliviar los calambres estomacales, diluya 4 gotas de petitgrain, 2 gotas de menta y 4 gotas de manzanilla romana en 20 ml de aceite de soporte y aplique un masaje en el abdomen (en los niños debe utilizarse la mitad de la dosis de gotas indicada en 20 ml de aceite de soporte). Para mitigar el estrés y calmar los nervios, vierta al baño caliente 3 gotas de petitgrain y 3 de sándalo; intente relajarse.

La fragancia del petitgrain tiene una nota que puede encontrarse en muchas colonias tradicionales.

Pachulí

Pogostemon patchouli

Características de la planta: el pachulí procede de la India, de donde llega como un aceite esencial muy denso, de color marrón dorado y un aroma muy pronunciado. La hoja de la planta de pachulí es vellosa, provista de miles de pelillos en su superficie que tienen unos saquitos microscópicos donde se almacena el aceite esencial. Por este motivo, al tocar las hojas con las manos, los dedos quedan impregnados con un penetrante aroma. Los indios utilizan las hojas de pachulí para proteger la ropa del ataque de las polillas, y el aceite esencial como repelente de insectos. El pachulí también se utiliza en la India como acondicionador de la piel y antiséptico.

Información de seguridad: no se conocen contraindicaciones.

Características de la fragancia: aroma intenso, aterciopelado y mohoso que va adquiriendo gradualmente notas más especiadas, terrosas y dulzonas.

Las hojas de pachulí son suaves, vellosas y muy aromáticas. En la India, las hojas de la planta se utilizan para proteger la ropa de las polillas.

Usos principales: alivia la piel agrietada, cuarteada y seca, así como el eczema. Mejora notablemnete los cutis secos y maduros. Aumenta la energía sexual e intensifica la sensualidad.

Combinaciones recomendadas: para piel dañada, cuarteada y seca, pruebe a elaborar un preparado con 3 gotas de pachulí, 3 gotas de cedro del Atlas y 4 gotas de manzanilla romana en 20 ml de aceite de jojoba, y aplique con un masaje sobre la zona que lo precise. Para mejorar el cutis, añada 3 gotas de pachulí, 4 gotas de incienso y 3 gotas de sándalo a 20 ml de aceite de soporte y aplique en la cara con suavidad, especialmente por la noche (este preparado es apropiado tanto para hombres como para mujeres). Para un masaje sensual, añada 3 gotas de pachulí, 2 gotas de rosa y 5 gotas de naranja en 20 ml de aceite portador.

El pachulí se utiliza en preparados muy relajantes y sensuales. El aceite esencial de pachulí aumenta y refuerza la energía sexual.

El eucalipto es un árbol perenne originario de Australia y con unas atractivas hojas de color verde azulado.

Eucalipto
Eucalyptus globulus

Características de la planta: existen más de 700 especies de eucaliptos. En aromaterapia se usan varios aceites esenciales de eucalipto, pero el de *Eucalyptus globulus* es el más común. Este árbol perenne, procedente de Australia, puede alcanzar en su madurez una altura de 90 metros. Las hojas aromáticas son de un verde azulado en la parte superior y más pálidas por debajo. En Australia, desde los tiempos de los aborígenes, las hojas y el aceite esencial de eucalipto se utiliza como remedio casero para el tratamiento de la fiebre, las molestias respiratorias y las infecciones de la piel.

Información de seguridad: el aceite esencial de eucalipto no debe ingerirse: se han dado casos de envenenamiento tras la ingestión de este aceite esencial. No tiene riesgo si se aplica sobre la piel o en inhalaciones.

Características de la fragancia: aroma extremadamente fresco y envolvente al principio y con notas a madera después.

Usos principales: despeja la nariz tapada y alivia los resfriados, la sinusitis y las infecciones de pecho. Calma las quemaduras, las heridas y las picaduras de insectos. Mitiga el dolor muscular. Mejora la circulación y la concentración.

Combinaciones recomendadas: para resfriados y problemas de pecho, use 2 gotas de eucalipto y 3 gotas de árbol de té y realice inhalaciones de este preparado dos veces al día. Añada la misma combinación de aceites a 10 ml de aceite de soporte y aplíquelo en un masaje sobre el pecho. Para la piel dañada, diluya 2 gotas de eucalipto, 3 gotas de árbol de té y 5 de lavanda en 20 ml de aceite de soporte y aplíquelo dos veces al día en la zona afectada. Para aliviar el dolor muscular, diluya 3 gotas de eucalipto, 4 de romero y 3 de jengibre en 20 ml de aceite de soporte y realice un masaje en la zona afectada. Para mejorar la concentración, vaporice 3 gotas de eucalipto y 3 de romero.

El eucalipto es uno de los mejores aceites para las inhalaciones y para despejar el catarro.

El aceite esencial del árbol de té se obtiene de las hojas. El aroma de este aceite es muy intenso y tiene un gran poder antiséptico.

Árbol de té

Melaleuca alternifolia

Características de la planta: es originario de Australia, donde los aborígenes lo utilizaban ya en tiempos remotos como antiséptico. Su nombre, "árbol de té", se basa en observaciones de los marineros del buque "Captain Cook" en el siglo XVIII, según las cuales los aborígenes preparaban una bebida herbal curativa mediante infusión de las hojas de este árbol. Hoy en día, la producción del aceite esencial de árbol de té es un gran negocio y existen en el mercado un sinfín de artículos y productos que lo contienen, desde pasta dentífrica hasta polvos para los pies. Es de uno de los mejores antisépticos vegetales.

Información de seguridad: se puede utilizar tópicamente

El árbol de té puede aliviar las molestias de la gripe. Inhale el aceite esencial de árbol de té de un pañuelo siempre que lo necesite.

(2 gotas sobre un cataplasma de algodón aplicado sobre la zona afectada), a menos que se tenga la piel muy sensible y con tendencia a las alergias, en cuyo caso se recomienda diluir el aceite de árbol de té en algún aceite portador antes de su aplicación tópica.

Características de la fragancia: aroma medicinal, herbáceo, alcanforado, acre y fuerte.

Usos principales: antiséptico para combatir las infecciones de la piel y el acné. Cura las heridas y los cortes. Calma las picaduras de insectos. Mitiga las infecciones de pie de atleta. Alivia la gripe, los resfriados y la bronquitis. Activa y estimula el sistema inmunológico.

Combinaciones recomendadas: para las infecciones de piel, diluya 4 gotas de árbol de té, 3 de sándalo y 3 de lavanda en 20 ml de aceite de soporte y aplíquelo en la zona afectada. Para aliviar los problemas de pecho, realice inhalaciones con una combinación de 3 gotas de árbol de té y 3 de limón dos veces al día. Para estimular el sistema inmunológico, vierta al baño caliente 2 gotas de árbol de té, 2 de bergamota y 1 de pimienta negra. Diluya esta combinación en 10 ml de aceite portador y aplíquelo en la zona pectoral. Hágalo a diario si tiene la gripe.

Lemongras
Cymbopogon citratus

Características de la planta: el lemongras es una hierba tropical aromática originaria de la India. Es muy conocida como condimento en la cocina india y tailandesa. En la medicina tradicional hindú, la planta se utiliza con el fin de reducir la fiebre y para combatir las infecciones, así como repelente de insectos. Para su recolección, las hojas se cortan a ras de suelo; al igual que sucede con las demás hierbas, después de la siega las hojas rebrotan rápidamente.

Información de seguridad: el aceite esencial de lemongras puede ser irritante en pieles muy sensibles o propensas a las alergias y no es recomendable aplicarlo en bebés o en niños de corta edad. El lemongras debe diluirse siempre en un aceite portador, incluso en los preparados para el baño.

Características de la fragancia: aroma intenso a sorbete de limón, estimulante y dulce con una ligerísima nota pesada.

El lemongras es una planta tropical vigorosa y aromática. Su aceite esencial debe diluirse siempre, incluso en los preparados para el baño.

Usos principales: alivia los dolores musculares y las inflamaciones. Mitiga los calambres de estómago, la indigestión y el estreñimiento. Contribuye a mejorar la depresión y la ansiedad, y levanta el ánimo.

Combinaciones recomendadas: para los dolores musculares, diluya 2 gotas de lemongras, 3 gotas de romero y 5 gotas de cardamomo en 20 ml de aceite de soporte, y realice un masaje en las zonas afectadas. Para aliviar los retortijones estomacales, diluya 2 gotas de lemongras, 4 gotas de cilantro y 4 gotas de nuez moscada en 20 ml de aceite portador y aplique un masaje en el abdomen con la combinación dos veces al día. Para levantar el ánimo y combatir el estrés, diluya 2 gotas de lemongras, 2 gotas de rosa y 6 gotas de incienso en 20 ml de aceite portador.

El lemongras es un condimento clave de muchos platos tailandeses. Su estimulante sabor puede realzar una comida por completo.

Palmarosa

Cymbopogon martini

Características de la planta:

la palmarosa es otra hierba aromática de la India, pero esta vez de olor y efectos más suaves. En el pasado, se solía utilizar para adulterar o diluir el aceite de rosa puro, ya que la fragancia es muy parecida a la de la rosa y mucho más barata de producir en grandes cantidades. La palmarosa tiene un aroma muy persistente, por lo que es muy apreciada como ingrediente cosmético en jabones y otros artículos de perfumería.

Información de seguridad: no se conocen contraindicaciones.

Características de la fragancia: aroma a rosa persistente y dulce y a la vez suave y delicado, con ligeras notas de limón.

Usos principales: tonifica y calma la piel irritada, el acné, el eczema y la dermatitis. Mejora el cutis en todos los tipos de pieles, especialmente en las mixtas y maduras. Alivia la cistitis y despeja las vías urinarias de infecciones. Calma y combate el estrés nervioso.

Combinaciones recomendadas: para la piel sensible o irritada, diluya 3 gotas de palmarosa y 2 gotas de manzanilla romana en 20 ml de aceite portador (destáquese la baja concentración) y aplíquelo donde sea

La aromática palmarosa es otra hierba que se cultiva en la India y tiene una fragancia muy parecida a la rosa.

necesario. Para equilibrar y rejuvenecer el cutis, diluya 4 gotas de palmarosa, 3 gotas de incienso y 3 de sándalo en 20 ml de aceite portador y aplique un masaje facial, especialmente por la noche. Para aliviar la cistitis u otros problemas de las vías urinarias, vierta 3 gotas de palmarosa y 3 de sándalo al baño caliente para calmar la zona afectada. Para levantar el ánimo, diluya 3 gotas de palmarosa, 4 gotas de pomelo y 3 gotas de naranja en 20 ml de aceite portador y aplíquelo como exótico y suave masaje por todo el cuerpo.

El aceite de palmarosa cuida y nutre todo tipo de pieles. También combate el estrés nervioso.

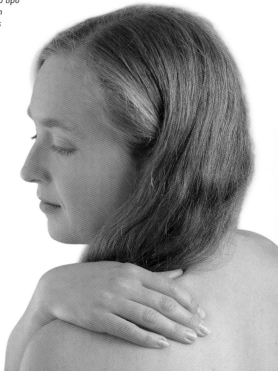

Aceites de las flores

Los aceites esenciales que se extraen de las flores son los que tienen las fragancias más exquisitas. Capturados de los pétalos de la flor, estos aceites constituyen la señal de identidad aromática de cada planta.

Lavanda

Lavandula angustifolia

Características de la planta: hoy en día, el aceite de lavanda se produce extensivamente en el Reino Unido, sur de Francia, Tasmania, Nueva Zelanda y Bulgaria. Los campos de lavanda, con los matices violetas de sus esplendorosas flores, constituyen uno de los paisajes más maravillosos y aromáticos que se pueden ver. El ingente almacén de polen de estos campos es aprovechado por multitud de abejas y mariposas. Los aceites de lavanda varían su fragancia en función de la altitud: los aceites de mayor altitud tienen un aroma más agudo y fresco, mientras que los de menor altitud, son más dulces y suaves.

Información de seguridad: no se conocen contraindicaciones. El aceite de lavanda se puede utilizar concentrado (2 gotas sobre un algodón y aplicado directamente en la zona afectada).

Características de la fragancia: esencialmente suave, dulce y floral, con algunas notas alcanforadas y acres.

Usos principales: alivia cortes, quemaduras, heridas, picaduras de insectos y piel dolorida. Mitiga los dolores de cabeza, las migrañas, los dolores musculares y la tensión nerviosa. Calma la tos espasmódica. Ayuda a combatir el insomnio, la tensión nerviosa y la ansiedad. Eficaz tanto para adultos como para niños.

Combinaciones recomendadas: para los problemas de piel, diluya 4 gotas de lavanda, 3 gotas de árbol de té y 3 gotas de manzanilla romana en 20 ml de aceite portador y aplíquelo con suave masaje sobre la zona afectada. Para aliviar los dolores de cabeza, diluya 3 gotas de lavanda en 5 ml de aceite portador y aplíquelo con un masaje sobre la frente y el cuello. Para mitigar la tos, realice inhalaciones dos veces al día con una combinación de 4 gotas de lavanda y 3 gotas de cedro del Atlas. Para combatir el insomnio, vaporice 3 gotas de lavanda y 3 gotas de naranja y podrá comprobar cómo le resulta más fácil conciliar el sueño.

Los campos de lavanda son de un vibrante color violeta y despiden un aroma maravilloso. A las abejas y a las mariposas les encanta visitar estos campos.

Geranio

Pelargonium graveolens

Las hojas de este geranio desprenden un fuerte aroma parecido al de las rosas.

Características de la planta: es un geranio tropical con hojas vellosas y festoneadas. Al frotar los delicados pelillos de la suave superficie de estas hojas, los dedos quedan impregnados de un intenso aroma. El geranio crece como un arbusto hasta alcanzar un metro de altura y tiene flores rosadas. El aceite esencial de geranio tiene un potente perfume floral que recuerda al perfume de las rosas. En la isla de Reunión, en el océano Índico, se producen los aceites esenciales de geranio de mejor calidad. También existen aceites de geranio procedentes de China o la India, pero tienen un aroma mucho más pesado.

El aceite esencial de geranio contribuye a mantener un ánimo positivo durante la menstruación.

Información de seguridad: no se conocen contraindicaciones.

Características de la fragancia: cierto aroma a rosa, dulce y fuerte con una pizca de limón y notas de hierba fresca.

Usos principales: alivia la piel cuarteada e inflamada, el eczema, la dermatitis, el acné y la piel congestionada y grasa. Alivia las molestias menstruales, como la falta de energía, el abotargamiento o la retención de líquidos. Alivia los cambios de humor y contribuye a aplacar los enfados emocionales de carácter hormonal.

Combinaciones recomendadas: para los problemas de piel, diluya 3 gotas de geranio, 3 gotas de sándalo y 4 gotas de lavanda en 20 ml de aceite de soporte y aplíquelo en la zona afectada. Para aliviar las molestias menstruales, vierta 2 gotas de geranio y 3 de petitgrain en un baño de agua caliente. Puede utilizar la misma combinación en 10 ml de aceite de soporte para aplicar en estimulante masaje después del baño. Para equilibrar los cambios repentinos de humor, diluya 3 gotas de geranio, 3 de limón y 4 de naranja en 20 ml de aceite portador y realice un masaje con la combinación; le dará un impulso cítrico y floral.

Ilang-ilang
Cananga odorata

Las flores del ilang-ilang son muy bonitas y exóticas y contienen una gran cantidad de aceite esencial muy perfumado.

Características de la planta: desde Madagascar, una isla mágica de la costa este de África, llega "la flor de las flores", el ilang-ilang. Las bellas y exuberantes flores de esta planta, de color amarillo dorado, tienen unos pétalos aterciopelados que producen un aceite muy parecido al del jazmín. Estas flores tienen un contenido en aceite esencial tan elevado que se pueden destilar y extraer tres veces, lo cual da lugar a aceites esenciales de tres gradaciones diferentes. La primera extracción se conoce como "perfume" y es la de mejor calidad.

Información de seguridad: no tiene grandes contraindicaciones. A algunas personas, el fuerte olor del ilang-ilang les puede producir dolor de cabeza.

Características de la fragancia: ácida y dulce, que de forma gradual se va tornando más floral, embriagadora y suave, y por tanto más parecida al jazmín.

Usos principales: tonifica las pieles mixtas y grasas. Reduce los ataques de pánico y las molestias asociadas al estrés y a la ansiedad. Tranquiliza y calma el estrés emocional y la tensión nerviosa.

Combinaciones recomendadas: para tonificar las pieles grasas, diluya 2 gotas de ilang-ilang, 3 gotas de sándalo y 5 gotas de incienso en 20 ml de aceite de jojoba y utilícelas dos veces al día como loción limpiadora y tónico. Para los ataques de pánico y de ansiedad, vierta en el baño caliente 2 gotas de ilang-ilang y 3 gotas de lavanda. Añada la misma combinación a 10 ml de aceite portador y aplíquelo sobre cuello y hombros con un relajante masaje después del baño. Para calmar los nervios y la ansiedad, añada 2 gotas de ilang-ilang, 2 gotas de pachulí y 5 gotas de naranja a 20 ml de aceite portador y aplique un suave masaje corporal.

Rosa

Rosa damascena

Características de la planta: el aceite esencial de rosa es uno de los más exquisitos, aunque también de los más caros y costosos de producir. Las pequeñas rosas de Damasco de Kazanlik, en Bulgaria, producen el aceite de rosa de mejor calidad, aunque también son excelentes los de Turquía, Marruecos y Rusia. Se necesitan entre 50 y 100 flores para obtener una sola gota de aceite de rosa. Los "absolutos" de rosa extraídos químicamente tienen un precio más asequible. También puede buscar aceite esencial de rosa diluido en aceite de jojoba, de coste inferior pero asimismo muy efectivo.

Información de seguridad: no se conocen contraindicaciones.

Características de la fragancia: aroma profundo, dulce y meloso, ligeramente alimonado y con notas herbales.

La rosa de Damasco tiene un aroma único y espléndido. El aceite esencial de estas rosas es uno de los más caros y costosos de producir, pero cada gota merece la pena.

Usos principales: tonifica y rejuvenece todo tipo de pieles, especialmente las secas, sensibles y maduras. Alivia las molestias premenstruales y menopáusicas. Contribuye a combatir el dolor de las separaciones y ayuda a recuperar el ánimo.

Combinaciones recomendadas: para tonificar la piel, diluya 2 gotas de rosa, 4 gotas de incienso y 4 gotas de sándalo en 20 ml de aceite de jojoba (la mitad de gotas para las pieles sensibles). Para aliviar las molestias premenstruales y menopáusicas, diluya 4 gotas de rosa, 3 gotas de neroli y 3 gotas de mandarina en 20 ml de aceite portador y realice un masaje corporal. Para combatir el dolor emocional, vierta 2 gotas de rosa y 3 gotas de naranja en el baño de agua caliente. Utilice la misma combinación en 10 ml de aceite portador y aplique un masaje después del baño.

Si toma un baño con aceite esencial de rosa le sorprenderá la fragancia que se desprende y comprobará cómo el estrés desaparece casi de forma instantánea.

Manzanilla romana
Anthemis nobilis

Características de la planta:
el nombre de camomila, como también
se conoce a la manzanilla, proviene del
griego *kamaimelon*, que significa
"manzana triturada". En efecto, esta
planta, de lento crecimiento, tiene un olor
parecido al de la manzana. La variedad de
manzanilla sin flores se usa como césped de gran
fragancia. Sin embargo, para la obtención de
los aceites esenciales son necesarias las flores.
El aceite de manzanilla es de color azul pálido
debido a una sustancia llamada "azuleno", de
propiedades antiinflamatorias. El aceite esencial de
manzanilla se cultiva con éxito en el Reino Unido.

Las amarillas flores y las
hojas de la manzanilla
romana son muy aromáticas.

Información de seguridad: no se conocen
contraindicaciones.

Características de la fragancia:
aroma frutal (parecido al de las
manzanas), dulce, fresco y suave.

Usos principales: alivia los cortes,
quemaduras, piel seca y dolorida,
así como las escoceduras
e irritaciones de los pañales.
Mitiga el dolor menstrual
y la tensión nerviosa. Alivia
dolores de cabeza y migrañas.
Combate el insomnio, la
tensión, la agitación
nerviosa y otros problemas
relacionados con el estrés.

Combinaciones recomendadas: para los
problemas de piel, diluya 3 gotas de manzanilla
romana, 4 gotas de lavanda y 3 de palmarosa
en 20 ml de aceite portador y aplíquelo donde
sea necesario. Para aliviar las escoceduras e
irritaciones de los pañales de los bebés, utilice
1 gota de manzanilla diluida en 20 ml de
aceite portador y aplíquelo con mucha
suavidad. Para mitigar las molestias
menstruales, vierta 3 gotas de manzanilla
romana y 2 gotas de mejorana en el baño
de agua caliente. Utilice la misma
combinación en 10 ml de aceite
portador y haga un masaje en el bajo
abdomen después del baño. Para
combatir el insomnio y la agitación
nerviosa, vaporice 3 gotas
de manzanilla romana en el
dormitorio antes de acostarse.

Los bebés y los niños de corta edad
responden bien a la fragancia del aceite
esencial de la manzanilla romana.

Neroli (azahar)

Citrus aurantium var. amara

Características de la planta: el aceite esencial de las flores del naranjo (azahar), recibe el nombre de neroli en honor a la princesa Neroli, una noble italiana del Renacimiento que perfumaba sus guantes con azahar. El aceite esencial de neroli tiene un aroma mágico, pero es muy caro y laborioso de producir, pues las fragantes flores de azahar se recolectan manualmente de una en una. La mayoría del aceite esencial de neroli procede de Francia y Marruecos. Busque en el mercado neroli puro diluido en aceite de jojoba de calidad y así podrá probarlo a un precio más asequible.

Información de seguridad: no se conocen contraindicaciones.

Características de la fragancia: aroma cremoso y dulce, algo cítrico, con muchos matices, suave y con algunas notas herbales.

Usos principales: tonifica y rejuvenece el cutis, en particular las pieles secas, maduras o deshidratadas. Alivia las rozaduras, heridas y cortes en la piel. Mitiga las indigestiones de tipo nervioso y el síndrome del intestino irritable. Contribuye a calmar los ataques de pánico y los enfados súbitos de carácter emocional.

Combinaciones recomendadas: para el cuidado de la piel, diluya 3 gotas de neroli, 4 de incienso y 3 de pachulí en 20 ml de aceite de

Las flores de azahar tiene que recolectarse a mano y una por una, lo que hace del aceite esencial de la flor del naranjo, junto al de rosa, uno de los aceites más caros del mercado.

jojoba y aplíquelo como nutritivo masaje facial. Para curar las lesiones de la piel, diluya 3 gotas de neroli, 4 gotas de lavanda y 4 gotas de mirra en 20 ml de aceite portador y aplíquelo en la zona afectada dos veces al día. Para calmar la indigestión nerviosa, diluya 4 gotas de neroli, 3 gotas de menta y 3 gotas de jengibre en 20 ml de aceite portador y aplíquelo en suave masaje abdominal siempre que lo necesite. Para aliviar los ataques de pánico y los *shocks*, simplemente vierta 2 gotas de neroli en un pañuelo e inhale profundamente la fragancia hasta calmarse.

Aceites de frutos y semillas

Los aceites esenciales de frutos y semillas actúan de señuelo aromático para animales y pájaros, que los ingieren y los dispersan por el suelo, contribuyendo de esta manera a la reproducción de las plantas.

Nuez moscada
Myristica fragrans

Características de la planta: la nuez moscada crece en Indonesia y Sri Lanka. Los frutos de esta planta están cubiertos por una corteza que es eliminada antes de proceder a su destilación. El aceite esencial de la aromática nuez moscada se obtiene mediante destilación por corriente de vapor. En la tradición herbal de Occidente, la nuez moscada era muy popular por sus propiedades como tónico digestivo y calentador muscular. Y en la Edad Media era tan preciada que incluso se guardaba bajo llave.

Información de seguridad: es un aceite muy fuerte que debe usarse con moderación.

Características de la fragancia: aroma caliente, agudo, especiado y dulce que de forma gradual adquiere una suavidad característica.

Usos principales: alivia el dolor muscular y de las articulaciones y el frío en las extremidades. Calma la indigestión, los calambres estomacales y las náuseas. Ayuda en la convalecencia a que el organismo recupere su energía; acelera el proceso de curación, levanta el ánimo y mejora la circulación de la sangre.

La aromática nuez moscada es una especia de fragancia muy apreciada. Si quiere un toque exótico, utilícela en la elaboración de pasteles y galletas.

Combinaciones recomendadas: para los dolores, diluya 2 gotas de nuez moscada, 4 de cardamomo y 4 de pomelo en 20 ml de aceite portador y aplique con un suave masaje en la zona afectada. Para aliviar la indigestión, diluya 2 gotas de nuez moscada, 4 de menta y 4 de jengibre en 20 ml de aceite portador y aplíquelo con un masaje abdominal. Como tónico reconstituyente durante la convalecencia, vierta en el baño 1 gota de nuez moscada, 2 de pimienta negra y 2 de naranja. Utilice la misma combinación diluida en 10 ml de aceite de soporte y realice un masaje corporal tras el baño.

Ciertos preparados que incluyen nuez moscada alivian las contracciones musculares.

Pimienta negra

Piper nigrum

Características de la planta: es una planta trepadora parecida a la vid con preciosas hojas acorazonadas de color verde oscuro. Las inflorescencias de esta planta están compuestas por multitud de pequeñas flores blancas que luego se convertirán en los granos de pimienta: Éstos, que al principio son rojos, se vuelven negros al madurar. (La pimienta blanca es de este color porque se le ha eliminado la corteza exterior negra.) El aceite esencial de pimienta negra se consigue por destilación. La planta tropical es originaria de la India y el aceite esencial de pimienta negra se produce también en este país, así como en Indonesia y Malasia.

Información de seguridad: no se conocen contraindicaciones.

Características de la fragancia: aroma cálido, mohoso, agudo y especiado, que gradualmente adquiere notas más pesadas y dulces.

Usos principales: calienta y estimula la circulación de la sangre. Alivia los dolores en general. Mitiga la indigestión, los calambres de estómago y el estreñimiento. Refuerza el sistema inmunológico, especialmente contra la gripe.

Combinaciones recomendadas: para estimular una circulación sanguínea deficiente y perezosa, diluya 4 gotas de pimienta negra, 2 de lemongras y 4 de cardamomo en 20 ml de aceite de soporte y aplíquelo con

Los granos de pimienta negra producen un aceite esencial caliente y penetrante de aroma muy especiado. El aceite esencial de pimienta negra estimula el sistema inmunológico y alivia las indigestiones.

un masaje sobre la zona afectada. Para aliviar las indigestiones o el estreñimiento, diluya 3 gotas de pimienta negra y 4 de neroli en 20 ml de aceite de soporte y aplíquelo con un masaje en el abdomen dos veces al día. Como tónico para el sistema inmunológico, tómese un baño caliente de 20 minutos y vierta en el agua 1 gota de pimienta negra, 2 de árbol de té y 2 de bergamota. Utilice la misma combinación en 10 ml de aceite portador para aplicar sobre el tórax con un masaje después del baño.

Una circulación sanguínea deficiente se puede mejorar aplicando un masaje en la zona afectada con algún preparado que contenga aceite esencial de pimienta.

Cardamomo

Elettaria cardamomum

Características de la planta:
el cardamomo pertenece a la misma familia botánica que el jengibre y produce unas aromáticas flores blancas que luego se convierten en pequeñas vainas con semillas en su interior. En la India, el cardamomo se suele masticar para refrescar el aliento después de una comida muy condimentada. Asimismo, los indios lo utilizan para aromatizar helados y otros productos de repostería. En la medicina oriental, el cardamomo se usa como tónico pulmonar y como estimulante del sistema inmunológico.

Información de seguridad: no se conocen contraindicaciones.

Características de la fragancia: aroma cálido, frutal, dulce y especiado, con una acre frescura que abre el apetito.

Usos principales: alivia y despeja la congestión pulmonar y facilita la respiración. Mitiga y calma los calambres de estómago y la indigestión. Levanta el ánimo y aporta un sentimiento positivo en caso de déficit energético.

Combinaciones recomendadas: para aliviar y despejar los pulmones, vierta 3 gotas de cardamomo y 2 gotas de cedro del Atlas en

Los aceites esenciales como el de cardamomo mejoran el estado de ánimo y transmiten calor a las zonas donde se aplica el masaje. El cardamomo es también un excelente tónico reconstituyente.

un recipiente con agua a punto de hervir e inhale los vapores que se desprenden; realice estas inhalaciones dos veces al día. Utilice la misma combinación de aceites y dilúyalos en 10 ml de aceite portador para realizar un masaje sobre el pecho después de las inhalaciones. Si quiere combatir la indigestión, aplique un masaje sobre el abdomen dos veces al día con 3 gotas de cardamomo, 3 gotas de cilantro y 4 gotas de naranja diluidas en 20 ml de aceite portador. Como tónico reconstituyente y para levantar el ánimo, tómese un baño caliente y añada al agua 3 gotas de cardamomo y 2 gotas de mandarina. Utilice esta combinación de aceites y dilúyalos en 10 ml de aceite portador para aplicar sobre la piel después del baño.

May Chang

Litsea cubeba

Los frutos del may chang huelen a sorbete de limón. El aceite esencial de estos frutos no es apto para bebés o niños de corta edad.

Características de la planta: el may chang es un árbol de la China de delicadas hojas, que produce unas pequeñas flores blanco amarillentas que luego se convierten en diminutos frutos de olor a limón. Los chinos utilizan con frecuencia el aceite esencial de las bayas del may chang para levantar el ánimo y como tónico del corazón; utilizado en masaje, regula y ajusta el ritmo cardíaco. Se parece bastante al lemongras, pero su fragancia es mucho más suave y dulce.

Información de seguridad: en pieles sensibles o lesionadas, evite utilizar este aceite. No es adecuado

La fresca fragancia a limón del may chang tiene un efecto estimulante en el cuerpo y en la mente y le puede ayudar a combatir los cambios de humor repentinos.

para bebés y niños de corta edad. Diluya siempre este aceite, incluso si lo utiliza en el baño.

Características de la fragancia: aroma suave, dulce y afrutado, con un matiz marcado a limón que estimula y abre el apetito.

Usos principales: alivia los dolores y contracturas musculares y el dolor de espalda. Contribuye a superar los ataques de pánico y de estrés. Ayuda a combatir la depresión, la ansiedad, los cambios repentinos de humor y los accesos de llanto.

Combinaciones recomendadas: para los dolores y las contracturas, diluya 2 gotas de may chang, 4 gotas de enebro y 4 gotas de lavanda en 20 ml de aceite portador y aplíquelo con un masaje sobre la zona afectada. Para calmar los ataques de pánico y estrés vierta 2 gotas de may chang en un pañuelo e inhale su aroma durante unos minutos. Si quiere reponerse del todo, tómese un relajante baño caliente y previamente vierta en el agua 2 gotas de may chang y 3 gotas de neroli. Para levantar el ánimo y combatir la depresión, realice un masaje corporal con una mezcla de 2 gotas de may chang, 2 gotas de rosa y 6 gotas de incienso diluidas en 20 ml de aceite portador.

Enebro

Juniperus communis

Características de la planta: es un arbusto

muy vigoroso con hojas aciculares de color verde oscuro. El aceite esencial de enebro procede en su mayoría de Alemania, donde esta planta prolifera, aunque también se produce aceite de enebro en ciertas regiones de Croacia. Las bayas que produce el enebro tardan más de dos años en volverse negras y alcanzar la concentración máxima de aceite esencial. Las bayas del enebro también se utilizan para hacer ginebra. En el norte de Europa usan estas bayas para sazonar los guisos con tubérculos, lo que confiere un gusto fuerte y picante a tales platos. Según la medicina herbal, el enebro es considerado como un potente diurético y depurativo.

Información de seguridad: es preferible que no utilicen el aceite esencial de enebro las

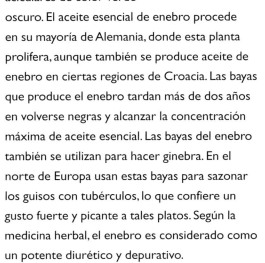

Las bayas azul negruzcas del enebro tienen una fragancia picante y fuerte. Son necesarios dos años para que se vuelvan negras y alcancen la concentración máxima de aceite esencial.

mujeres en estado de gestación y las personas con problemas graves de riñones.

Características de la fragancia: acre, picante y alcanforada, que gradualmente adquiere matices más suaves y dulces.

Usos principales: alivia la congestión e intoxicación del sistema linfático. Mitiga la congestión pulmonar y facilita la respiración. Despeja la mente y mejora la concentración.

Combinaciones recomendadas: como desintoxicante, diluya 2 gotas de enebro, 2 de angélica y 6 de pomelo en 20 ml de aceite y aplíquelo con un vigoroso masaje diario sobre las zonas afectadas. Para aliviar los problemas respiratorios, diluya 2 gotas de enebro y 3 de eucalipto en un recipiente con agua a punto de hervir e inhale los vapores que se desprenden; realice las inhalaciones dos veces al día. Para mejorar la concentración mental, vaporice en la habitación 3 gotas de enebro y 3 gotas de limón; también neutralizará los malos olores.

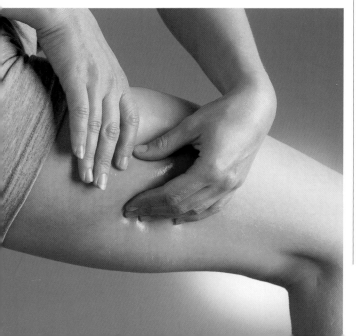

Los preparados que contienen aceite esencial de enebro mejoran la circulación sanguínea de las piernas aplicados con un masaje sobre las zonas afectadas. Para mayor eficacia, se recomienda realizar un vigoroso masaje a diario.

Cilantro

Coriandrum sativum

Características de la planta:
también denominado coriandro,
es una planta aromática con
unas hojas verde oscuro muy
sabrosas. Es fácil de
cultivar en el jardín y
contribuye con una
nota acre en los
aderezos de ensaladas
o como decoración de
ciertos platos indios. El cilantro
produce unas inflorescencias en umbela
compuestas por pequeñas flores blancas que
al final se convierten en aromáticas semillas
de color marrón. Estas semillas son las que se
destilan para la obtención del aceite esencial de
cilantro, que se produce, sobre todo, en países
europeos como Rusia o Croacia.

**Información de
seguridad:** no se conocen
contraindicaciones.

Características de la fragancia: aroma
a madera, especiado y dulce con una pizca
de almizcle.

Usos principales: alivia y calma la congestión
y las contracturas musculares, así como el dolor
en las articulaciones. Refuerza el sistema
inmunológico, sobre todo frente a la gripe.

*El cilantro es una hierba muy utilizada en la cocina y en la tradición
herbal. Tiene unas atractivas inflorescencias en umbela compuestas
por pequeñas flores blancas y unas hojas muy aromáticas.*

*Las semillas de cilantro son una especia
picante y fuerte que se usa mucho en la
cocina de la India. Las hojas de la planta
también sirven de sabrosa decoración.*

Combate el agotamiento mental
y la tensión nerviosa.

**Combinaciones
recomendadas:** para las contracturas
musculares, diluya 3 gotas de cilantro,
3 de pimienta negra y 4 de jengibre
en 20 ml de aceite portador y realice
un masaje dos veces al día. Para estimular
el sistema inmunológico, vierta en el baño
2 gotas de cilantro y 3 de limón. Asimismo,
utilice esta combinación diluida en 10 ml
de aceite de soporte y aplique un masaje
en el pecho después del baño. Con estos
procedimientos también mejorará la calidad
de su sueño.

Aceites de los frutos

Estos aceites se encuentran dentro de diminutos glóbulos en la corteza de los frutos cítricos. Los aceites esenciales de los cítricos son frescos y estimulantes; son aromas que abren el apetito y gustan tanto a pequeños como a mayores.

Naranja (dulce)

Citrus sinensis

Características de la planta: la mayor parte del aceite esencial de naranja del mercado procede del naranjo dulce, originario de China. El aceite esencial de naranja se consigue por prensado o estrujado de la corteza del fruto. El naranjo amargo (*Citrus aurantium*) produce los aceites esenciales petitgrain y neroli.

Los naranjos poseen unas hojas, flores y frutos de delicioso aroma. El aceite esencial de naranja gusta tanto a pequeños como a mayores.

Información de seguridad: ligeramente fototóxico. Evite la exposición directa a los rayos del sol o a los rayos UVA artificiales, hasta transcurridas 12 horas después de la aplicación del aceite sobre la piel.

Características de la fragancia: aroma dulce, cálido, refrescante y cítrico.

Usos principales: alivia los retortijones de estómago y la indigestión (especialmente en los niños). Rejuvenece la piel congestionada o flácida. Combate la depresión, los

A los niños les suele gustar el suave y dulce aroma del aceite esencial de naranja: un olor típico de la Navidad.

cambios de humor repentinos, la ansiedad y el estrés emocional.

Combinaciones recomendadas: para los problemas de estómago, diluya 4 gotas de naranja, 2 de menta y 4 de jengibre en 20 ml de aceite portador y aplíquelo en el abdomen 2 o 3 veces al día (para los niños, usar la mitad de las gotas indicadas y diluirlas en 20 ml de aceite portador). Para la piel cansada, diluir 4 gotas de naranja, 4 de incienso y 2 de ciprés en 20 ml de aceite de jojoba y aplicar como loción hidratante. Si quiere calmar la ansiedad, vierta en el baño 2 gotas de naranja, 1 de rosa y 2 de sándalo; use esta combinación en 10 ml de aceite portador y haga un masaje corporal después del baño.

Limón

Citrus limonum

Características de la planta: parece ser que el mejor aceite esencial de limón procede de los árboles cultivados en Sicilia, aunque también tienen fama los que se cultivan en California, Florida e Israel. El limonero es un árbol de hoja perenne, provisto de espinas y de unas brillantes y aromáticas hojas de color verde oscuro, que producen un aceite esencial llamado petitgrain citronnier. La perfumada flor del limonero, el azahar, se convierte al final en un limón, de cuya corteza se extrae su aceite esencial.

Información de seguridad: ligeramente fototóxico. Evite la exposición directa a los rayos del sol, o a los rayos UVA artificiales, hasta transcurridas 12 horas tras la aplicación del aceite sobre la piel.

Características de la fragancia: aroma a hierba, cítrico, fresco, estimulante e intenso al principio, que se vuelve gradualmente más suave y meloso.

Usos principales: refuerza el sistema inmunológico frente a los resfriados, la gripe y otras infecciones virales. Desintoxica el organismo y favorece el drenaje linfático. Despeja y refresca la mente, y mejora la concentración.

Los limoneros son frecuentes en toda la cuenca mediterránea y especialmente en Sicilia. Son árboles muy bellos y en verano constituyen un maravilloso escenario.

La corteza del limón está repleta de aceite esencial fresco y estimulante. El aceite esencial de limón potencia en gran medida la concentración y la agudeza mental.

Combinaciones recomendadas: para reforzar el sistema inmunológico, vaporice en la habitación 3 gotas de limón y 2 gotas de árbol de té y así desinfectará el ambiente. Diluya esta combinación en 10 ml de aceite portador y aplíquelo realizando un masaje sobre la zona del pecho dos veces al día. Para desintoxicar el cuerpo, diluya 4 gotas de limón, 2 gotas de angélica y 4 gotas de enebro en 20 ml de aceite portador y aplíquelo dos veces al día sobre las piernas y otras zonas afectadas. Para favorecer la concentración y mejorar la atención, vaporice en la habitación 3 gotas de limón y 3 gotas de romero; es especialmente recomendable realizar estas vaporizaciones mientras se estudia.

Mandarina

Citrus reticulata

Características de la planta: este árbol cítrico de hoja perenne tiene unos pequeños frutos: las mandarinas. Tanto éstos como su aceite esencial se producen sobre todo en Brasil, España e Italia. Debido a su suave y agradable fragancia, el aceite esencial de mandarina se utiliza como aroma para muchos productos, como por ejemplo licores y refrescos, así como jabones y otros productos de perfumería. Es una de las fragancias favoritas de los niños.

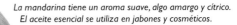

La mandarina tiene un aroma suave, algo amargo y cítrico. El aceite esencial se utiliza en jabones y cosméticos.

Información de seguridad: su fototoxicidad es muy ligera, pero de todas formas evite la exposición directa a los rayos del sol, o a los rayos UVA artificiales, hasta transcurridas 12 horas después de la aplicación del aceite sobre la piel.

Características de la fragancia: fresco, acre y dulce, con un estimulante e intenso toque cítrico que se va volviendo más floral y suave.

Usos principales: purifica la piel grasa y congestionada. Alivia los calambres de estómago y las indigestiones de carácter nervioso (sobre todo en los niños). Combate el insomnio, el sueño agitado y las pesadillas.

Combinaciones recomendadas: para el cutis graso, diluya 4 gotas de mandarina, 3 de ciprés y 3 de enebro en 20 ml de aceite de jojoba y úselo como loción limpiadora y tónico por la noche. Para facilitar la digestión, diluya 4 gotas de mandarina, 2 de manzanilla romana y 4 de lavanda en 20 ml de aceite portador y aplíquelo en el abdomen dos veces al día (en los niños, use la mitad de gotas de aceites esenciales y dilúyalas en 20 ml de aceite portador). Si quiere favorecer el sueño, vaporice 3 gotas de mandarina y 3 de lavanda en el dormitorio.

Las vaporizaciones con aceite esencial de mandarina ayudan a conciliar el sueño y combaten la ansiedad.

Pomelo

Citrus x paradisi

Características de la planta: el pomelo es un híbrido originado al parecer por mutación de pampelmusa y naranja. En la actualidad se cultiva de forma extensiva en Florida en sus variedades de pulpa amarilla y rosada. El aceite esencial de pomelo se obtiene de la corteza del fruto. Este fruto tiene un sabor muy distinto al de otros cítricos: es más amargo y fuerte y tiene una frescura estimulante muy característica.

Información de seguridad: ligeramente fototóxico. Evite la exposición directa a los rayos del sol, o a los rayos UVA artificiales, hasta transcurridas 12 horas tras la aplicación del aceite sobre la piel.

Características de la fragancia: aroma a hierba, amargo y dulzón, estimulante y fresco, con notas suaves y terrosas.

Usos principales: favorece la eliminación de toxinas y ayuda a combatir la celulitis. Despeja los pulmones y facilita la respiración durante los resfriados y la gripe. Ayuda a combatir la ansiedad, la depresión y el estrés, así como el insomnio y las pesadillas.

Combinaciones recomendadas: como desintoxicante y anticelulítico, primero frote la piel con un cepillo de baño para activar la

El pomelo es un fruto de gran tamaño que posee un sabor muy distinto al de los otros cítricos.

circulación, a continuación, diluya 4 gotas de pomelo, 3 de limón y 3 de enebro en 20 ml de aceite portador y aplique con un masaje sobre las zonas afectadas. Para aliviar las infecciones de pulmones, vierta 3 gotas de pomelo y 2 de cedro del Atlas en un recipiente con agua a punto de hervir e inhale durante 20 minutos los vapores que se desprenden. Utilice la misma combinación de aceites esenciales, dilúyalos en 10 ml de aceite de soporte y realice un masaje en el pecho después de las inhalaciones. Para combatir el insomnio, tome un baño relajante por la noche añadiendo previamente al agua 2 gotas de pomelo y 3 gotas de sándalo. Utilice esta combinación de aceites esenciales y dilúyala en 10 ml de aceite portador para aplicar sobre la piel después del baño.

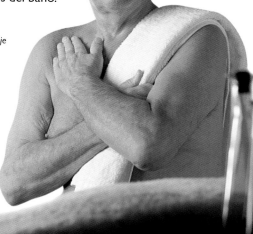

Aplicar un masaje sobre el pecho con aceite esencial de pomelo puede aliviar la congestión de pulmones y facilitar la respiración.

Bergamota
Citrus bergamia

La bergamota es una naranja muy pequeña y amarga que se cultiva en Italia, donde se utiliza desde antaño como remedio curativo.

Características de la planta:
la bergamota es una naranja amarga que se cultiva en la Lombardía, una región de Italia cercana a la ciudad de Bérgamo. Este fruto ha sido muy utilizado por la medicina tradicional de la zona como remedio contra la fiebre y el déficit de defensas del organismo. El aceite esencial de bergamota, procedente de la corteza del fruto, se conoce sobre todo como aromatizante del té Earl Grey, al que da un sabor fresco y cítrico.

Información de seguridad:
la bergamota es muy fototóxica. Evite la exposición directa a los rayos del sol, o a los rayos UVA artificiales, hasta transcurridas 12 horas después de la aplicación del aceite sobre la piel. Existe en el mercado un aceite de bergamota del que se ha eliminado su compuesto fototóxico, la furanocumarina, pero tiene menos aroma que el natural.

Características de la fragancia: fresca, intensa, cítrica y dulce al principio y con notas más suaves y cálidas después.

Usos principales: fortalece el sistema inmunológico. Ayuda a combatir los resfriados, la gripe y los problemas respiratorios. Alivia las molestias producidas por las aftas vaginales. Calma la ansiedad y la depresión, levanta el ánimo y ayuda a combatir el estrés.

Combinaciones recomendadas:
para fortalecer el sistema inmunológico, tómese un relajante baño a última hora del día, añadiendo al agua 2 gotas de bergamota, 2 gotas de árbol de té y 1 gota de pimienta negra. Utilice la misma combinación de aceites esenciales diluidos en 10 ml de aceite portador y realice un masaje sobre la zona pectoral después del baño. Para aliviar las molestias de las aftas vaginales, tómese un baño caliente, añadiendo previamente al agua 2 gotas de bergamota y 3 gotas de sándalo. Para combatir el estrés y la ansiedad, vaporice 3 gotas de bergamota y 3 gotas de incienso para crear una atmósfera cálida que le levantará el ánimo.

Los aceites de bergamota y de árbol de té fortalecen el sistema inmunológico.

Las limas verdes son muy populares en la cocina caribeña. Asimismo, constituyen una excelente fuente de vitamina C.

Lima

Citrus aurantifolia

Características de la planta: la lima es un árbol cítrico de hoja perenne, con espinas y hojas ligeramente aromáticas y pequeñas flores blancas que se convierten en limas. El tamaño de las limas es la mitad que el de los limones y son de un color verde intenso. Las limas constituyen una importante fuente de vitamina C y se utilizan mucho en la elaboración de galletas y pasteles según recetas de los indios americanos. El aceite esencial de lima se obtiene del prensado de la corteza del fruto del mismo nombre. Los principales centros de producción son Florida, Cuba y Centroamérica.

Información de seguridad: la lima es ligeramente fototóxica. Evite la exposición directa a los rayos del sol, o a los rayos UVA artificiales, hasta transcurridas 12 horas tras la aplicación del aceite sobre la piel.

Características de la fragancia: aroma a hierba, amargo y fresco, con notas ácidas intensas y estimulantes.

Usos principales: desintoxicante. Ayuda a eliminar la celulitis. Alivia el catarro, los problemas respiratorios y las congestiones pulmonares. Despeja la mente y favorece la concentración.

Combinaciones recomendadas: como desintoxicante y anticelulítico, frote primero la piel para activar la circulación, a continuación diluya 2 gotas de lima, 3 de enebro y 5 de ciprés en 20 ml de aceite portador y, finalmente, aplique con un masaje sobre las zonas afectadas a última hora del día. Para aliviar los problemas respiratorios, diluya 3 gotas de lima y 3 de eucalipto en un recipiente con agua a punto de hervir e inhale los vapores que se desprenden; realice las inhalaciones dos veces al día durante 20 minutos. Para despejar la mente, mejorar la concentración y purificar la atmósfera en sitios cerrados, vaporice 3 gotas de lima y 3 gotas de menta.

Vaporice una combinación de aceite esencial de menta y de lima para favorecer la concentración mental.

Aceites esenciales para el cuidado de la piel

Los aceites esenciales son unos "cosméticos" ideales y sencillos para el cuidado diario de la piel. Aplicados por la noche tienen un efecto mayor, ya que la posición horizontal favorece el aporte de oxígeno a la piel, lo que comporta un aprovechamiento mayor de los aceites esenciales. Para identificar su tipo de piel, consulte el recuadro de abajo y escoja consecuentemente los preparados de aceites esenciales que más se ajusten a su caso.

Tipos de pieles

Normal: suave y flexible, de aspecto luminoso y textura fina.

Seca: textura apagada, deshidratada, con tendencia a tensarse con el viento o las temperaturas elevadas.

Madura: arrugas evidentes y flacidez en el contorno de los ojos y de la boca, poco elástica.

Grasa: brillante, con poros grandes y evidentes, tendencia a presentar impurezas.

Mixta: manchas brillantes en la frente, la nariz y el mentón; mejillas secas.

Sensible o delicada: a menudo muy pálida, sensible al sol y a los cosméticos, tendencia a padecer alergias.

El aceite portador de jojoba es una de las mejores lociones de limpieza naturales y además es adecuada para todo tipo de pieles.

Limpieza

Uno de los mejores aceites limpiadores es el aceite de jojoba, una cera líquida que se obtiene de los granos de jojoba. Es muy parecida a los aceites de nuestra propia piel, por lo que disuelve fácilmente la suciedad de los poros de la misma. Incluso los cutis grasos pueden beneficiarse del aceite de jojoba. De hecho, es adecuado y eficaz para todo tipo de pieles. Para efectuar la limpieza, basta una pequeña cantidad de la combinación de aceites escogidos (véase más adelante) empapada en un algodón. Aplique la combinación limpiadora sobre el rostro antes de introducirse en la bañera, para que así el vapor del agua abra aún más los poros antes de utilizar el tónico.

Escoja una de las siguientes combinaciones de aceites esenciales y dilúyala en 20 ml de aceite esencial de jojoba:

Pieles normales, secas o maduras: 2 gotas de incienso, 4 de sándalo y 4 de naranja.

Pieles grasas o mixtas: 2 gotas de enebro, 3 gotas de ciprés y 5 gotas de limón.

Pieles sensibles o delicadas (la mitad de la proporción): 2 gotas de manzanilla romana y 3 de lavanda.

Estas combinaciones, diluidas en 20 ml de aceite de jojoba, se conservan durante un plazo máximo de unas cuatro semanas. Guardadas en la nevera, pueden aguantar un espacio de tiempo mayor que a temperatura ambiente.

Tónico

Los comercios especializados y distribuidores de aceites esenciales venden aguas florales procedentes de la destilación de los aceites esenciales, que son unos tónicos de gran eficacia para la piel. Use una pequeña cantidad impregnada en un algodón para refrescar el cutis antes de aplicar el tratamiento hidratante. A continuación se indican las aguas florales que pueden utilizarse como tónico según los diferentes tipos de piel:

La aguas florales que se obtienen del proceso de destilación son excelentes tónicos para la piel. Los químicos expertos los suelen reservar para tales usos.

Piel normal, seca o madura: agua de rosa o de neroli concentradas

Piel grasa o mixta: agua de lavanda concentrada.

Pieles delicadas o sensibles: agua de manzanilla o rosa concentradas. Las aguas florales se conservan durante más de seis meses si se guardan en la nevera.

Hidratación

Las combinaciones de aceites esenciales que se proponen más abajo como lociones hidratantes de aplicación nocturna se conservan unas cuatro semanas a temperatura ambiente. Como aceite portador para diluir las combinaciones, se recomienda utilizar el aceite de almendras dulces, para las pieles secas, o bien el aceite de jojoba, para los demás tipos de piel.

Piel normal, seca o madura: 2 gotas de rosa, 3 gotas de neroli y 5 gotas de incienso.

Piel grasa o mixta: 3 gotas de geranio, 3 gotas de ciprés y 4 gotas de limón.

Pieles delicadas o sensibles (la mitad de la proporción): 3 gotas de manzanilla romana y 2 gotas de rosa.

Tome una pequeña cantidad de preparado y aplique con un masaje facial durante 10 minutos: haga movimientos ascendentes en las mejillas y círculos alrededor de los ojos y en la frente.

Preparados para masajes

En este apartado se incluyen una serie de preparados de aceites esenciales para masaje, para que usted escoja el que más le convenga. Se trata de combinaciones específicas para aliviar ciertos problemas físicos, mejorar el estado de ánimo o paliar los efectos producidos por los cambios estacionales. Todas las combinaciones de aceites esenciales deben diluirse en 20 ml de algún aceite de soporte como el de almendras dulces, el de jojoba o el de semillas de uva, este último más ligero y menos graso que los anteriores. Todos los preparados tienen una caducidad de unas cuatro semanas a temperatura ambiente. El masaje debe realizarse de forma suave, con amplios y relajantes movimientos.

Tonificador físico

Le proponemos cuatro preparados para cuatro zonas del cuerpo que están siempre sometidas a mucho esfuerzo y tensión.

Supertonificador muscular: para el masaje deportivo, aporta energía y fortalece los músculos: 4 gotas de romero, 2 de lemongras y 4 de jengibre.

Maravilla para los pies: masaje para pies cansados y doloridos, los refresca, descansa y alivia: 3 gotas de menta, 3 gotas de pimienta negra y 4 gotas de lavanda.

Alivio para el pecho: una excelente combinación de aceites esenciales para

Use la combinación "super tonificador muscular" y aplíquela con firme masaje sobre brazos y piernas para obtener resultados sorprendentes.

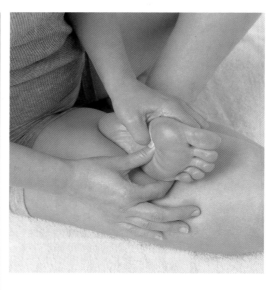

Para relajar y calentar los pies, aplíquese un masaje o, mejor aún, consiga que alguien se lo dé.

aliviar los problemas respiratorios: 3 gotas de cedro del Atlas, 3 de incienso y 4 de limón.

Rescate para hombros y cuello: pídale a un amigo o a su pareja que le aplique un masaje en las zonas que más le duelan y utilice para ello la siguiente combinación de aceites esenciales: 2 gotas de vetiver, 3 de jengibre y 5 de lavanda.

Combinación anímica

En este apartado le proporcionamos algunas combinaciones de aceites esenciales de fragancias espléndidas que le ayudarán a levantar el ánimo y le aliviarán el estrés y las presiones emocionales.

Antimelancolía: para levantar el ánimo y aliviar el estrés y la tensión, aplíquese un masaje con la siguiente combinación: 3 gotas de naranja, 4 de pomelo y 3 de sándalo.

Revitalizador SPM: para los días "bajos" de su ciclo menstrual, aplique la siguiente combinación realizando un masaje por la noche: 4 gotas de palmarosa, 2 gotas de pachulí y 4 gotas de bergamota.

Séptimo cielo: una mezcla con fragancia de ensueño, que puede aplicar cuando necesite escapar de sus preocupaciones. Realice un masaje con la siguiente combinación: 4 gotas de pomelo, 2 de neroli y 4 de cardamomo.

Retiro tropical: un festival de aromas afrutados, florales e intensos para propiciar un estado anímico exótico y disfrutar de toda una fiesta para sus sentidos. Aplique un masaje con la siguiente combinación: 4 gotas de mandarina y 4 gotas de sándalo.

Regalos estacionales

El cambio de estaciones puede afectar de distinta manera a los niveles de energía de su organismo, por lo que quizás necesite diferentes mezclas de aceites esenciales para el masaje según la época del año. Se recomienda aplicar el masaje después del baño, ya que así los aceites esenciales se absorben mejor. El masaje también le ayudará a mejorar el sueño;

Aspire las fragancias de las mezclas de aceites esenciales y evádase a sus paraísos de tranquilidad imaginarios como, por ejemplo, una playa tropical.

cuando se duerme relajado, se benefician tanto el cuerpo como la mente.

Frescor de primavera: revitaliza y aporta energía después del largo invierno: 4 gotas de limón, 3 gotas de enebro y 4 gotas de menta.

Alimento estival: para nutrir la piel en profundidad, diluya en 20 ml de aceite de jojoba la siguiente combinación de aceites esenciales: 3 gotas de sándalo, 3 gotas de pachulí y 5 gotas de incienso.

Revitalizador otoñal: para levantar el ánimo cuando los días se hacen "más cortos": 4 gotas de mandarina, 3 de may chang y 3 de cilantro.

Revitalizador invernal: para los dolores, el abotargamiento y la escasa vitalidad: 2 gotas de vetiver, 3 de lemongras y 5 de nuez moscada.

Los aceites esenciales en la vida cotidiana

Los aceites esenciales le proporcionan una manera estupenda y natural de mantener fresco el ambiente y aumentar la energía del organismo. Son muy fáciles de transportar y se adaptan a todos los lugares y necesidades. En este apartado se incluyen algunas sugerencias para utilizar los aceites de una forma sencilla y efectiva.

En el hogar

En la casa, los aceites esenciales ponen el toque de personalidad al espacio en el que vive.

Cocina

Se trata de una de las habitaciones de la casa más utilizada y con mayor riesgo de que ocurran accidentes. Tenga siempre a mano los aceites esenciales de lavanda y de árbol de té, los cuales puede utilizar concentrados –dos gotas en un algodón– para los cortes, quemaduras y otros accidentes domésticos. Para combatir los malos olores y dar un toque de frescor a la cocina, rellene una botella con dispensador de aerosol con 100 ml de agua, 10 gotas de menta y 15 gotas de limón, a continuación, agite el contenido y rocíe la mezcla en el aire, o bien sobre las superficies de los muebles y pase luego un paño.

Una botella con dispensador de aerosol le ayudará a rociar la mezcla de aceites esenciales en el aire.

Asegúrese de utilizar el número de gotas exacto en la elaboración de la mezcla de aceites esenciales, sobre todo cuando realice preparados para los niños.

Comedor

Un vaporizador puede crear el ambiente perfecto para una velada festiva. Así, una reunión de Navidad se puede aromatizar con 3 gotas de mandarina y 3 de nuez moscada, mientras que para una fiesta de verano puede utilizar una combinación de 3 gotas de may chang y 3 de naranja. Una dosis de aceite esencial en una vaporizador puede aromatizar el ambiente hasta dos horas.

Sala de estar

Un vaporizador puede limpiar el ambiente, neutralizar los olores de los animales domésticos y dar una nota de frescor a la habitación. Una combinación de 3 gotas de árbol de té y 3 de limón le ayudarán si alguien de la familia tiene la gripe. Tras una noche de fiesta, una mezcla de 3 gotas de menta y 3 de romero le revitalizarán a la vez que refrescarán el ambiente.

Dormitorio infantil

Por razones de seguridad, se recomienda
utilizar aquí un vaporizador eléctrico. Los
aceites esenciales ayudan a conciliar el sueño.
Utilice una combinación de 3 gotas de naranja
como fragancia tranquilizante; o 3 gotas de
lavanda y 3 de eucalipto si existen problemas
respiratorios. Es preferible que el vaporizador
comience a funcionar unos 10 minutos antes de
que los niños se acuesten, así la fragancia se habrá
dispersado por el cuarto y podrá hacer su efecto.

Viaje

Los aceites esenciales le ayudarán en los viajes.

Coche

Existen vaporizadores que se pueden enchufar
en el encendedor del coche. También puede
ambientar el automóvil impregnando un trozo
de tela con aceites esenciales. Para un viaje
largo, 3 gotas de menta y 3 de romero le
ayudarán a mantenerse alerta.

Los aceites esenciales le ayudarán a tener un viaje más tranquilo.

Vaporizar los aceites esenciales en el dormitorio, mejora la calidad del sueño a la vez que perfuma el ambiente.

Trenes y aviones

Lleve consigo uno o dos aceites esenciales y
vierta algunas gotas en un pañuelo de tela para
inhalar el aroma. El aceite de lavanda le ayudará
a relajarse, el de menta o romero le mantendrán
despierto, y los de limón y árbol de té le
aliviarán la congestión de los senos paranasales.

Comprar y almacenar los aceites esenciales

He aquí algunos consejos que le ayudarán a sacar el máximo partido de su colección de aceites esenciales.

Comprar aceites

Existe una gran variedad de marcas, tiendas y distribuidores de aceites comerciales, pero la calidad y efectividad de los distintos productos es muy variable. Los aceites esenciales de verdad son productos hechos a mano a los que les afectan muchos factores ambientales. Es posible que los aceites esenciales baratos sean copias sintéticas de los aromas naturales genuinos. Asegúrese de que su expendedor de aceites se surte directamente de los cultivadores.

Es preciso que almacene sus aceites esenciales en botellas oscuras para protegerlos de los rayos ultra violeta del sol. Las botellas han de tener dispensador de gotas, de modo que pueda preparar las mezclas de forma conveniente. El tipo de dispensador de gotas ajustado al cuello de la botella sirve también como mecanismo de seguridad para los niños, que de este modo ya no pueden ingerir el contenido tan fácilmente. Con todo, es mejor

La recolección de algunas plantas puede ser muy costosa, por lo que sus aceites esenciales también suelen ser caros. Sin embargo, las cualidades de tales aceites merecen el precio.

que coloque los aceites esenciales fuera del alcance de los niños.

Almacenamiento

Los aceites esenciales se degradan con el tiempo, sus compuestos se oxidan y desestabilizan y su aroma se vuelve rancio. Cuanto más frío y mejor tapado esté el aceite esencial envasado, más tiempo conservará sus propiedades. El tiempo de caducidad de los aceites esenciales depende de la temperatura de almacenamiento. En la nevera, la mayoría de aceites pueden durar hasta dos años, excepto los aceites esenciales de cítricos que sólo duran un año.

Las botellas de cristal oscuro con dispensador de gotas son imprescindibles si utiliza los aceites esenciales con frecuencia.

Mantenga los aceites esenciales en un sitio fresco y resguardados de la luz solar. También se pueden conservar en la nevera.

A temperatura ambiente, la mayor parte de aceites esenciales duran un año, y los cítricos únicamente seis meses. La fecha de caducidad de cada aceite se calcula a partir del momento en que se abre la botella, por eso es importante anotar el día en un lugar visible. Si guarda los aceites en la nevera, es recomendable que coloque las botellas en el interior de una caja hermética para evitar que las fragancias se evaporen dentro del frigorífico e impregnen los alimentos y bebidas, especialmente los lácteos y derivados. Fuera de la nevera, es importante que mantenga las botellas bien cerradas y las mantenga en un lugar seco y fresco. No utilice los aceites esenciales caducados, porque pueden causar reacciones adversas en la piel.

En la nevera, los aceites esenciales se mantienen durante más tiempo. Asegúrese de que las botellas están bien cerradas.

Distribuidores recomendados

Los siguientes distribuidores envían los pedidos por correo y venden aceites esenciales de alta calidad.

El Taller de Alquimia

Sede Internacional de Aromaterapeutas y Técnica en SPA y la Escuela Internacional de Aromaterapia y Técnicas SPA.
Can Duran
17853 Tortellà
Girona (España)
Tel: 34 72 287003
Website: www.alqvimia.net
e-mail: mail@alqvimia.com
Distribuidor de productos Alquimia. Facilita la venta por correo y por Internet.

NEROLI

De l'Església de Sta. Eulalia, 9A
Palma de Mallorca, España
Tel: 34 71 72 0978
Website: www.nerolionline.com
e-mail. mail@nerolionline.com
Distribuidor de productos de distintas marcas. Facilita la venta por correo y por Internet.

Beauty House
Centro de Terapias Naturales

La armonía del cuerpo y mente
Tapioles 9
08004 Barcelona. Tel: 34 3 4433311
http://usuarios.iponet.es/ledmedia/
aromaterapia.htm
Facilita la venta por correo y por Internet.

Glosario

Aceite portador
Aceite vegetal que sirve para diluir los aceites esenciales.

Agua floral
Un subproducto de la destilación, que tiene una delicada fragancia y es muy suave para la piel.

Caducidad
Tiempo de almacenamiento antes de que el aceite esencial comience a degradarse.

Celulitis
Acumulación de grasa, sobre todo en los muslos.

Constituyente
Un ingrediente del un aceite esencial (la mayoría de aceites contienen más de 150).

Depurativo
Véase desintoxicante.

Desintoxicante
Contribuye a la eliminación de toxinas del organismo.

Destilación
Extracción de un aceite esencial por medio de una corriente de vapor seguida de una condensación.

Dispensador de gotas o cuentagotas
Un mecanismo ajustado al cuello de la botella que permite dispensar el aceite esencial gota a gota.

Extracción con solvente
Extracción de la fragancia utilizando disolventes químicos.

Fotosíntesis
Proceso mediante el cual la planta produce azúcar, sirviéndose de la luz del sol.

Fototóxico

Que causa reacción perjudicial en la piel cuando se expone directamente a la luz solar.

Fragancia sintética

Un aroma elaborado artificialmente con productos químicos.

Inhalaciones

Aspiraciones de aceite esencial para despejar los pulmones.

Nota acre

Un aroma cálido y en ocasiones, picante, fuerte y especiado.

Nota alcanforada

Aroma medicinal agudo, como el de la mejorana.

Nota cítrica

Aroma fresco y afrutado, como el de los frutos cítricos.

Nota floral

Un aroma floral como el de la rosa.

Piel sensible o delicada

Piel delicada, con tendencia a presentar erupciones cutáneas.

Prensado o estrujado

Método de extracción por prensado o estrujado de los aceites esenciales de la corteza de los frutos cítricos.

Vaporizador

Un aparato que sirve para difundir la fragancia del aceite esencial por el aire.

Direcciones y websites útiles

España

El Taller de Alquimia

(Sede Internacional de Aromaterapeutas y
Técnica en SPA y la Escuela Internacional de
Aromaterapia y Técnicas SPA) (itinerante)
Can Duran
17853 Tortellà (Girona)
Tel: 34 72 287003
www.alqvimia.net
e-mail: mail@alqvimia.com
Distribuidor de productos Alquimia. Facilita
la venta por correo y por Internet.

Neroli

De l'Església de Sta. Eulalia, 9A
Palma de Mallorca, España
Tel: 34 71 720978
www.nerolionline.com
e-mail. mail@nerolionline.com
Distribuidor de productos de distintas marcas.
Facilita la venta por correo y por Internet.

Beauty House

Centro de Terapias Naturales
La armonía del cuerpo y la mente
Tapioles 9 08004 Barcelona
Tel: 34 3 4433311

www.usuarios.iponet.es/ledmedia/
aromaterapia.htm
Facilita la venta por correo y por Internet.

Herbes del Molí

Camí de Ràfols, s/ n
03841 Alcosser (Alicante)
Tel: 96 5530718

Esencial Mediterráneo

Pg. de Gràcia, 98, 5° 1ª
08008 Barcelona
Tel: 34 93 4870607

Centro de Estudios Naturistas

C/ Mallorca, 257 1° 1ª
P. O. Box 5326
08008 Barcelona
Tel.: 93 215 60 39/970 973 929
Fax: 93 215 60 88
E-mail: cen@wsite.es

Mon Deconatur

C/ Gran de Sant Andreu, 467
08030 Barcelona
Tel.: 93 311 36 11

Escuela Mediterránea de Aromaterapia

(Sede de la Federación Internacional de
Aromaterapeutas (IFA) y Herba Viva
(distribuidora)

Alloza, 76

12001 Castellón (España)

Tel: 34 64 2411825

Directorio ecológico natural

www.Ecoportal.net

Latinoamérica

**Centro de Relaciones Públicas y
Asesorías Sociales, S.A. (CERPAS, S.A.)**

P. O. Box 1609-1002,

San José, Costa Rica

Tel: +506 286-3732

Fax: +506 227-9661

e-mail: webmaster@cerpas.com

Phytocos

Arribeños 2153 piso 14°,

Dto. "E" CP 1428

Buenos Aires, República Argentina

Tel. y fax: 054-11-4783-0043

e-mail: aromagda@sinectis.com.ar

Aromace Aromatherapy

Av. Manquehue Sur 1245, Las Condes,

Santiago de Chile

Tel. y fax: (56-2) 211 27 44

e-mail: labsyc@cepri.cl

Centro de Estudios Cosmética Científica

Pte. Perón 1711 (1037)

Buenos Aires, República Argentina

Tel: (5411) 4373-3915/
4373-8911

Fax: (5411) 4373-3699

Angel's Trumpet

Paysandú 808

Montevideo, Uruguay

Ap. 601 CP 11200

Aromansa

México D. F. 5605 0241

aromansa@yahoo.com

El Mundo de lo Natural

Teresita Espinosa

Astorga 307, Rancagua, Chile

Tel: (56) 72 230 596

Fax: (56) 72 234 314

Cristales

Introducción

El mundo de las piedras preciosas y de las joyas ejerce una poderosa fascinación sobre las personas. Incluso, en el lenguaje coloquial, cuando decimos que alguien se lleva una "joya", queremos decir que se lleva lo mejor. O si no, pregúntele a cualquiera, qué es la cosa más cara del mundo, ya verá como muchos le responden: "un diamante". ¿Y no fue Marilyn Monroe quien dijo que los brillantes eran el mejor amigo de una chica?

El anillo de compromiso con un brillante u otra piedra preciosa se ofrece como símbolo de algo muy especial y valioso que ha de durar para siempre. En el fondo de nuestro corazón subyace la idea de que las piedras preciosas, esos relucientes cristales, son eternas.

Afortunadamente, existen otros cristales, como el cuarzo, la amatista, la piedra de luna o el granate, que también son de una

Los anillos de compromiso, con sus brillantes, son un símbolo de amor profundo y eterno.

gran belleza y mucho más asequibles que las piedras preciosas, y se utilizan tanto en joyería como en colecciones de minerales o en aplicaciones curativas. Este capítulo del libro aborda precisamente los aspectos curativos de los cristales y, en particular, su utilización como herramientas para equilibrar las energías de cuerpo, mente y espíritu. Se trata de una práctica con raíces muy antiguas. Históricamente, muchas piedras se hallan asociadas a determinadas condiciones mentales o físicas. En la India, incluso hoy en día, las piedras preciosas se muelen hasta convertirlas en polvo, a continuación se mezclan con agua y luego esta combinación es ingerida por sus propiedades curativas, tal y como se hacía siglos atrás. En el índice de cristales que encontrará más adelante en este capítulo (véanse págs. 147-179) se presentan 32 minerales y piedras de colores diversos junto con sus características geológicas y aplicaciones curativas.

Los cristales de cuarzo se pueden utilizar como herramientas para equilibrar la energía del cuerpo.

Dado que los cristales y las piedras preciosas se han originado con la Tierra, contienen en cierta medida la esencia de ésta en su estructura. Por este motivo, rodearse de cristales en su casa o en otros lugares donde realice alguna actividad, es una manera de conectarse con el planeta. Si trata con respeto las piedras preciosas y los cristales, podrá compartir con ellos la energía positiva de su luz, color y belleza. Con independencia del uso que les dé —como joyas, en colecciones o para aumentar la energía—, las piedras preciosas y los cristales son una fuente de placer. Disfrute de este viaje apasionante visitando los mundos de su geología, historia, leyendas y poderes curativos.

El vibrante color violeta del cristal de amatista tiene un efecto sedante sobre la mente.

El resplandor inigualable de los diamantes hacía buena pareja con la personalidad de Marylin Monroe en su papel estelar del filme Los hombres las prefieren rubias.

Los cristales se pueden utilizar para embellecer y limpiar las energías del ambiente y también como herramientas de meditación o contemplación, además de, claro está, usarlos como joyas. Es posible que, cuando descubra algunos de los fascinantes aspectos de las piedras preciosas, tanto geológicos como históricos, llevar puestas piedras preciosas adquirirá un nuevo sentido para usted. Puede que entonces se dé cuenta de que ha introducido los cristales y las piedras preciosas instintivamente en su vida, e informarse de sus propiedades le revelará el porqué.

Madre Tierra: el planeta del reciclado constante

Nuestra historia comienza con la creación de la Tierra y, por tanto, con el origen y la formación de los minerales que constituyen su estructura. Los minerales son unas sustancias químicas naturales de tipo inorgánico de los que existen unos 2.500 tipos distintos, aproximadamente.

El reino mineral proporciona las unidades químicas para construir sobre la Tierra rocas, plantas y animales (incluido el ser humano). Alrededor de un 90 % de nuestro organismo es agua, el resto, minerales.

La Tierra, en movimiento constante

La Tierra se formó a partir de nubes gaseosas y polvo de otras estrellas. Los metales pesados, como el níquel o el hierro, se hundieron para formar el núcleo del planeta, que hoy aún sigue fundido. Este núcleo, compuesto por minerales

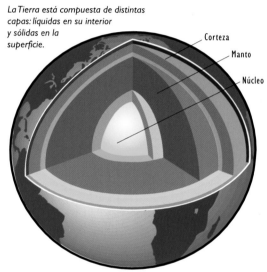

La Tierra está compuesta de distintas capas: líquidas en su interior y sólidas en la superficie.

Corteza

Manto

Núcleo

líquidos, experimenta un lento empuje hacia la superficie. Por su parte, los minerales más ligeros, como el silíceo o el oxígeno –los componentes del cuarzo–, formaron un capa más gruesa, en ocasiones semifundida, llamada manto. Y finalmente, los minerales aún más ligeros, que se quedaron flotando sobre la superficie de la Tierra, dieron lugar a la corteza terrestre, que es donde vivimos y sobre la que caminamos. En las zonas de terremotos y volcanes, como

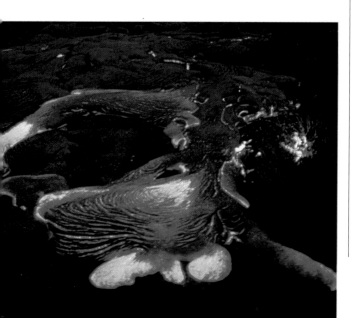

Emanaciones de lava incandescente sobre la superficie de la Tierra tras una explosión volcánica.

Los tres tipos principales de rocas

Ígneas: esta capa de rocas está formada originalmente por rocas fundidas (denominadas magma) en las profundidades del núcleo terrestre, que emanan por la corteza a través de sus grietas o debido a erupciones volcánicas. Combinado con el agua, y justo por debajo de la corteza, el magma puede dar lugar a cristales de cuarzo en unos grandes resquicios llamados venas o vetas. En función de los minerales presentes, se pueden formar asimismo esmeraldas o aguamarinas.

Metamórficas: se trata de capas de rocas que se han transformado generalmente a causa del aumento de la presión, la temperatura, el vapor de agua o las reacciones químicas. Así, por ejemplo, las capas de arcilla y arena que se hunden bajo presión en la corteza pueden transformarse en un compuesto llamado corundo o corindón, también conocido como zafiro o rubí.

Sedimentarias: se trata de unas capas constituidas por rocas blandas formadas debido al efecto del viento y del agua sobre la superficie de los minerales. El compuesto más común es la piedra caliza.

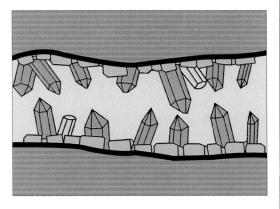

Los cristales se forman en divertículos o espacios existentes en las capas de cierto tipo de rocas. Para su recolección, el hombre ha inventado un sinfín de ingeniosas técnicas.

El rubí es una de las piedras preciosas más apreciadas que existen.

las próximas al Etna en Sicilia, se puede observar lo delgada que es la corteza terrestre. Las elevadas temperaturas del núcleo de la Tierra empujan hacia arriba los minerales fundidos, que, al enfriarse, se solidifican y vuelven a hundirse hasta llegar al núcleo, dónde de nuevo se funden; y así sucesivamente, una y otra vez. La Tierra, por tanto, transforma y recicla de forma constante los minerales que la componen.

La corteza "flotante" de la Tierra

La corteza de la Tierra "flota" literalmente sobre el manto terrestre. Está compuesta por diferentes placas que colisionan unas con otras continuamente. La presión que estos choques ejercen sobre las rocas da lugar a la formación de montañas y volcanes. En el fondo de los mares, a través de las grietas que se originan en la corteza oceánica, crecen nuevas masas de minerales, que empujan lateralmente a los continentes. Todos estos movimientos se producen debido a los ciclos de elevación de los minerales calientes y su posterior hundimiento al enfriarse. Así, como la superficie de la Tierra está sometida a un movimiento ininterrumpido, la localización de las gemas y piedras preciosas varía constantemente. A pesar de que son necesarios millones de años para que el proceso culmine, nuevas capas de minerales se van formando sin cesar en la estructura de la Tierra.

La obtención de cristales

La gran cantidad de minerales que componen la corteza terrestre se ordena en distintos grupos. Aquí presentamos las categorías más significativas, que incluyen la mayoría de minerales más comunes.

Formas de los cristales e "inclusiones"

Un cristal es un compuesto químico que procede de la transformación natural de un mineral líquido en uno sólido de estructura geométrica regular y superficies lisas. Durante la formación del cristal, las moléculas se reordenan según unos principios geométricos. Así, por ejemplo, los cristales de cuarzo se dividen y subdividen a lo largo del eje hexagonal, lo que equivale a decir que tienen seis caras o "facetas". Cada extremo o punta se denomina terminación; los cristales con dos puntas se denominan de "doble terminación". También existen cristales "gemelos", cada uno de los cuales es el espejo del otro. Algunos cristales contienen motas que parecen imperfecciones y que no son más que pequeñas burbujas de aire o partículas de otros minerales; estas últimas se denominan "inclusiones". El cuarzo rutilante contiene numerosas agujas de rutilo, un mineral que a veces se denomina "cabello de Venus".

Los cristales se extraen de las minas excavadas en la fondo de la corteza terrestre. No se trata de un fenómeno exclusivo de los tiempos modernos, sino de una actividad practicada desde hace milenios.

Los transparentes cristales de cuarzo forman un sorprendente hexaedro natural.

Extracción de cristales

En la Antigüedad, nuestros antepasados recogían los cristales del suelo sin gran dificultad, incluso hoy día muchos mineralogistas aficionados lo siguen haciendo así. Sin embargo, la excavación de minas para extraer los minerales es una práctica que ya existía en la Edad de Piedra y que en la época del Imperio Romano llegó a ser una actividad bien consolidada.

En la actualidad, la industria minera realiza explotaciones intensivas en países como Sri Lanka, Brasil y Sudáfrica. Cuando compre un cristal es conveniente que recuerde que antes de llegar a sus manos ha tenido que pasar por las del minero, vendedor, tallador y muchas otras personas. Por este motivo es muy importante lavar bien los minerales después de comprarlos (véanse págs. 146-147).

El ámbar el una resina fósil de millones de años de edad.

Las perlas son un ejemplo de mineral "orgánico". En este caso, el origen es animal.

Minerales orgánicos

En este contexto, el término "orgánico" significa que se trata de minerales procedentes de plantas o animales. Hay pocos minerales de este tipo; el ámbar es uno de ellos. Se trata de una resina fosilizada de un antiguo pino. Las perlas son otro ejemplo, puesto que se han formado a causa de la irritación de los tejidos internos de la ostra, producida por un grano de arena que se ha introducido en ella.

Principales grupos de minerales y cristales

Elementos puros (*que no se han combinado con otros elementos*). Es el caso del oro, la plata, el platino, el cobre y el carbón (diamante).

Sulfuros (*metal más azufre*). Es el caso de la pirita, un sulfuro de hierro.

Óxidos (el grupo principal es el dióxido de silicio, que forma el cuarzo). Es el caso del cuarzo transparente, la amatista, el cuarzo rosa o el cuarzo ahumado, así como formas microcristalinas como la denominada calcedonia, o los cristales de cornalina y ojo de tigre, cuyos nombres hacen referencia a su aspecto ceroso y translúcido. El ópalo, parecido al cuarzo, es una forma hidratada del óxido silícico. El óxido de aluminio forma el compuesto de corundo, o corindón, cuyas formas rojas y azules son los rubíes y los zafiros, respectivamente.

Silicatos. Dentro de este grupo se incluyen los feldespatos, que comprenden un gran número de cristales muy comunes en la corteza terrestre. La piedra de luna y la labradorita son variedades de feldespato compuestas por sodio y calcio. Otro gran grupo de silicatos son los granates, que pueden tener una proporción considerable de aluminio, hierro o cromo, en función de donde se encuentren. También son silicatos las turmalinas y los berilos, que incluyen, entre otras, las aguamarinas y las esmeraldas.

Cristales reales

Los cristales y las piedras preciosas han sido desde tiempos remotos apreciados como herramientas de caza, tallas, joyas o imágenes. También han sido distintivos de poder y realeza, un símbolo del estatus exclusivo de reinas y reyes. Se trata de algo tan preciado, que incluso han originado guerras.

Hace más de tres mil años, los antiguos egipcios ya excavaban minas para extraer esmeraldas, peridotos, lapislázuli y otras piedras preciosas. Eran muy diestros en el pulimentado de las piedras y en la ornamentación con oro, y sus trabajos se pueden admirar en restos de su arte que todavía se conservan hoy en día, en particular los tesoros de los faraones.

También desde hace milenios, se vienen extrayendo diamantes y piedras preciosas en la India, Sri Lanka y Burma (ahora llamada Myanmar), así como en Sudamérica y África. Las antiguas civilizaciones china y maya produjeron exquisitas tallas de jade y esmeralda.

La reina Isabel II con la corona imperial, una de las piezas de mayor valor de la colección de Joyas de la Corona Británica.

En la Torre de Londres, rodeada por los famosos cuervos, se puede ver la famosa colección de Joyas de la Corona Británica.

Las Joyas de la Corona Británica

En la Torre de Londres se encuentra la "Jewel House" con la colección de Joyas de la Corona Británica, que contiene todas las insignias de la familia real. El elemento más famoso de esta colección es la corona de San Eduardo, ostentada por dicho monarca durante su reinado. La primera colección de joyas de la corona fue la que reunió el rey Eduardo el Confesor en el siglo XI.

El Koh-i-noor, uno de los diamantes más grandes del mundo, se halla engarzado en la corona de la reina Isabel, la Reina Madre.

En el año 1213, el rey Juan Plantagenet las perdió en las arenas movedizas del este de Inglaterra. La siguiente colección de joyas también tuvo una historia bastante agitada. Durante la guerra Civil, en 1649, Oliver Cromwell, ordenó que fueran destruidas. Sin embargo, algunas de ellas fueron rescatadas y pasaron a formar parte de la nueva colección de insignias puestas de moda por el rey Carlos II cuando ascendió al trono en el año 1661. En la actualidad, la colección tiene un valor incalculable. A principios del siglo XX, el mayor diamante del mundo, el Cullinan, fue tallado en cuatro piedras grandes. Una de ellas, conocida como la "Estrella de África", está engarzada en el Cetro Soberano, pesa más de 530 quilates y tiene 74 facetas. Se trata del diamante tallado más grande del mundo.

La historia del Koh-i-noor

El Koh-i-noor es uno de los diamantes más grandes del mundo y perteneció primero al rajá de Malwa, en la India, allá por el año 1304. Pesa unos 186 quilates, un peso descomunal si lo comparamos con el de los brillantes de los anillos de compromiso, que suele oscilar entre 0,25 y 1 quilate. Durante siglos, la joya perteneció a varios emperadores de la India. En el año 1739, el Sha de Persia invadió Delhi y saqueó la ciudad en busca del legendario diamante. Le habían informado de que la joya se encontraba dentro del turbante del emperador vencido. Así que el Sha conminó a su cautivo a intercambiar los turbantes. Al deshacer el turbante de su adversario, el Sha encontró el diamante y exclamó: "¡Koh-i-noor!", que es el nombre con el que se le conoce en la actualidad y que quiere decir "montaña de luz".

Cuando Lahore, la capital del Punjab, se anexionó a la India, colonia británica, en el año 1849, la piedra preciosa pasó a posesión de la Compañía de las Indias Orientales, que lo presentó a la reina Victoria en 1850. El Koh-i-noor fue exhibido en la exposición del Palacio de Cristal y decepcionó a los visitantes por el poco brillo que mostraba. En consecuencia, la reina Victoria encargó su retallado, reduciendo en tamaño de 186 a 108,93 quilates.

En 1911 el diamante se colocó en la corona de la reina María. En 1937, fue incorporado a la corona de la reina Isabel, la reina Madre.

Los cristales en la actualidad

A principios del siglo XX, muchas estrellas del cine empezaron a mostrar joyas fabulosas que se podían ver en la pantalla y en las revistas. No es de extrañar pues, que muchas de estas piedras preciosas sean objeto de tanta admiración como antaño lo fueron las de la realeza.

Mujeres famosas y sus piedras preciosas

A Marlene Dietrich —la célebre diva del cine— le encantaban las esmeraldas, especialmente las pulidas en cabujón con suaves domos. Una vez perdió un anillo con una esmeralda de 37 quilates dentro de pasta de repostería y lo encontró de nuevo en un trozo del pastel. Elizabeth Taylor es una de las estrellas de Hollywood más famosas y posee una colección de joyería impresionante. El diamante Taylor-Burton, que Richard Burton le regaló, pesa casi 70 quilates. Liz Taylor también tiene una colección de deslumbrantes esmeraldas que pertenecieron a una gran duquesa rusa. Jacqueline Kennedy Onassis también coleccionaba joyas exquisitas, especialmente las que le regalaba su marido Aristóteles Onassis. Su anillo de compromiso fue subastado por Sotheby's por 2,6 millones de dólares en el año 1996. Cuando la princesa Diana mostró a la prensa su elegante anillo de compromiso, con un resplandeciente zafiro y un diamante, surgieron copias y réplicas del diseño por doquier.

Marlene Dietrich —la legendaria diva del cine— adoraba las esmeraldas, especialmente las de forma de cabujón con suaves domos.

En la película Diamantes para la eternidad, *James Bond descubre el poder de estas piedras preciosas y lo que algunos estarían dispuestos a hacer para conseguirlas.*

Las piedras preciosas en el cine

Incluso en nuestra sofisticada era, nadie se pierde una buena historia de aventuras, como bien saben los productores de cine. La idea de una peligrosa aventura por conseguir una esmeralda de valor incalculable inspiró la película *Tras el corazón verde*. En el filme de James Bond *Diamantes para la eternidad*, el poder y la riqueza se basan en la obtención de estas piedras preciosas. En la década de los setenta y a principios de los ochenta, las películas de Superman introducen nuevas ideas: los cristales pueden poseer energía e incluso poderes espaciales. En estas aventuras también se trata la idea de que los cristales pueden contener información: una idea visionaria que luego se aplicaría con el silicio en la construcción de los chips informáticos. Hoy día, el interés creciente por los cristales se centra en sus propiedades curativas.

La Nueva Era: un interés creciente por los cristales

Desde la década de los años sesenta, los cristales se han utilizado como herramientas de sanación. Muchos escritores han relacionado este interés creciente por los cristales con el incremento de la conciencia espiritual de la Nueva Era, en particular desde finales del segundo milenio. De hecho, los cristales se utilizan como herramientas de sanación desde la época del antiguo Egipto. No obstante, con los avances de la geología y la física cuántica, la estructura y energía de los cristales comienza a ser entendida en otros términos. Las personas están formadas de los mismos elementos que los cristales, es decir, de los mismos minerales que se reciclan en la Tierra, a pesar del hecho de que las personas seamos seres orgánicos y los minerales inorgánicos. Quizás una de las maneras de explicar la respuesta de nuestro organismo frente a las energías de los cristales es reconocer que tenemos elementos comunes.

Un cristal de cuarzo rosa colocado en el centro del cuerpo refuerza la relajación y la sensación de bienestar y felicidad.

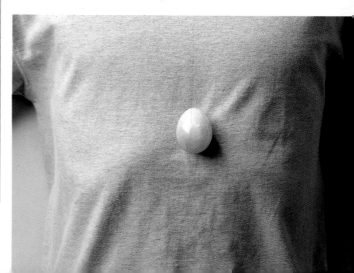

Cristales, colores y chakras

Una de las cosas más llamativas de los cristales es su color. Por lo general, el color es una de las primeras cosas que atrae nuestra atención, como cuando nuestra mirada es secuestrada por el intenso verde de las esmeraldas o el profundo violeta de las amatistas. Los distintos colores nos pueden afectar física y emocionalmente. Así, por ejemplo, el color azul verdoso del mar actúa de tranquilizante para la vista y para el espíritu.

El color del espectro se puede utilizar como modelo para comprender cómo las diferentes energías operan en nuestro cuerpo.

Colores curativos

Si coge un péndulo de cristal tallado y lo cuelga en una ventana soleada, las paredes de su casa se llenarán de arco iris compuestos por todos los colores puros del espectro: rojo, naranja, amarillo, verde, azul, añil y violeta. La luz blanca, que se divide en todos estos colores, es sólo una parte del espectro visible. En efecto, otros animales, como los insectos, pueden ver también las radiaciones infrarrojas y ultravioletas.

En la época del antiguo Egipto, los curanderos escogían los ingredientes curativos para sus pacientes en función del color de su problema. Por ejemplo, el rojo para la sangre, el violeta para los hematomas y el amarillo para la ictericia. Por este motivo, llevar puestas ropas o joyas

Los colores que se pueden encontrar en los cristales naturales cubren toda la gama del arco iris. Para curar determinadas dolencias se utilizan colores específicos.

Los verdes y azules, que podemos encontrar en la naturaleza o en cualquier otro lugar, tienen un efecto tranquilizante y sedante sobre nuestro organismo.

con determinados colores se asociaba a la prevención de la dolencia: para contrarrestar una mala circulación se aconsejaba vestir prendas de color rojo. (Así, por ejemplo, se decía que los pies fríos se calentaban más rápido si los calcetines eran rojos.)

En el siglo XX, los científicos empezaron a experimentar con las ondas luminosas y comprobaron que las radiaciones rojas y naranjas eran más calientes, a diferencia de las azules y violetas, que eran frías, mientras que las radiaciones verdes mantenían unos valores entre ambos extremos. En la actualidad, las frecuencias de luz que se emiten de forma directa, como la de los rayos láser, se utilizan en cirugía y para curar lesiones de los tejidos.

El sistema de los chakras

En la India, hace ya varios milenios, se consideraba que las frecuencias energéticas del cuerpo estaban distribuidas en siete niveles, cada uno de los cuales se correspondía con una zona del cuerpo, y concentradas en "chakras" o "ruedas". Y que la energía universal, en forma de luz blanca, entraba por la coronilla, siendo luego modulada en cada uno de los chakras según su color, desde el violeta de la coronilla, hasta el rojo del chakra de la base de la columna vertebral. Este antiguo modelo sigue vigente en la actualidad y se utiliza con propósitos curativos y también en yoga.

La meditación sobre los colores del arco iris le aportartá una sensación profunda de relajación y calma.

Chakra	Color	Glándula	Zona del cuerpo
coronilla	violeta	pineal	parte superior de la cabeza
tercer ojo	añil	pituitaria	entrecejo
garganta	azul	tiroides	garganta
corazón	verde	timo	centro del pecho
plexo solar	amarillo	bazo	debajo del diafragma
sacro	naranja	ovarios/testículos	bajo abdomen
raíz	rojo	suprarrenales	base de la columna

Dentro de cada color, son posibles distintas tonalidades. Así, el verde puede variar de verde amarillento a verde oscuro, pero todas estas tonalidades están relacionadas con el chakra del corazón.

Las piedras pequeñas pueden colocarse fácilmente sobre el cuerpo o en algún sitio de su casa o lugar de trabajo.

La energía universal penetra en el cuerpo a través de la respiración. En efecto, cuando la persona inspira, no sólo toma aire, sino también energía vital, y así puede mantener los niveles de energía del organismo dentro de un equilibrio apropiado. Sin embargo, si la armonía energética se quiebra, es necesaria una ayuda para su restablecimiento. En este sentido, los colores y los cristales sirven para reequilibrar y reponer la energía de los chakras.

Tabla de colores curativos

Esta tabla sugiere relaciones entre los colores, las energías del organismo, los efectos del color, los chakras y los cristales. Se han ampliado los siete colores originales del espectro para incluir las tonalidades de transición, así como la plata y el oro. Esta tabla de colores se corresponde exactamente con la lista de cristales (véanse págs. 147-179), donde se aporta información detallada sobre cada una de las piedras presentadas en este recuadro. Asimismo, en las páginas 180-181 se han incluido algunos métodos curativos para aplicar con ciertos minerales.

Algunas de las correspondencias que se proponen pueden resultar chocantes al lector como, por ejemplo, la del color negro, al cual siempre se le ha atribuido un inmerecido carácter negativo y que aquí tiene propiedades muy positivas. Así, para los indios americanos,

el negro es simplemente el opuesto del blanco. Al observar el cielo durante la noche, la oscuridad es el fondo que permite a las estrellas aparecer como diamantes resplandeciendo sobre terciopelo negro. Los indios americanos adoran lo oscuro como fuente de misterio de dónde surge todo. Asimismo, en todas las mitologías que el hombre ha creado a lo largo de su historia, la Tierra nace como una luz en medio de la oscuridad.

A continuación se dan algunos ejemplos para la utilización de la tabla de colores. Si siente frío y falta de energía, el rojo es el color que tiene el efecto de calentar y el granate, su piedra correspondiente. Así pues, en este caso, puede optar por ponerse alguna prenda roja que encuentre en su armario o bien llevar un granate, aunque también puede meditar sobre el color ojo o el cristal mencionado (véanse págs. 184-185). Si siente miedo ante los cambios, lleve consigo una labradorita o medite sobre ella. Si desea desarrollar una relación, use prendas de color naranja o lleve consigo un ámbar. Muy pronto descubrirá cuáles son sus colores y cristales favoritos, y probablemente se dé cuenta de está usando con frecuencia un determinado color, tanto en la ropa que se pone como en los cristales que utiliza, lo que sin duda es indicativo de que el chakra asociado a ese color necesita reponer su energía.

Los guijarros son pequeños minerales pulidos muy cómodos de llevar consigo.

Cristales, colores y chakras

Color	Energía	Efecto	Chakra	Piedra	
Rojo	acción	calentador	raíz	granate	
Naranja	relaciones	expansivo	sacro	ámbar	
Amarillo	atención vigilante	claridad mental	plexo solar	topacio	
Verde claro	espontaneidad	refrescante	corazón	peridoto	
Verde intenso	amor	armonizador	corazón	esmeralda	
Turquesa *	protección	fortalecedor	corazón / timo	turquesa	
Azul claro	comunicación	tranquilizante	garganta	celestita	
Azul oscuro	intuición	vinculante	tercer ojo	lapislázuli	
Violeta	perspicacia	inspirador	coronilla	amatista	
Rosa	amor incondicional	liberador	corazón	cuarzo rosa	
Blanco	energía universal	sanador	todos los chakras	cuarzo transparente	
Negro	misterio universal	visionario	raíz	obsidiana	
Marrón	arraigamiento	cimentador	raíz	cuarzo ahumado	
Iridiscente	cambios	fluyente	tercer ojo	labradorita	
Oro	autoestima	revitalizador	coronilla	oro	
Plata	conocimiento interior	calmante	tercer ojo	plata	

* Con frecuencia, el color turquesa (azul verdoso) se corresponde con un chakra menor situado a la altura del esternón, en la zona del timo; una glándula asociada al sistema inmunológico.

Selección y cuidado de los cristales

Para conseguir una buena colección de cristales es muy importante, tanto su selección como su mantenimiento. Los cristales son un pasatiempo muy gratificante con posibles efectos positivos sobre su persona y entorno.

Selección de los cristales

Es posible que se sienta atraído por ciertas piedras debido a su color, forma o tamaño, o bien por otras razones menos evidentes. Recuerde que los cristales y los seres humanos tienen elementos minerales comunes. En efecto, al igual que nosotros, los cristales poseen una frecuencia propia debido a la disposición de sus moléculas. Esto significa que si un cristal

Para limpiar los cristales y eliminar las posibles energías negativas absorbidas por ellos, manténgalos bajo una corriente de agua fría durante unos minutos.

"se le acerca" o al tocarlo siente un cierto "hormigueo", es que se trata de una piedra que usted necesita. Se ha podido demostrar que los campos electromagnéticos de las personas cambian cuando se les aproxima un mineral; en otras palabras, los seres humanos reaccionamos frente a los cristales. Así pues, debe confiar en esta sensación y hacerle caso (¡y esperemos que no se sienta atraído únicamente por las piedras más caras del mercado!). Recuerde que existe una diferencia significativa entre los cristales naturales y las piedras talladas o pulimentadas. Mientras que los primeros están en su estado natural, en las segundas ha intervenido la mano del hombre. A pesar de que en ambos casos puede tratarse de bonitos minerales, las energías de cada uno son bien distintas.

Limpieza de los cristales

Después de comprar los cristales es aconsejable lavarlos. Son muchas las personas que han tocado la piedra antes de que ésta llegue a sus manos: desde el minero, hasta el vendedor, pasando por el tallador o cortador, el intermediario, el transportista y el distribuidor.

La limpieza no consiste en eliminar sólo la suciedad, la grasa o el polvo, sino también las

Si se sienta en silencio y quietud mientras sostiene el cristal entre sus manos, podrá "programar" el mineral con energía positiva.

posibles energías absorbidas por la piedra. Para limpiar el cristal simplemente debe sujetarlo bajo una corriente de agua fría durante unos minutos y visualizar cómo todos los restos de energía son arrastrados por el agua. Si cree que el cristal todavía no está completamente limpio, pregúnteselo a su fuero interno y escuche la respuesta; hasta que no reciba la confirmación, siga insistiendo en el lavado. Los cristales deben limpiarse a menudo, sobre todo si se utilizan con fines curativos.

Programación de cristales

Programar un cristal significa dejar que la energía de cada uno penetre en el mismo, convirtiéndolo así en un cristal personal y exclusivo. En efecto, usted puede cargar un cristal con rayos rosas de amor incondicional visualizando cómo la energía universal, en forma de luz blanca que fluye por sus brazos y sale de sus manos, penetra en el mineral. A continuación, puede solicitar del cristal que siga reflejando este amor/energía en una determinada habitación de su casa, colocándolo concienzudamente allí dónde crea que es necesaria su presencia.

Lista de cristales

Este apartado del libro comprende las 32 páginas siguientes. Los distintos minerales se hallan ordenados en función de su color y según la tabla de la página 145. Para cada cristal, se amplía la explicación sobre el color de sus radiaciones y se incluye información detallada sobre sus características geológicas, geográficas, históricas y curativas. Puede leer las siguientes páginas de forma ordenada, o bien echarles un vistazo general y dejarse seducir por el color de alguna de las fotos de minerales que se incluyen: de esta manera escogerá aquel cristal que le aporte la energía que usted necesita en ese instante.

Las amatistas reflejan el color violeta, ofreciendo al corazón y a la mente su energía inspiradora. Se trata de un mineral muy conocido por sus propiedades curativas.

R o j o

El rojo es el color brillante y estimulante de la acción. Llevar prendas rojas aporta mucha energía, mientras que las gemas rojas proporcionan dinamismo y seguridad en sí mismo.

R u b í

Geología: el rubí es una variedad de corindón, el segundo mineral más duro de todos los que se conocen. El color rojo de este cristal se debe al cromo presente en su composición. Los rubíes más bellos son muy escasos y pueden llegar a ser más valiosos incluso que los diamantes. Los rubíes más delicados resplandecen como las brasas en la noche. También existen rubíes de color rosado o rojo oscuro. Bajo luz intensa, algunos ejemplares muy raros dan destellos en forma de estrella de seis puntas. Esto es debido a las bandas de rutilo que hay en la estructura de tales cristales, también llamados "rubíes de estrella".

Durante siglos, anillos de rubíes con exquisitos grabados han sido utilizados como sellos para la validación de documentos.

Procedencia: algunas de las minas de rubíes de Myanmar datan de la Edad de Piedra o de la Edad de Bronce. Hoy en día, este país sigue siendo uno de los principales productores de rubíes de todo el globo. Tailandia produce rubíes de color más oscuro y posee el mercado mundial más importante de este cristal.

Historia: el término "rubí" proviene del latín *ruber*, que significa "rojo". Tanto en sánscrito como en persa existen palabras similares para definir la piedra del rubí y el color rojo. Durante milenios, los rubíes han sido objeto de veneración. En el Antiguo Testamento, Dios coloca uno de estos fabulosos cristales alrededor del cuello de Aarón. La Biblia también dice que "la voluntad es más valiosa que los rubíes".

Usos curativos: el rubí enciende un fuego de coraje en el interior de la persona, estimulándola a dar el paso hacia nuevas posibilidades. El rubí incrementa la vitalidad y la energía física, activa la circulación y da fuerza. Se trata de un cristal que simboliza el poder, el liderazgo y la integridad.

Granate

Geología: los granates se forman en rocas metamórficas bajo presiones elevadas y lo hacen según un patrón simétrico muy preciso de 12 facetas y forma diamantina. Los granates son conocidos sobre todo por su profundo color rojo, pero también hay granates rosas, anaranjados e incluso con tonalidades verdosas. Los del tipo piropo poseen un color rojo parecido al del rubí pero más oscuro, mientras que la rodolita, una variedad de granate también muy conocida, tiene unos brillos rosáceos o violáceos.

Procedencia: los granates piropo se extraen de las minas de Sudáfrica y de Estados Unidos, especialmente en los estados de Utah y Arizona, dónde se los conoce con el nombre "granates de hormigueros", ya que algunos ejemplares pequeños son extraídos por las hormigas al hacer sus nidos. La variedad rodolita se obtiene en África, la India y Sri Lanka.

La diversidad de matices de los granates es uno de los motivos por los que son tan apreciados en todo el mundo.

Historia: el nombre de "granate" proviene de las "granadas", un fruto con unas semillas de un color rojo intenso que parecen joyas con granates engarzados. Según cuenta la leyenda, el Arca de Noé fue iluminada por la noche con una linterna de granates. Quizás por ello, estos cristales se han utilizado tradicionalmente como talismanes de viaje.

Usos curativos: el granate proporciona calma y refuerza la unión con el cuerpo físico. Ayuda a que la persona se sienta más centrada, con una mayor fuerza interior y más segura de sí misma. Se utiliza para reforzar y regenerar el cuerpo físico y para activar tanto la circulación como las energías reproductoras.

Los granates pueden ser unas piedras de tamaño considerable que destacan especialmente cuando están montadas sobre plata u oro.

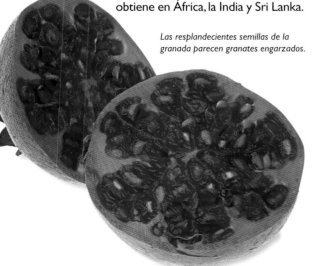

Las resplandecientes semillas de la granada parecen granates engarzados.

Precaución

No es aconsejable que las personas con hipertensión o problemas de corazón lleven piedras rojas.

Naranja

Los matices cálidos del naranja constituyen una gama de colores muy positivos. El color naranja elimina el miedo y lo sustituye por optimismo, mejorando la relación con los demás.

Ámbar

El ámbar se utiliza como ornamento desde hace milenios.

Geología: el ámbar es una resina fosilizada del antiguo pino Pinus succinifera que ha necesitado entre 25 y 50 millones de años para convertirse en un mineral "orgánico". El ámbar también se conoce con el nombre de "succinita". Existen multitud de ejemplos de ámbar conteniendo insectos, polen y restos de antiguas plantas. El ámbar es orgánico debido a su origen vegetal. En general, suelen ser de color amarillo, dorado o anaranjado, pero también los hay con tonalidades rojizas, parduscas o verdosas.

Procedencia: el ámbar de mayor calidad se encuentra en los países bálticos y en la República Dominicana.

Historia: los restos arqueológicos demuestran que en la historia de la humanidad, el ámbar ha sido venerado desde la Edad de Piedra. En la Grecia antigua, el ámbar era considerado como la esencia o el néctar del sol al ponerse. En el poema épico *La Odisea*, Homero menciona al ámbar como una magnífica recompensa. En los tiempos del Imperio Romano, los objetos de ámbar eran más valiosos que los esclavos.

Usos curativos: el ámbar levanta el ánimo, refuerza la vitalidad física y carga a la persona que lo lleva con niveles elevados de energía positiva. Además, protege de la energía negativa de otras personas o del ambiente. Se utiliza para despejar y reequilibrar el corazón, el abdomen y la parte inferior de la espalda.

Algunos ejemplares de ámbar contienen insectos, lo que los convierte en originales piezas de joyería.

Cornalina

Geología: la cornalina es una variedad de calcedonia, un tipo de cuarzo formado por gránulos de pequeños microcristales. Suele encontrarse en tonalidades melocotón, naranja oscuro e incluso rojo parduzco; las piedras de buena calidad tienen tonalidades translúcidas. Se trata de un mineral fácil de grabar, una propiedad que se ha aprovechado para la realización de sellos, incluidos los sellos de anillo.

Procedencia: la cornalina proviene de Brasil, Uruguay y también de la India. La cornalina de la India adquiere tonalidades más rojizas con la exposición al sol. Muchas de ellas se pueden conseguir como pequeños guijarros pulimentados.

Historia: hacia el año 3000 a. C., en Mesopotamia y Egipto, la cornalina y otras gemas se usaban como amuletos de protección. La cornalina también tiene fama por ser una de las doce piedras sagradas colocadas en el peto de Aarón. En la Edad Media, se mezclaba cornalina en polvo y agua como remedio para combatir la peste. En la época medieval, las piedras preciosas se asociaban a diferentes estados emocionales, y , en particular, a la cornalina se le atribuía el poder de curar la ira.

La cornalina tiene un color cálido y profundo así como atractivas y suaves tonalidades.

Usos curativos: la cornalina alivia la depresión y proporciona una sensación de gran estabilidad interior. También ayuda a equilibrar la mente cuando se están llevando a cabo tareas intelectuales difíciles. La cornalina calienta y estimula el apetito, equilibra el sistema reproductor femenino y alivia las molestias de la menstruación. Asimismo, promueve una sensación de estar en sintonía con uno mismo. La energía de la cornalina es cálida, alegre y abierta, sobre todo si se coloca en la parte inferior del abdomen.

En la época medieval, la cornalina era una gema muy popular que se utilizaba como remedio curativo contra la peste.

Amarillo

El amarillo es un brillante color que estimula la mente, irradiando su energía pletórica por todas partes. Las gemas de color amarillo resplandecen sobre la piel como la luz del sol.

Citrina

Geología: la citrina natural es un cuarzo de color amarillo pálido que posee unas tonalidades y un resplandor muy delicados. La citrina auténtica suele ser de color bastante claro. Los ejemplares más oscuros, con tonalidades amarillas o anaranjadas intensas, suelen ser amatistas o cuarzos ahumados tratados artificialmente con calor. En general, estas "falsificaciones" se descubren por las tonalidades rojizas que suelen presentar. Es posible conseguir trozos de citrina de gran tamaño así como agregados de este mineral. Las terminaciones de seis caras que presenta la citrina son las típicas de todos los cristales de cuarzo.

Procedencia: hoy en día, la mayoría de la citrina se extrae de las minas del estado de Rio Grande do Sul, en Brasil, aunque también existen algunos yacimientos en Madagascar.

Historia: el nombre de citrina proviene de la palabra francesa *citron*, que significa "limón" y que hace referencia a su color amarillo pálido.

La citrina de color amarillo dorado es un precioso mineral para colocar en su casa.

En el pasado, se creía que esta piedra protegía contra el veneno de las serpientes.

Usos curativos: la citrina aporta claridad mental, liberando la mente de pensamientos conflictivos y proporcionando espacio para pensar. Se utiliza para purificar el organismo y tiene un efecto benéfico sobre los riñones, el hígado y la vesícula biliar. Tonifica la digestión y la circulación. Atrae la abundancia y la prosperidad, tanto en forma de dinero como de relaciones personales. Coloque una citrina detrás de la cama y podrá comprobar cómo le ayuda a conciliar el sueño.

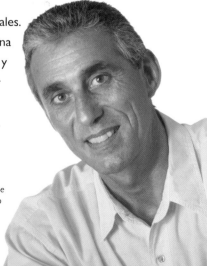

Lleve un trozo de citrina para mantener la mente despejada y clara. Ponerse prendas de color amarillo también tiene un efecto positivo sobre la mente.

En el antiguo Egipto, los topacios amarillos estaban asociados a Ra, el dios del sol, que aparece en este mural en el centro de la barca flanqueado por dos babuinos.

El topacio tiene un efecto purificador del organismo cuando se utiliza como cristal curativo.

Topacio

Geología: El topacio es una gema de color amarillo utilizada en joyería desde hace siglos. El color amarillo es el más común, pero también hay topacios anaranjados, rojizos, azulados o verdosos. El topacio puede formar agregados de más de 100 kg de peso y es uno de los minerales más duros de la naturaleza. A pesar de que, debido a su color, muchas veces se le confunde con la citrina (un mineral menos preciado), el topacio tiene una transparencia y un brillo muy característicos.

Procedencia: los yacimientos de Brasil son conocidos por producir topacios amarillos de gran calidad, pero también hay yacimientos en Sri Lanka, Myanmar y Estados Unidos. El topacio de Rusia es de color azul claro.

Historia: los antiguos egipcios asociaban los topacios amarillos con Ra, el dios del sol, mientras que los romanos los relacionaban con Júpiter, el rey de los dioses. El topacio se utilizaba como amuleto protector y se le atribuían muchas propiedades místicas como, por ejemplo, la de cambiar de color en presencia de una comida o bebida venenosa, utilizándola por ello como detectora de venenos. La corona real portuguesa posee un impresionante topacio gigante.

Usos curativos: el topacio amarillo es muy útil para concentrar la mente sobre problemas complejos y conseguir soluciones nuevas y brillantes. El topacio posee valiosas propiedades sanadoras y es un mineral que purifica. En particular, tiene efectos benéficos sobre el hígado, la vesícula biliar y todo el organismo en general. El topacio también tonifica el sistema nervioso y contribuye a aumentar los niveles de energía del cuerpo, proporcionando inspiración y creatividad.

Verde claro

El verde claro es una tonalidad suave como la que exhiben las hojas que acaban de brotar en primavera: un color asociado a la energía juvenil, fresca y sutil.

Peridoto

Geología: el peridoto es una variedad del olivino de un precioso color verde pálido que contiene hierro, níquel y cromo. Es una piedra volcánica, y en Hawai y en la isla de Oahu se pueden encontrar granos de olivino en la playa. También se ha encontrado peridoto en restos de meteoritos.

Procedencia: hace más de 3500 años, en Egipto, ya se extraía el peridoto de una mina de la isla de Zabarjad, en el mar Rojo. Y se siguió extrayendo hasta finales de la Segunda Guerra Mundial. En la actualidad, la mayor parte del peridoto se extrae de las minas de Arizona, aunque también hay peridoto en Myanmar, Brasil y Hawai. En la década de 1990 se encontró un nuevo yacimiento en la Cachemira, paquistaní.

Las gemas de peridoto tienen un jugoso color verde que ilumina la mente y el espíritu. Se utilizan por sus propiedades curativas y para reducir el estrés y la tensión.

Se dice que el peridoto era la piedra favorita de la reina Cleopatra, que sabía apreciar el color verde pálido de estas gemas..

Historia: según cuenta la leyenda, el peridoto era la gema preferida de la reina Cleopatra. También se encuentran peridotos en adornos de muchas iglesias y en el sepulcro de los Tres Reyes Magos, en la catedral de Colonia, en Alemania. Montada sobre oro, a esta piedra preciosa se le atribuía el poder de desviar a los malos espíritus. Algunos peridotos eran lo suficientemente grandes como para ser incrustados en cálices.

Usos curativos: el peridoto tiene un efecto revitalizador e iluminador de la mente, restituyendo en la persona su sentido de la belleza y la apreciación de la misma. Se utiliza para curar y fortalecer el corazón, el bazo y las glándulas suprarrenales. Asimismo, el peridoto tonifica el cuerpo y la mente, reduce el estrés y la tensión y transmite alegría.

Jade

Geología: jade es el nombre que se aplica a dos piedras ornamentales originales de la China y de Centroamérica: la nefrita y la jadeita. Son muy similares en estructura y se usan de una manera muy parecida. El jade es una piedra preciosa que sobre todo se encuentra en varias tonalidades del verde, desde las muy claras hasta las muy intensas. El jade se suele cortar en pequeños domos suaves llamados cabujones. En otros casos, se tallan o graban para hacer brazaletes, collares o esculturas. Los negociantes de estas piedras corren un gran riesgo al comprar un jade, ya que, en general, el mineral en bruto consiste en una roca con una pequeña apertura por donde asoma lo que podría ser la gema. Únicamente tras partir la piedra se puede saber si contiene un jade o un cristal sin valor.

Procedencia: hoy en día, los jades de mejor calidad (jadeita) proceden en su mayor parte de Myanmar y Guatemala. Los yacimientos más grandes de nefrita se encuentran en Canadá, Australia, Estados Unidos y Taiwán.

Historia: el jade ha sido la piedra preciosa real de China durante más de 4000 años. Algunos objetos de jade de valor incalculable se incluían en las tumbas de los emperadores como símbolo de poder y riqueza. En Centroamérica,

El jade se encuentra en distintas tonalidades de verde. El jade resulta particularmente bello esculpido en estatuas.

el jade era una piedra sagrada para los pueblos olmecas, mayas y toltecas, los cuales tallaban la piedra para hacer máscaras y relicarios. El jade se hizo popular en Europa durante el siglo XVI, cuando empezaron a llegar de Centroamérica objetos realizados con este mineral.

Usos curativos: el jade ayuda a equilibrar el estado emocional, sobre todo en personas muy sensibles. Tranquiliza el corazón y reduce la ansiedad. Como mineral curativo, aporta la energía del amor incondicional y apacigua el corazón; también alimenta y cuida el espíritu.

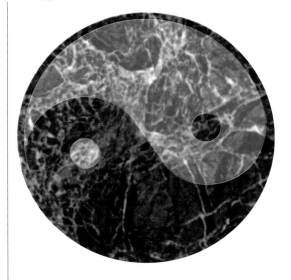

La energía del jade aporta equilibrio y armonía, tal y como sugiere este símbolo del Yin y el Yang.

Verde intenso

Las tonalidades vivas del verde son tranquilizantes para la vista y nos invitan al descanso y a la calma. El verde es la mezcla de amarillo y azul, el equilibrio entre la energía caliente y la fría. Las piedras verdes son muy beneficiosas para el chakra del corazón.

Emeralda

Geología: la esmeralda es la variedad verde del berilo. El color de este mineral se debe al cromo y al hierro que contiene. Las esmeraldas auténticas muestran pequeñas inclusiones y otras imperfecciones. Y como crecen en capas de rocas metamórficas sometidas a presiones elevadas, el tamaño de las esmeraldas suele ser bastante pequeño, siendo excepcionales los ejemplares de gran tamaño.

Procedencia: Colombia, el gran productor de esmeraldas del Imperio Azteca, es todavía hoy uno de los principales productores de gemas de alta calidad, al igual que Zambia, Brasil, Zimbabue, Pakistán y Madagascar.

Historia: los aztecas cedieron al conquistador Hernán Cortés un tesoro consistente, sobre todo, en esmeraldas talladas en forma de flores y peces, con algunos ejemplares de tamaño superior al de un puño. Debido a su color, los antiguos pueblos de Centroamérica atribuían a las esmeraldas propiedades sagradas. También en el antiguo Egipto se apreciaba este cristal;

Las esmeraldas de tonalidades más oscuras son muy relajantes y especialmente útiles para trabajar con el chakra del corazón.

Cleopatra tenía sus propias minas de esmeraldas cerca del Mar Rojo.

Usos curativos: la energía de las esmeraldas puede ayudar a que la persona active su parte creativa. El color verde conecta a las personas con la naturaleza. Como mineral curativo, las esmeraldas se utilizan para equilibrar el corazón y abrirlo al amor divino.

Las esmeraldas auténticas producen un efecto espectacular engarzadas en las joyas. En la foto podemos apreciar dos ejemplares montados sobre oro en unos fabulosos pendientes.

Moldavita

Geología: la moldavita es una variedad verde oscura de la tectita, un tipo de vidrio fundido formado cuando la lluvia de meteoritos colisionó con la Tierra hace millones de años. La moldavita no tiene una estructura cristalina; se trata de un material fundido que al solidificarse presenta remolinos, borlas y cráteres, así como unas formas poco usuales. Existen tectitas negras y pardas, pero la menos común y más apreciada es la moldavita, de color verde oscuro.

Procedencia: Moldavia, en el este de Europa, posee las mejores tectitas de color verde. Existen, asimismo, moldavitas de gran calidad cerca del río Moldava, en la antigua Checoslovaquia, Tailandia, sudeste de Asia, Australia y EE.UU.

La moldavita cae a la Tierra procedente del espacio en forma de lluvia de meteoritos. Al colisionar, los meteoritos que contienen moldavita se funden con los compuestos de la corteza terrestre.

Los ejemplares de moldavita suelen ser de formas y tamaños muy poco frecuentes.

Historia: la moldavita fascina por su origen extraterrestre. Se trata de la fusión de elementos procedentes del espacio y de compuestos de la corteza terrestre. En ocasiones se ha utilizado en joyería.

Usos curativos: la moldavita puede ayudar a que la persona conecte con los niveles más profundos de su espiritualidad, o sea, con otros "reinos" y "dimensiones" de su propio ser. Esta piedra nos recuerda que somos viajeros del espacio, incluso en nuestra "terrestre" vida cotidiana. Y es que el planeta que habitamos está en viaje espacial perpetuo. Como mineral curativo, la moldavita colocada en la frente incrementa el sentido espiritual de la persona y le hace tomar conciencia de su lugar en el cosmos.

Turquesa

Esta tonalidad es una mezcla de verde y azul: un bálsamo fresco y sedante para el corazón y las emociones. Las piedras de color turquesa resaltan especialmente sobre las pieles oscuras.

Los indios navajos todavía confeccionan joyas con turquesas de gran calidad. El color de estas gemas resalta cuando se monta sobre plata.

Turquesa

Geología: la turquesa es un mineral muy valioso que se conoce científicamente como fosfato hidratado de aluminio y cobre. El color de las turquesas tiene un amplio espectro, desde el azul cielo hasta las tonalidades azul verdosas; cuanto más hierro contenga la piedra, más verdosa será su tonalidad. Los ejemplares auténticos contienen pequeñas impurezas cristalizadas que sólo pueden observarse con el microscopio. Hay muchas turquesas falsas en el mercado, que han sido previamente teñidas o coloreadas. Las turquesas auténticas son muy porosas y no deben limpiarse con productos químicos, sólo con agua caliente y jabón.

Procedencia: Irán produce turquesas de color azul cielo muy pálido sin venas ni matices verdosos. En Arizona y Nuevo México también se consiguen turquesas de gran calidad, así como en Afganistán y Oriente Medio.

Historia: durante miles de años, Persia fue el mayor productor de turquesas. Hace 5000 años, se extraían de las minas de Sinaí y Egipto. En México, las turquesas eran veneradas como piedras dignas únicamente de los dioses. En el suroeste de Estados Unidos, los indios navajos continúan confeccionando joyería con turquesas de gran calidad montadas sobre plata.

Usos curativos: la turquesa enciende el coraje de la persona y refuerza la toma de conciencia de todas las formas de vida sobre la Tierra. Como mineral curativo, se utiliza para tonificar el cuerpo, despejar pulmones, pecho y garganta, así como para activar el sistema inmunológico.

Las turquesas son piedras protectoras que benefician y tonifican todo el sistema inmunológico.

Aguamarina

Geología: las aguamarinas son otra variedad de berilo y tienen un color azul verdoso muy pálido que hace referencia a su nombre. Cuánto más pura sea la tonalidad, tanto más caro será el cristal. El aguamarina forma cristales

Las aguamarinas son unas piedras muy populares que se suelen montar sobre plata. Los ejemplares de la foto muestran su perfección y delicado color.

hexagonales y se puede encontrar en las rocas de granito. Algunas aguamarinas han sido tratadas con calor para aumentar así la intensidad de su color. Las aguamarinas sin pulir se parecen a las turmalinas.

Procedencia: Brasil es el mayor productor de aguamarinas. Asimismo, hay otros países que producen ejemplares de gran belleza, como Estados Unidos, Zambia, Mozambique y Pakistán.

Historia: no es de sorprender que existan tantas leyendas y folclore entorno a las aguamarinas. Cuentan que estos cristales eran los tesoros de la sirenas y que los marinos llevaban aguamarinas en sus viajes para protegerse del mar. Asimismo, según la tradición, estos cristales son los guardianes del matrimonio y un regalo muy indicado para los aniversarios de boda.

Usos curativos: como mineral curativo, las aguamarinas expanden y levantan el ánimo, despejan la mente y le aportan claridad. Se les atribuye la propiedad de reforzar y aumentar la expresión de la propia persona y su autoestima, en particular en el ámbito del trabajo. Actúa de forma delicada y suave como purificadora de la mente y del cuerpo, en especial reponiendo las energías de la glándula tiroides, bazo, riñones e hígado. Como mineral curativo, las aguamarinas puede colocarse en la garganta para equilibrar la emociones y para mejorar la expresión verbal. La meditación con estas gemas, apacigua y calma.

Las aguamarinas se utilizan para aliviar la garganta, y también contribuyen a mejorar la expresión verbal y la comunicación.

Azul claro

El azul claro es un color delicado que apacigua los nervios y las emociones. Las piedras con esta tonalidad emiten una suave energía curativa, tan necesaria en este ansioso y ajetreado mundo que nos ha tocado vivir.

Celestita

Geología: la celestita está compuesta por sulfato de estroncio. Se trata de un mineral transparente con un suave color azul muy claro que tiende hacia gris, una tonalidad única en el reino mineral. La celestita forma grandes agregados con cristales en forma de pronunciadas cuchillas, aunque también se la puede encontrar en forma de nódulos de pequeños cristales que crecen hacia adentro.

Procedencia: los lugares ricos en celestita suelen ser las rocas sedimentarias, como por ejemplo las de Estados Unidos y en particular las de Nueva York, Michigan y Ohio, aunque también se encuentran ejemplares de celestita en Alemania, Madagascar y Sicilia.

La celestita también es conocida como "piedra del paraíso" y simboliza la energía sagrada de los ángeles y demás seres celestiales.

A este mineral de color azul grisáceo claro llamado celestita se le atribuye la capacidad de tranquilizar y apaciguar las emociones. Es muy eficaz colocada en algún sitio estratégico de su casa o lugar de trabajo.

Historia: la celestita es un mineral que goza de un gran aprecio por parte de los coleccionistas. Y recientemente, también en los comercios de terapias alternativas, que lo solicitan debido a sus propiedades curativas.

Usos curativos: la celestita posee el color del cielo en verano. Proporciona expansión, apertura de corazón y espacio para respirar. En una habitación, la celestita calma la energía y es un maravilloso punto de concentración para la meditación. Algunos sanadores la consideran como el símbolo sagrado del espacio personal. Como mineral curativo, la celestita se utiliza para equilibrar la glándula tiroides y para reducir el estrés. Colocada en la garganta, ayuda a la persona en su expresión. También es muy eficaz y utilizada por los sanadores para reponer sus propias energías.

La piedra de luna

Geología: la piedra de luna es un mineral de la familia de los feldespatos. Esta piedra, de tonos lechosos y colores apagados, muestra al trasluz un resplandor azul. Algunos ejemplares tienen un blanco plateado y lechoso, pero las más apreciadas son las de tonos azulados. La piedra de luna tiene una estructura interior formada por capas que reflejan la luz mutuamente, produciendo un efecto de color y resplandor característico. La forma más efectiva de potenciar esta propiedad es cortar y pulir las piedras en forma de cabujones, acabados en suaves domos y con la superficie bien lisa.

Procedencia: los mejores ejemplares de piedra de luna se han encontrado en lugares como Madagascar, Sri Lanka, Australia, Brasil y Estados Unidos.

La cambiante luz de la luna se transfiere a la piedra de luna en forma de suave resplandor.

La piedra de luna azulada tiene un resplandor tan especial que no es de extrañar que sea considerada una piedra sagrada.

Historia: en la India, la piedra de luna se considera sagrada y está dedicada a la diosa de la luna.

Usos curativos: la piedra de luna se asocia a la energía femenina y al ritmo de sus ciclos naturales. Proporciona equilibrio y armonía emocionales. Se trata de una piedra muy apropiada para los cambios en los ciclos de las mujeres como, por ejemplo, el paso de la infancia a la pubertad o la maternidad. También está relacionada con la sabiduría femenina. Se considera que la piedra de luna actúa sobre la regulación hormonal, equilibrando los sentidos. Como joya montada sobre plata, es una de las piedras semipreciosas más atractivas que existen.

Azul oscuro

Los minerales de tonos azul oscuro son frescos e invitan a la contemplación, propiciando un estado de meditación y sosiego. Con frecuencia, las piedras de color azul oscuro se relacionan con la lealtad y los ideales elevados.

Zafiro

Geología: el zafiro es una variedad de corindón, el segundo mineral en dureza y de la misma familia que el rubí. Aunque los zafiros son conocidos por sus bellos tonos azules, también los hay rosados, dorados, blancos y negros. Los zafiros de estrella contienen agujas de rutilo gracias a las cuales —bajo luz intensa— producen unos destellos en forma de estrella de seis puntas. Muchos zafiros han sido tratados previamente con calor para oscurecer su color. Se suelen tallar en forma ovalada o rectangular para que la gama de matices azules destaque más.

Procedencia: si bien, según la historia, Myanmar y Cachemira son los lugares más famosos como productores de zafiros, es en Sri Lanka donde se obtiene la mayor parte de ellos hoy en día, desde los más claros hasta los de azul intenso más oscuro.

Durante siglos, los zafiros han sido tallados y utilizados como piedras de joyería fina. En esta foto, una corona de diamantes circunda un zafiro de gran tamaño.

Al azul marino de los zafiros se le llama azul "regio". El zafiro es una de las piedras preferidas para los anillos de compromiso.

Historia: tradicionalmente, el zafiro ha sido considerado como símbolo de la fidelidad y por ello es una de las piedras preferidas para los anillos de compromiso. Asimismo, tiene una larga tradición como joya de la realeza y del clero. La colección de Joyas de la Corona Británica posee zafiros de gran tamaño de un color azul "regio".

Usos curativos: el zafiro azul conecta a la persona con sus ideales más elevados y esencia espiritual, favoreciendo la comunicación con su verdadero fuero interno. Su color sirve de guía para iluminar el camino de la toma de conciencia. Como mineral curativo, colocado en la frente, el zafiro equilibra las emociones y ayuda a la persona a que se centre en el presente. Al zafiro también se le atribuye la capacidad de fortalecer los riñones y el corazón.

Lapislázuli

Geología: el lapislázuli está compuesto por un mineral azul, la lazurita, y por pirita y calcita, éstas en forma de vetas doradas de microcristales. El lapislázuli es siempre de color azul intenso y con vetas de pirita, características que sirven para diferenciarlo de la sodalita, su pariente cercano también de color azul pero sin pirita. El lapislázuli suele ser opaco. Se trata de un mineral muy poroso que sólo debe limpiarse con agua tibia y jabón. Es, asimismo, bastante frágil, por lo que debe protegerse adecuadamente.

El lapislázuli es una piedra de un azul intenso con finas vetas doradas y blancas.

Procedencia: se sabe que el lapislázuli se extraía de las minas hace ya seis mil años. Afganistán es uno de esos lugares de donde todavía hoy se obtiene este mineral. El lapislázuli también se produce en Chile, Estados Unidos, Siberia y Myanmar.

Historia: la tumba de Tutankamon alberga sorprendentes tesoros, especialmente la máscara del joven faraón decorada con oro y lapislázuli. En este sentido, se sabe que los faraones se adornaban con oro y lapislázuli tanto en vida como después de la muerte. En las épocas medieval y renacentista, ciertas pinturas, esmaltes y vidrieras de un rico e intenso color azul se conseguían utilizando lapislázuli molido.

Usos curativos: el lapislázuli ayuda en la purificación espiritual, haciendo que la mente trascienda los problemas "terrestres". Conecta a la persona con su guía superior y le ayuda a tomar conciencia. Las inclusiones doradas de pirita avivan el fuego de la iluminación espiritual, especialmente si se coloca el lapislázuli sobre la frente, en el tercer ojo. A este mineral también se le atribuye la capacidad de fortalecer y vigorizar todo el organismo.

Joyas fabulosas y máscaras funerarias incrustadas con lapislázuli adornaban el cuerpo del joven rey Tutankamon.

Violeta

Las tonalidades violetas y lilas estimulan de forma beneficiosa el cerebro y, debido a que son una mezcla de las energías caliente y fría de los colores rojo y azul, respectivamente, promueven la fuerza de voluntad y la materialización de los objetivos.

Amatista

Existen pequeñas amatistas en forma de guijarro, que puede llevar consigo cuando le hagan falta.

Geología: la amatista es un cuarzo violeta que puede presentarse en formas muy diversas, desde pequeños cristales, hasta grandes agregados y geodas. Estas últimas son rocas en cuya cavidad interior crecen los cristales de diferentes tamaños. Las geodas más grandes suelen cortarse por la mitad para mostrar su interior repleto de cristales de amatista. El color de las amatistas varía desde el violeta oscuro hasta las tonalidades lavanda.

Procedencia: se pueden encontrar amatistas en Brasil, Uruguay, Bolivia, Argentina, Namibia, Zambia, así como en otros países africanos. También se obtienen amatistas de gran calidad para joyería en los montes Urales de Rusia.

Historia: Catalina II la Grande era una emperatriz rusa apasionada por las amatistas. En las colección de Joyas de

Si medita con amatista, la energía de este mineral le ayudará a purificar todo el cuerpo.

la Corona Británica también hay algunos ejemplares de amatistas. Se trata de una piedra apreciada tradicionalmente por el clero, tanto en joyería como en las decoraciones de iglesias y catedrales.

Usos curativos: la amatista es uno de los minerales curativos más populares. Este cristal ayuda a sentirse más abierto y consciente espiritualmente. Además, purifican la energía de todos los niveles: físico, mental, emocional y espiritual. Colocada sobre la frente o en la coronilla, la energía de este mineral se siente como una lluvia fresca y delicada que envuelve todo el cuerpo. Las amatistas también protegen al organismo de la negatividad.

Iolita

Geología: la iolita es una variedad del mineral cordierita, que también se puede encontrar en tonalidades parduscas y negras. En el pasado, la iolita se conocía asimismo como "zafiro de agua", debido a sus bonitos matices azul violáceos. Es una piedra muy atractiva para joyería. Debido a su estructura, produce un efecto llamado pleocroísmo, que consiste en la emisión de reflejos dorados o violetas de distinta intensidad y tonalidad, según la orientación, confiriéndole un brillo muy original.

Procedencia: existen muchos yacimientos de iolita en todo el mundo, como por ejemplo Sri Lanka, la India, Mozambique, Madagascar, Brasil y Myanmar.

Historia: los vikingos obtenían iolitas en Noruega y Groenlandia y las utilizaban como lentes para mirar al sol y posicionarse durante la navegación. El nombre de iolita procede de la palabra griega *ios*, que significa "violeta".

El pleocroísmo de las iolitas es uno de los muchos atractivos de estas piedras para su utilización en joyería.

Usos curativos: la iolita se utiliza para centrar la meditación en dimensiones más espirituales. La capacidad que posee el ser humano para conectarse con energías de amplitud mayor no es algo de lo que seamos conscientes en nuestra vida cotidiana. Así, tomar conciencia de nuestra esfera espiritual puede ayudarnos a comportarnos de forma más responsable y cuidadosa en la esfera de lo físico. Para la meditación o en aplicaciones curativas, la iolita se puede colocar en la frente o en la coronilla. A la iolita también se le atribuye la capacidad de equilibrar las energías del cuerpo físico.

Los vikingos utilizaban iolitas que obtenían en Noruega y Groenlandia.

Rosa

Las tonalidades del rosa están relacionadas con los delicados sentimientos de amor incondicional, pero también es un color que tranquiliza la vista y alimenta el espíritu. Las piedras rosadas quedan bien sobre cualquier tono de piel.

Cuarzo rosa

El cuarzo rosa tiene un suave efecto sobre el cuerpo y la mente.

Geología: el titanio y el hierro son los responsables del color rosa de este tipo de cuarzo. El cuarzo rosa se suele encontrar en bloques muy grandes y pocas veces como cristales bien formados. El cuarzo rosa de Brasil se utiliza para tallar estatuillas, esferas y obeliscos. En joyería, se suele presentar en forma de cabujón pulimentado para resaltar las tonalidades y los matices del rosa. Una rara variedad de cuarzo rosa posee hilillos dorados de rutilo, lo que confiere a estas piedras un destello rosado especial.

Procedencia: Brasil es el máximo productor de mármoles de cuarzo rosa, así como de cristales de cara lisa. Asimismo, son de destacar como países productores de este mineral, Madagascar y Estados Unidos.

Historia: el cuarzo rosa es un mineral muy popular entre los coleccionistas y también una de las piedras curativas favoritas de los profesionales de la cristaloterapia.

Usos curativos: el cuarzo rosa aporta a la persona una agradable sensación de calidez y bienestar. Si usted tiene problemas de insomnio, éste es un mineral muy apropiado para colocar detrás de su cama. El cuarzo rosa también alivia la ansiedad y apacigua el estrés físico, emocional y ambiental. Ayuda a equilibrar la energía emocional y sexual y elimina la ira, los celos y la incomprensión. La meditación con cuarzo rosa aporta claridad emocional y sosiego, devolviendo a la persona la confianza de cuando era niño. Durante las sesiones curativas, el cuarzo rosa se suele colocar en el centro del pecho para equilibrar las energías del corazón.

El cuarzo rosa conecta a la persona con el amor incondicional.

Jackie Kennedy poseía una colección de joyas fabulosa, muchas de las cuales solía llevar puestas, incluido un maravilloso anillo de kunzita.

Kunzita

Geología: la kunzita es un atractivo mineral de color rosa y añil compuesto por silicato de aluminio y litio; se trata de una variedad rosa del espodumeno. Al igual que la iolita, la kunzita es pleocróica, es decir, que refleja tonalidades diversas de rosa y violeta cuando se la ilumina. A pesar de que es tan dura como el cuarzo, constituye un reto para los talladores sacar el máximo partido de esta delicada piedra sin que se rompa, cosa que suele producirse al intentar tallarla en la dirección incorrecta. Con frecuencia, las kunzitas se hallan junto a berilos y turmalinas.

Procedencia: el primer sitio donde se descubrió kunzita fue en Connecticut, en Estados Unidos, y posteriormente se extrajo en California con propósitos comerciales. Hoy en día, Brasil, Madagascar y Afganistán producen la mayoría de las gemas del mercado.

Historia: el nombre de kunzita proviene de George Kunz, un comerciante de gemas de Tiffany & Co. de principios del siglo XX. Kunz no era únicamente comerciante de minerales, sino también un coleccionista de leyendas sobre las gemas y las joyas.

Usos curativos: la combinación de violeta, un color profundamente espiritual, y rosa, relacionado con el corazón, hacen de la kunzita una piedra apropiada para conectar a la persona con el sentimiento de amor como energía creadora de todas las cosas. La kunzita se puede colocar en la zona del pecho junto a un cristal de cuarzo rosa para dar apoyo y expandir la energía del corazón.

La kunzita tiene un delicado color entre el rosa y el violeta que es muy tranquilizante para la vista. Se utiliza para abrir el corazón y su energía.

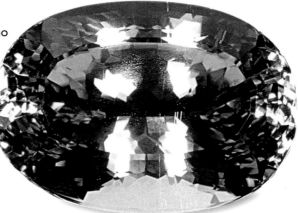

Blanco

El blanco es la combinación de todos los colores del espectro. Los rayos del sol producen un brillante arco iris al pasar a través de un diamante. Así pues, las gemas incoloras representan la unidad y la perfección.

Diamantes

Geología: los diamantes son para siempre. Este compuesto puro de carbono es el mineral más duro que se conoce y posee además el punto de fusión más elevado y la estructura atómica más densa. Aunque son muy conocidos en joyería, los diamantes también se utilizan en la industria como excelentes aislantes eléctricos. A pesar de su dureza, los talladores y joyeros han de tratarlos con sumo cuidado, ya que se rompen con facilidad si se los golpea en una dirección errónea. Existen diamantes de tonalidades muy pálidas rosas, amarillas, azules, verdes, rojizas e incluso negras. Los diamantes se crean en una brecha en forma de pipa dentro de una roca huésped llamada "kimberlita".

Los diamantes más exquisitamente tallados reflejan todos los colores del espectro.

Se considera que el diamante posee la capacidad de hacer aflorar las cualidades exclusivas de cada persona.

Procedencia: los diamantes se obtienen en Sudáfrica, la India, Brasil, Australia y Estados Unidos.

Historia: existen muchas historias famosas acerca de los diamantes. Cuando en el año 1905 se descubrió en Sudáfrica el diamante más grande del mundo, el Cullinan, de 3.106 quilates de peso, los trabajadores fueron vistos jugando con él al lado de la mina como si de un trozo de vidrio se tratara. El diamante Cullinan fue presentado al rey Eduardo VII en su 66 cumpleaños y fue cortado en cuatro piezas que en la actualidad se conservan junto a las otras joyas de la Corona Británica.

Usos curativos: el diamante hace aflorar las cualidades exclusivas de cada persona. Este aspecto es la razón por la que se utiliza en los anillos de boda y compromiso. El diamante es un mineral curativo de primer orden, activa la energía más pura del entorno y la de la propia persona.

Cuarzo transparente

Geología: el cuarzo es uno de los minerales más comunes de la corteza terrestre. Se encuentra en infinidad de variedades, agregados, masas, colores y formas. El cuarzo transparente también es conocido como cristal de roca. A pesar de que estos minerales suelen tener unas nubes blanquecinas, los ejemplares de mayor calidad son tan transparentes como el hielo. Los cristales de cuarzo transparente suelen tener una forma bien definida, con terminación simple o doble. El cuarzo transparente con agujas de rutilo se conoce también como cuarzo rutilado.

Procedencia: los países que poseen el cuarzo transparente de mayor calidad son Brasil, Estados Unidos y África.

Historia: el significado original de la palabra "cristal", generalmente aplicado al cuarzo, proviene de la palabra griega que significa "congelado". La bola de cuarzo, con sus inclusiones lechosas, es la que inspira a las brujas a ver el futuro. En Sudamérica y otros lugares del mundo se han encontrado grandes bloques de cuarzo transparente tallados en forma de calavera por antiguos pobladores de la Tierra.

Los magníficos agregados de cuarzo transparente adquieren formas y tamaños muy diversos.

Usos curativos: el cuarzo transparente es uno de los cristales más utilizados para curar. Ayuda a centrar, enfocar y amplificar la energía mental, física y emocional. Se pueden colocar cristales de cuarzo en cualquier parte del cuerpo que necesite reponer energía. También se puede utilizar este mineral como protección en situaciones o ambientes peligrosos. El cuarzo rutilado alivia la depresión y elimina la negatividad.

Los cristales de cuarzo crecen en el espacio disponible. Piedras como la de esta fotografía suelen cortarse en dos y pulirse.

Negro

El negro absorbe todos los colores, como el brillo irisado del plumaje de un estornino. En otras palabras, el negro posee todos los colores del arco iris condensados. El negro no es un color negativo sino el color del misterio, como el que se esconde en el fondo de las piedras negras.

Obsidiana

Geología: la obsidiana es un dióxido de silicio de textura vidriosa formado por lava volcánica que se ha enfriado rápidamente. El color negro o verde muy oscuro de la obsidiana se debe al hierro y al magnesio que contiene. Algunas burbujas de aire, atrapadas durante el proceso de enfriamiento, pueden dar lugar a reflejos irisados o dorados. Un tipo de obsidiana de gran belleza es la obsidiana de nieve, que contiene salpicaduras de inclusiones de cristobalita.

Procedencia: la obsidiana se halla en muchos estados de Norteamérica, como Arizona, Colorado o Texas, y en México, Italia y Escocia.

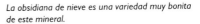

La obsidiana de nieve es una variedad muy bonita de este mineral.

Historia: otro nombre para la obsidiana es "lágrima de apache", que revela la relación de esta piedra con las tribus indias norteamericanas. Se han encontrado muchas puntas de flecha de obsidiana de hace por lo menos 10000 años, lo que indica su uso en la caza y en el tratamiento del cuero.

Usos curativos: la obsidiana tiene una fuerte afinidad por lo masculino. Actúa sobre las energías del bajo abdomen y el chakra raíz. Meditar con la obsidiana activa la energía del guerrero cuando la persona se enfrenta a lo desconocido. Se trata de un mineral que arraiga, prepara para la acción y elimina el miedo.

Esta tortuga, con inclusiones de cristobalita, es un ejemplo de obsidiana de nieve.

Los indios de Norteamérica han cazado con puntas de flecha hechas de obsidiana desde hace miles de años.

Turmalina negra

Geología: la forma alargada y rectangular de las turmalinas, así como la gran variedad de su colorido, hacen de esta piedra una de las más populares entre los coleccionistas. Hay turmalinas de muchos colores, incluido el negro, rosa, verde y azul, así como turmalinas con más de un color, tales como la variedad "sandía", que es verde por fuera y rosa por dentro. Las turmalinas negras opacas se denominan "chorlos", son las más comunes y contienen mucho hierro. Una característica de la turmalina, poco común, es que se carga eléctricamente con el calor, de modo que un extremo actúa de polo negativo y el otro de polo positivo, dando lugar a una especie de impulso magnético. Las turmalinas talladas se utiliz an en joyería y en la talla de estatuillas. A veces, las turmalinas se montan en joyas con su forma natural, sin tallar.

La turmalina negra es de forma regular y muy apreciada por los coleccionistas.

El poder de un rayo irrumpe en el aire. Las turmalinas pueden cargarse eléctricamente aplicándoles calor.

Procedencia: los principales países donde se producen turmalinas son Kenia, Madagascar, Brasil, Sri Lanka, Pakistán y Estados Unidos.

Historia: la gran variedad de colores de la turmalina es una de las características por las que desde hace siglos es tan apreciada por los profesionales de la joyería. Su nombre procede de la palabra cingalesa *turmali* ("mezcla").

Usos curativos: la turmalina negra posee una poderosa y densa energía que proporciona sujeción y afianzamiento cuando la persona se siente dispersa o confusa. Tiene una influencia protectora muy fuerte, por lo que puede ser de gran ayuda a los individuos que se sienten física y emocionalmente vulnerables. Las turmalinas fortalecen y vigorizan a las personas, haciéndoles tomar conciencia de las energías magnéticas que existen sobre la Tierra. Estas piedras se pueden colocar en la base de la columna vertebral para estabilizar y arraigar las energías de cada uno.

Marrón

El marrón es el color asociado a la tierra, al suelo, a la materia densa donde echa sus raíces todo lo que crece. A efectos curativos, las piedras marrones se consideran muy "terrenas" y aportan el tipo de energía que ayuda a la persona a centrarse y sentirse reconfortada.

Cuarzo ahumado

Geología: el cuarzo ahumado es la variedad marrón o negra de cuarzo que se dice ha sido expuesto a la radiación durante su formación. El cuarzo ahumado se suele encontrar en las rocas de granito que todavía presentan una ligera cantidad de radioactividad natural. La mayor parte del cuarzo ahumado del mercado ha sido tratado previamente con calor para oscurecer su color. El cuarzo ahumado se suele tallar en forma esférica, piramidal, ovoide o en estatuillas. El cuarzo ahumado forma cristales de seis facetas y es tan duro como el cuarzo transparente. Algunos ejemplares también poseen agujas de rutilo.

El cuarzo ahumado se encuentra en tonalidades y matices de marrones muy claros. Se trata de un mineral de gran dureza.

Procedencia: el mayor proveedor de cuarzo ahumado del mundo es Brasil. También se obtienen ejemplares de gran calidad en las montañas de Cairngorm (Escocia), en el estado norteamericano de Colorado y en los Alpes suizos.

Todas las piedras de color marrón evocan nuestro origen terrestre y poseen un positivo efecto de arraigamiento sobre las personas.

Historia: las piedras marrones como el cuarzo ahumado tuvieron mucho éxito en las décadas de 1920 y 1930, sobre todo en la confección de broches y pendientes de estilo neocéltico.

Usos curativos: el cuarzo ahumado fortalece y arraiga las energías, además de eliminar la negatividad. La meditación con cuarzo ahumado ayuda a transformar las emociones turbulentas. Colocados sobre el bajo abdomen o en la base de la columna, activan la vitalidad sexual. Si se trabaja con ordenadores, el cuarzo ahumado protege a las personas de las radiaciones electromagnéticas; pruebe a colocar un trozo encima de su monitor.

Ojo de tigre

Geología: el ojo de tigre es una variedad de calcedonia, que es un cuarzo formado por diminutos microcristales. Está compuesto por brillantes fibras marrones y amarillas dispuestas en capas, que reflejan la luz de una manera muy especial, produciendo un efecto denominado "de ojo de gato", si se mueve la piedra lateralmente.

En general, el color del ojo de tigre tiene tonalidades pardas y doradas. Sin embargo, también existen variedades de color azul y algunos ejemplares tratados con calor pueden mostrar incluso tintes rojizos. Los ojos de tigre son muy atractivos cuando se cortan en cabujón, unas formas redondeadas y lisas en las que es más fácil observar el efecto de ojo de gato.

Procedencia: se han encontrado grandes yacimientos de ojos de tigre en Myanmar, Australia y Sudáfrica.

Historia: en la época medieval, el ojo de tigre se utilizaba para protegerse de la mirada del diablo.

Usos curativos: el ojo de tigre, con sus radiantes tonalidades marrones y amarillas, es muy efectivo para poner a trabajar al espíritu, a la vez que ayuda a que las ideas se materialicen. Cuando la persona se embarca en nuevas empresas, el ojo de tigre estabiliza y contribuye a reforzar la conciencia de tener los pies sobre

Gracias a sus fibras, los ojos de tigre brillan con un fulgor especial. Este efecto se pone de relieve si la piedra ha sido pulida en cabujón.

la tierra. El ojo de tigre es un mineral que relaja, tranquiliza e induce al sueño. Colocado sobre el plexo solar (zona abdominal), el ojo de tigre equilibra y armoniza las energías físicas y emocionales de la persona.

Use ojo de tigre para relajar y calmar su mente. Se trata de una piedra con energías muy tranquilizantes.

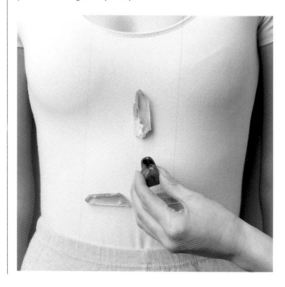

Iridiscente

La iridiscencia no es tanto un color como una cualidad consistente en reflejar los colores del arco iris cuando la luz blanca se mueve por la superficie de un objeto. Muchos atribuyen a los minerales iridiscentes propiedades mágicas.

Labradorita

Geología: el precioso mineral denominado labradorita puede mostrar una iridiscencia de reflejos de una amplia gama de tonalidades: azul oscuro, violeta, verde, dorado y naranja. A primera vista, la labradorita parece un mineral bastante apagado hasta que se la ilumina en la dirección adecuada. El efecto de la iridiscencia es debido a la estructura del mineral, con capas que se entrecruzan, reflejando mutuamente la luz incidente en cada una de ellas. Así pues, la labradorita con mayor número de capas también será la más iridiscente. Como mineral, la labradorita es un feldespato que forma bloques incrustados en cierto tipo de rocas.

Procedencia: las labradoritas se encuentran principalmente en Labrador (Canadá) –de ahí su nombre–, aunque también se obtienen en Escandinavia, donde se vende con el nombre de "espectrolita". Asimismo hay algunos yacimientos de labradoritas en Estados Unidos y en Rusia.

Historia: el precioso color de la labradorita, así como su cambiante aspecto son las características por las que se usa como talismán mágico desde tiempos remotos.

Usos curativos: la labradorita nos hace recordar la naturaleza cambiante de la vida. Los reflejos de azul intenso que despide la piedra también nos recuerdan que toda materia posee un alma. La labradorita expande el chakra del tercer ojo y el de la coronilla, abriendo a la persona a una percepción más profunda de la realidad, así como a observar las cosas con una nueva mirada. Asimismo, la suave iridiscencia de la labradorita puede potenciar sueños interesantes.

La iridiscente labradorita presenta multitud de matices y tonalidades. Puede aportar a la persona sueños vívidos, así como la capacidad de trascender la mirada sobre las cosas.

Ópalo

Geología: el ópalo no es considerado como un cristal auténtico. Clasificados como mineraloides, los ópalos tienen una estructura singular. Se formaron hace millones de años a partir de un solución acuosa que solidificó en las grietas y capas de las rocas sedimentarias. Los ópalos contienen todavía entre un 6 y un 10 % de agua. De hecho, están compuestos por diminutas esferas de sílice y moléculas de agua sobre las que rebotan los haces de luz proyectando brillantes arco iris; este efecto se conoce como opalescencia. El fondo de la piedra puede ser claro, lechoso, amarillo pálido, negro e incluso rojo anaranjado, como el de los ópalos de fuego. Los ópalos negros son los que tienen el color más brillante y también son los más caros.

Procedencia: los ópalos más antiguos proceden de las minas del este de Europa, aunque Australia ha sido el mayor productor durante el último siglo. Los ópalos de fuego se encuentran en México y en el estado de Oregón, en Estados Unidos.

Historia: son pocas las piedras con una historia tan variopinta como la de los ópalos. Se han encontrado muchos objetos hechos con ópalo de miles de años de antigüedad. Los ópalos fueron venerados por los romanos; en la Edad Media, se utilizaban como tónico para los ojos; Shakespeare adoraba los ópalos

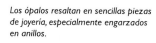

Los ópalos resaltan en sencillas piezas de joyería, especialmente engarzados en anillos.

y era la gema favorita de la reina Victoria.

Usos curativos: el ópalo, con sus cambiantes reflejos iridiscentes, es una piedra viva. El color más frecuente del ópalo es el blanco lechoso, por lo que actúa sobre todo sobre los chakras del tercer ojo y de la coronilla. El ópalo es una piedra que puede servir para aumentar la atención vigilante, así como incrementar las energías de cualquier parte del cuerpo, dada la amplia gama de colores contenida en su iridiscencia.

Los ópalos reflejan los bellos colores del arco iris. Estos cristales se utilizan para reponer la energía de cualquier parte del cuerpo.

O r o

Los reflejos dorados del oro constituyen una energía radiante, cálida y luminosa, como la del propio sol. Este precioso metal ha sido considerado como un tesoro y como material de joyería desde los principios de la humanidad. Y es que el hombre siempre se ha sentido una atracción especial por este mineral.

El metal oro

Geología: el oro es un singular metal noble cuyo símbolo químico es Au2, que proviene de *aurum*, la palabra latina para designar oro. El oro es lo bastante blando como para poderlo separar en finísimas láminas: 28 gramos de oro pueden servir para hacer un cable de 80 kilómetros de largo. La pureza del oro se mide en quilates, una palabra proveniente del árabe (*qirát*) y que designa las semillas de las algarrobas, que eran utilizadas como pesas en las antiguas balanzas. La combinación de oro y cobre se conoce a menudo como oro rojo, mientras que la mezcla con platino se llama oro blanco.

Procedencia: en la actualidad, se extrae oro de forma extensiva en California, Colorado, México y Canadá.

Historia: se han encontrado joyas hechas con oro de miles de años de antigüedad. La artesanía del oro y su fundición ha producido sorprendentes piezas egipcias, sumerias y sudamericanas. Por tradición, el oro ha sido

Los matices del oro han encandilado al ser humano desde hace milenios.

considerado como un símbolo de nobleza y de realeza. Los antiguos conquistadores del Nuevo Mundo buscaban El Dorado, esa ciudad fabulosa construida enteramente con oro.

Usos curativos: el oro es un purificador de todo el organismo, en especial del cerebro y del sistema nervioso. Llevar puesto oro ayuda a captar la energía positiva y atrae la abundancia. En medicina, el oro se utiliza para tratar el reuma, la artritis, las úlceras y ciertos tipos de cáncer, así como para reparar los tejidos lesionados en cirugía.

Los lingotes de oro puro constituyen una forma práctica de almacenar este metal. El oro se suele asociar con la riqueza y el poder.

el doble de dureza que el oro y por tanto es más difícil de trabajar, aunque la variedad italiana puede ser tallada para su uso en joyería.

Procedencia: se han encontrado grandes cantidades de pirita en Misuri e Illinois (Estados Unidos). Asimismo, se han descubierto varios yacimientos en Sudáfrica, Perú, Alemania, Rusia, Italia y España.

Historia: aunque el mineral tiene una elevada cantidad de hierro, nunca se ha utilizado para la obtención de dicho metal. Sin embargo, durante la Segunda Guerra Mundial, las pirita era extraída como fuente de azufre para uso industrial. Todas las piezas de joyería de marcasita, en verdad suelen ser de pirita, ya que la marcasita se deteriora con el tiempo.

Los primeros buscadores de oro confundieron la pirita con el preciado metal. Aunque se parecen bastante, la pirita se trabaja de distinta manera que el oro.

Pirita

Geología: la pirita es un bonito metal con reflejos parecidos al cobre. También es conocida como "oro falso", ya que muchas veces se la ha confundido con él. Es un mineral muy común y forma cristales opacos de formas geométricas muy precisas. La pirita posee una elevada cantidad de hierro y azufre en su composición. La pirita es químicamente similar a la marcasita y resulta difícil diferenciar una de la otra. Este mineral tiene

Usos curativos: la pirita es considerada como un purificador de todo el cuerpo, y si la coloca en su casa u en otro espacio donde realice sus actividades, le ayudará a repeler la negatividad y limpiará el campo magnético del lugar. Coloque pirita en su despacho mientras trabaja y así mejorarán sus niveles de energía. Como mineral curativo, la pirita se puede colocar en la base de la columna vertebral o en el bajo abdomen para activar la energía del cuerpo.

La pirita tiene unos reflejos distintos a los del oro, es más pálida y se asemeja al cobre.

Plata

La cambiante energía de los reflejos de
la plata es como la luz de la luna sobre
el mar: delicada y pura, con una fluidez
refrescante y sedante para los sentidos.
La plata, tanto en forma de metal como de
piedra, resalta con su brillo sobre la piel.

El metal plata

Geología: la plata es un metal cuyo símbolo
químico es Ag, que proviene de *argentum*, el
nombre en latín para designar la "plata". En la
naturaleza, la plata se puede encontrar sola
o en depósitos junto con oro, cobre o
mercurio. Es un metal muy blando,
al igual que el oro, y posee la
conductividad térmica y eléctrica
más elevadas, lo que lo hace
ideal para su utilización en
relojería y en la industria
informática. La plata se
puede trabajar en hilillos
del grosor de un cabello
sin que se rompa. La plata
de calidad superior tiene
una pureza de 999 por mil,
aunque la mayoría de la plata
de joyería es una aleación
compuesta por 925 partes de
plata y 75 partes de cobre.

*El suave reflejo de la luz de la Luna ilumina la Tierra
con una radiación plateada. La plata conecta a la persona
con su energía lunar.*

*Plata fundida e incandescente es volcada en un molde.
Al igual que el oro, la plata es extremadamente dúctil y
muy fácil de trabajar.*

Procedencia: en casi todas las partes del
globo se puede encontrar plata, aunque los
yacimientos más productivos son los de
México, Canadá y Arizona (Estados Unidos).

Historia: se han encontrado verdaderas
maravillas de objetos hechos en plata
procedentes de antiguas civilizaciones como
la céltica, la romana o la hindú. A la plata
se la asocia con la Luna debido al color
de sus reflejos argentados.

Usos curativos: la energía de la plata es fría,
en contraposición a la del oro, que es caliente.
La plata es sutil y delicada y se la suele asociar
con el inconsciente y con la intuición. La plata
conecta al individuo con su parte soñadora,
la parte misteriosa y desconocida de cada
uno de nosotros.

Hematites

Geología: el hematites es un óxido de hierro, un mineral que produce unos cristales opacos de color gris plateado. Tanto las rocas que albergan los hematites como este mineral molido son de un color rojo sanguíneo: una fuente natural de pigmento rojo. Los hematites forman cristales de formas muy diversas: en bloques, redondeados, arriñonados y geométricos.

Procedencia: se han encontrado ejemplares destacables en Lake District, en el norte de Inglaterra, así como en México, Brasil, Australia y Canadá.

Historia: en el pasado, se decía que las rocas rojas de hematites habían sido formadas por la sangre de los guerreros muertos durante la batalla. El término de "hematites" proviene de

El hematites tiene unos reflejos satinados muy bonitos. Se utiliza para fortalecer y activar la circulación sanguínea, así como para aumentar la energía del organismo.

haem, la palabra griega para designar la "sangre". Según la tradición, las mujeres que iban a dar a luz portaban estas piedras. Durante siglos, y hasta hace relativamente poco, el polvo de hematites se utilizaba como colorete para maquillaje.

Usos curativos: el hematites es una piedra que arraiga y fortalece a la persona, a la vez que la centra, en particular cuando está sometida a grandes presiones. El hematites posee un efecto tranquilizante y sedante sobre el sistema nervioso. También se puede llevar puesto para reforzar la valentía y la energía cuando la persona ha de enfrentarse a situaciones difíciles. Los hematites también contrarrestan la energía negativa del ambiente, por ejemplo, cuando se colocan cerca del ordenador. Como mineral curativo, también se le atribuye la capacidad de equilibrar la circulación sanguínea.

El hematites molido es de color rojo como la sangre, por lo que se utiliza para aliviar los problemas de circulación sanguínea.

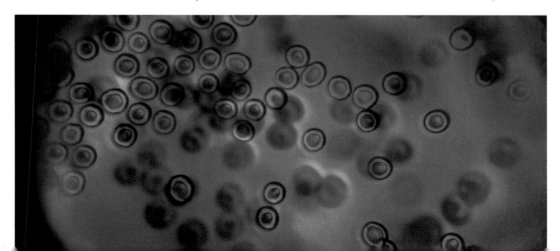

Otros métodos curativos con cristales

Trabajar con la energía de los cristales implica una buena sintonización entre la intuición y la sensibilidad de la persona y del ambiente. Para seleccionar el cristal más adecuado puede recurrir al recuadro de la página 145 o bien escoger uno de la lista de cristales que, por su color o sus propiedades, se ajuste a sus necesidades. Asimismo, de forma alternativa, puede utilizar una determinada piedra sencillamente porque su intuición así se lo indica.

¿Qué es la sanación?

La sanación es la curación de una dolencia, la recuperación de la salud de la persona, y se refiere tanto a la parte física, como a la mental y a la espiritual, aportando un sentimiento de "unidad" con todo lo vivo. Cualquiera puede

Los cristales pueden suspenderse de una cadena para utilizarlos como péndulo.

beneficiarse del efecto curativo de los cristales, aunque si usted tiene problemas graves de salud, físicos o emocionales, es aconsejable que visite a un profesional cualificado. Con todo, en general, usted puede aplicar el poder curativo de los minerales sobre su propia persona. Después de haber realizado alguna aplicación, es muy útil que tome notas o haga algún esquema, de esta forma podrá consultarlos y recurrir a ellos más tarde. La sanación es un proceso difícil de desentrañar por completo.

La técnica del péndulo

Un péndulo puede estar hecho de cuarzo equilibrado o con una punta de cristal suspendida de una cadena o cordón.

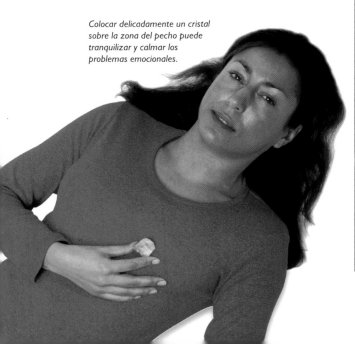

Colocar delicadamente un cristal sobre la zona del pecho puede tranquilizar y calmar los problemas emocionales.

La técnica del péndulo es un arte muy antiguo. Si usted deja el péndulo colgando mientras dice su verdadero nombre, el péndulo debería responder girando en sentido de las agujas del reloj. En cambio, si dice un nombre falso, el péndulo debería responder girando en sentido contrario. Con la práctica, se acostumbrará al modo cómo responde su péndulo según se trate de una afirmación o de una negación. Así, puede sentarse y con una mano ir tocando los chakras del cuerpo, desde el chakra raíz al de la coronilla, y comprobar con el péndulo si alguno de ellos necesita reponer energía. O simplemente, mantenga el péndulo sobre un cristal determinado para saber si se trata de la piedra adecuada para la situación concreta.

Mantener un cristal entre sus manos puede ayudarle a sintonizar con su intuición. ¿Qué es lo que realmente espera de ese cristal?

Trabajar con un solo cristal

Prepare el lugar, despeje el espacio y ponga orden, luego, si quiere, puede encender una vela o una varilla de incienso. Escoja la piedra que le parezca más adecuada. Para ello puede utilizar su intuición, el péndulo, o bien consultar la lista de cristales. Luego siéntese en silencio y mantenga la piedra entre sus manos. Respire profundamente y relájese. Tome conciencia de su cuerpo y localice las tensiones. Mediante la respiración, intente disipar las zonas tensas del cuerpo como si fueran nubes en un cielo azul. Luego centre su atención en la piedra, en su color y su forma, y siéntala entre sus manos. A continuación, relájese y observe las diversas sensaciones que le llegan durante unos minutos. Para salir de este proceso, realice unas cuantas respiraciones profundas y estire brazos y piernas con delicadeza.

Cristales sobre el cuerpo

Tiéndase en el suelo cómodamente sobre una colchoneta. Coloque un trozo de cuarzo rosa sobre su corazón y relájese, expulsando con cada espiración todas las tensiones del cuerpo. En silencio y delicadamente, centre su atención en abrir y expandir las energías de su chakra del corazón. Dirija la respiración hacia la zona del corazón y visualice el cristal de cuarzo rosa como un resplandor de amor incondicional que inunda todo su ser. A continuación, visualice cómo los rayos del cristal irradian e inundan todas las demás formas de vida. Para terminar este ejercicio, realice varias respiraciones lentas y profundas, y luego mueva los dedos de las manos y de los pies antes de levantarse lentamente.

Vivir con cristales

Los cristales pueden contribuir a mejorar el aspecto del espacio que habita. La selección del cristal puede deberse a motivos estéticos o bien a la función específica que tiene el mineral y el efecto que usted desea conseguir en su casa. En este capítulo se incluyen algunas propuestas sobre la utilización de los cristales en distintos espacios.

Dormitorio

Merece la pena hacer hincapié en que no se deben tener demasiados cristales en un dormitorio. El objetivo principal cuando se está en dicho espacio es esencialmente relajarse y dormir, por lo que demasiados amplificadores de energía puede ser contraproducentes. A algunas piedras, como el ojo de tigre, las amatistas o el cuarzo rosa, se les atribuyen propiedades relajantes y tranquilizantes, por lo que las puede tener cerca suyo, quizás al lado de la cama. Si lo que desea es aumentar la energía para hacer el amor, no olvide las piedras favoritas de Cleopatra, como por ejemplo el peridoto o bien la energía cálida y expansiva del ámbar. En el dormitorio de los niños, es preferible que disponga un cristal de color azul claro que aporte paz y sosiego como, por ejemplo, la celestita.

Pruebe colocar un cristal sobre el monitor de su ordenador para equilibrar y eliminar las energías negativas.

Concentrarse en el cristal de su elección le ayudará a eliminar la negatividad y generar nuevas ideas. Recuerde limpiar a menudo los cristales que utilice para tales propósitos.

Despacho

El tema principal en estos espacios es el de las radiaciones electromagnéticas de los ordenadores. Piedras como el cuarzo ahumado o las amatistas pueden ser muy útiles a la hora de equilibrar el ambiente.

Coloque una de estas piedras sobre el monitor para conseguir este efecto. Si tiene una reunión de trabajo difícil, puede colocar un gran cuarzo rosa en el centro de la mesa para apaciguar las energías. Si lo que necesita es inspiración, utilice un bonito agregado de cuarzo transparente: una forma compleja y llena de luz sobre la cual concentrarse para despejar la mente y producir nuevas ideas. Las piedras que estén en ambientes con muchos aparatos electrónicos, deben limpiarse de forma regular.

Cuarto de baño

Colocar unos cuantos cristales pulidos en la bañera cuando desee tomar un baño puede actuar de tranquilizante. El agua es un buen conductor, por lo que ésta se impregnará de delicada y suave energía que luego transmitirá a la persona cuando se bañe. Pruebe con las siguientes piedras: cuarzo rosa, cornalina, citrina, amatistas y ojo de tigre. Colóquelas dentro de la bañera, abra el grifo y vierta unas gotas de algún aceite esencial (lavanda o incienso); luego prenda una vela en la ventana y disfrute del baño.

Los cristales adquieren su verdadera esencia al mojarlos en agua. Pruebe meterlos en la bañera y tomar un baño relajante.

Combine cristales, flores frescas y velas, y cree un espacio hermoso y estimulante.

Sala de estar

Es probable que usted haya escogido precisamente la sala de estar como lugar donde crear el ambiente especial para colocar sus cristales. Lo más adecuado es disponer una mesa para tal propósito, cubrirla con un mantel o tapete y, junto a las piedras, colocar una vela, un jarro con flores frescas y una varilla de incienso. En la India y otros países muchas casas tienen altares de ofrendas que atienden diariamente. Una bonita composición de minerales, flores y velas puede actuar como centro desde donde se irradia energía hacia toda la sala de estar. Incluso la intrusión de un aparato de televisión puede ser amortiguada con un agregado de amatistas, el cual le ayudará además a equilibrar las radiaciones electromagnéticas.

Meditación con cristales

La meditación es una forma de acceder a un estado de relajación profunda de efectos muy saludables en estos tiempos modernos de ajetreo y frenesí. En estado de meditación, la persona experimenta una profunda relajación y sosiego, contribuyendo a la restitución del cuerpo a nivel celular y a la regeneración de la mente y el espíritu.

La meditación tiene como objetivo promover en la mente la paz y sosiego que encontramos en la naturaleza. Se trata de una práctica muy vigorizante.

Ganar tiempo y crear espacio

La meditación no consiste en "no hacer nada", sino, sencillamente, en "estar", desconectando la mente de las exigencias cotidianas durante un saludable y breve espacio de tiempo. Consiga encontrar un hueco de unos quince minutos diarios y dedíqueselos a su persona; muy pronto comprobará los beneficios de esta práctica.

Los cristales, objetos de concentración

Los cristales se pueden utilizar como objetos de concentración para la meditación, manteniéndolos entre sus manos o colocados sobre el cuerpo. Para desarrollar

los ejercicios anteriores, incluya también la visualización, dejando que el poder creativo de su mente responda de forma intuitiva a los cristales. Intente dejar constancia escrita de sus experiencias para tenerlas de referencia.

Ejercicio con cuarzo transparente: purificación interior

Utilice un agregado o un cristal de cuarzo transparente y siéntese sujetándolo entre las manos. Durante un breve espacio de tiempo, respire profundamente y libere todas las tensiones de su cuerpo. Ahora imagine una fuente de luz blanca que empieza justo

Siéntese, relájese y deje que su imaginación fluya libremente. Si sostiene un cristal entre las manos, también puede dejar que su imaginación trabaje sobre dicho objeto.

Utilice el cristal más adecuado para su persona y para ese momento en particular. Su instinto e intuición le ayudarán a escoger la piedra propicia.

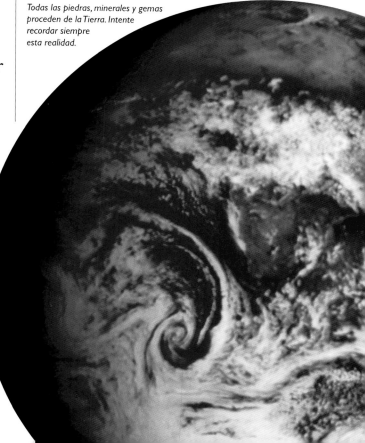

por encima de su coronilla, penetra por su cabeza y fluye hacia abajo pasando por su cara, cuello, espalda, hombros, brazos, manos, hasta introducirse en el cristal que sostiene entre sus manos.

A medida que la energía se acumula en el cristal, deje que ésta siga fluyendo hacia abajo por su vientre, caderas, piernas, hasta penetrar en la Tierra. Luego, agradézcale a la Tierra los regalos que le ha brindado y sienta como si su persona fuera el vínculo de unión entre la Tierra y el Cielo. Para finalizar el ejercicio, respire profundamente y flexione los pies y las manos.

Ejercicio con ámbar: conectar con el reino vegetal

El ámbar es una gema de origen orgánico compuesta por resina fosilizada de los árboles, por lo que a menudo suele contener pequeños granos de polen u otras antiguas formas de vida. Para esta meditación, provéase de una piedra de ámbar mientras realiza su paseo. Si es posible, diríjase a un pino bien alto, de lo contrario, deje que su intuición le guíe hacia un árbol cualquiera. A continuación, imagine que su cuerpo está absorbiendo energía caliente de la tierra, que penetra por sus pies y sube por sus piernas, caderas, abdomen, hasta llegar a las manos y penetrar en el ámbar que éstas sostienen.

Permita que la energía siga subiendo desde la piedra, por su espalda, hombros, hasta la cabeza, la copa del árbol y finalmente al universo. Relájese y siéntase parte integrante de la naturaleza. Para finalizar el ejercicio, respire profundamente y estire los brazos, agradeciendo al árbol su colaboración. Puede trabajar con cualquier piedra que crea apropiada para usted, ya verá cómo con el paso del tiempo desarrollará su propia colección de piedras favoritas. Y no olvide agradecer siempre al reino mineral y a la Tierra los regalos que éstos le ofrecen a cada instante.

Todas las piedras, minerales y gemas proceden de la Tierra. Intente recordar siempre esta realidad.

Comprar cristales

Conseguir cristales para ampliar su colección puede ser una tarea muy divertida, pero ello requiere cierta preparación. Utilice los consejos de este capítulo para comprar con conocimiento y elegir adecuadamente los cristales más ajustados a su caso.

Compre sus minerales en algún comercio donde le puedan aconsejar e informar apropiadamente.

Hoy en día, se pueden conseguir minerales en muchos sitios. Usted puede adquirir piedras baratas que sean bonitas desde el punto de vista estético y a la vez curativas.

¿Dónde comprar?

Cuando decida comprar minerales, infórmese bien antes sobre cuáles son los puntos de venta y los distribuidores de minerales. Si conoce algún profesional de la cristaloterapia, pregúntele dónde comprar y quizás él mismo se las pueda proporcionar. El consejo es que vaya a tantos sitios como le sea posible. ¿Qué sensación

experimenta dentro de la tienda? ¿Le gusta cómo están expuestas las piedras? Si pregunta al dependiente —cosa que debería hacer—, las respuestas que obtiene ¿le ayudan a despejar dudas? ¿Cree que le aconseja bien? Muchas de las piedras del mercado han sido previamente tratadas con calor, teñidas o producidas artificialmente en el laboratorio. Pregunte en su tienda sobre la procedencia de las distintas piedras. Si no están dispuestos a proporcionarle la información que usted requiere, piénselo dos veces antes de comprar. Asimismo, existen ferias y mercados donde se venden minerales. Aquí también valen los mismos consejos y precauciones antes mencionados. Infórmese sobre su vendedor de minerales y confíe en su intuición. También existe la posibilidad de comprar por correo, pero en este caso usted no puede tocar la mercancía y es sabido que la experiencia personal es un asunto primordial a la hora de comprar minerales con propósitos curativos.

Pruebe los cristales en la tienda y sienta cuál es el más apropiado para usted: un aspecto clave a la hora de comprar minerales con propósitos curativos.

Los minerales naturales se pueden recolectar en las playas y en otros lugares. Pero asegúrese de que está permitido.

Coleccionar cristales

Coleccionar minerales resulta un pasatiempo muy popular. Incluso coleccionar piedras de la playa es una actividad muy divertida. Quizás en el museo de su localidad exista un grupo de aficionados a la geología que salgan a buscar minerales. Además de la recolección, también es muy interesante ver las vetas y las rocas en su lugar natural. Así, si por ejemplo, si usted vive en una zona granítica, posiblemente encuentre pequeños cristales de cuarzo incrustados en dichas rocas. Con el fin de evitar perjuicios al medio ambiente, es preferible que se una a un grupo de expertos.

Comprar una piedra para otra persona

Algunos libros de cristaloterapia indican que lo apropiado es que cada cual consiga sus propias piedras, ya que, como hemos visto, existe una interacción entre el ser humano y la piedras. Con todo, si usted desea comprar una piedra para alguien en particular, intente visualizar a la persona en cuestión y asegúrese de si tal o cual piedra es apropiada para ella.

La belleza y variedad de cristales existentes le garantizan que siempre encontrará algún ejemplar que se ajuste a su persona y economía.

Lista de las piedras de nacimiento

Esta lista también le puede servir para elegir un cristal para otra persona. Las lista de piedras preciosas que corresponden al mes de nacimiento, aunque muy variables, fueron muy populares en los siglos XVIII y XIX. En este apartado se incluye una selección general.

Mes	Piedra	
Enero	granate	
Febrero	amatista	
Marzo	aguamarina	
Abril	diamante	
Mayo	turmalina	
Junio	piedra de luna	
Julio	cornalina	
Agosto	peridoto	
Septiembre	lapislázuli	
Octubre	ópalo	
Noviembre	topacio	
Diciembre	turquesa	

Glosario

En este apartado se incluye un lista de los términos utilizados en el texto con sus respectivas explicaciones.

Cabujón
Gema cortada y pulida en forma de suave domo.

Chakra
Centro de energía del cuerpo.

Conductor
Agente que permite el libre flujo del calor y de la electricidad.

Cristal
Mineral con una estructura geométrica determinada.

Efecto de ojo de gato
Efecto de reflejos luminosos que presentan algunas piedras (como el ojo de tigre) y que recuerda al de los ojos de un gato.

Elemento
Piezas básicas que constituyen la materia como, por ejemplo, el carbono o el hidrógeno.

Engarzado
Arte de montar las piedras preciosas sobre el metal.

Faceta
Cara de un cristal.

Fundido
Forma líquida o fundida como, por ejemplo, la lava volcánica.

Geoda
Roca hueca con cristales que crecen en su interior hacia el centro.

Geología
Ciencia que estudia la historia y el desarrollo de la Tierra y sus minerales.

Inclusión
Motas, partículas, burbujas u otros minerales que presentan los cristales.

Guijarros
Cristales, romos, pequeños y pulidos artificialmente o por efecto de la erosión.

Inorgánico
Sustancia de origen inerte como los minerales.

Iridiscencia
Reflejos cambiantes y multicolores.

Magma
Roca fundida en el corazón de la Tierra.

Mineral
Compuesto químico de naturaleza inorgánica.

Nódulo
Concreción redondeada de determinada roca.

Opalescencia
Reflejos irisados y lechosos, como los que se producen en los ópalos.

Orgánico
Sustancia de origen vegetal o animal.

Programación
Propiedades imbuidas de forma consciente a un cristal con propósitos curativos.

Purificación
Práctica de limpiar los cristales, física y energéticamente.

Rutilo
Hilillos o agujas de un mineral dorado llamado rutilo, que aparecen en el cuarzo y otros minerales.

Terminación
Extremos en punta de un cristal.

Direcciones y websites útiles

Museo de Mineralogía
Universidad Autónoma de Madrid
www.uam.es/cultura/museos/mineralogia
Información general sobre cristales y piedras
preciosas.

**The International Association
of Cristal Healing Therapists (IACHT)**
(Asociación Internacional de Terapeutas
de Cristaloterapia)
PO Box 344, Manchester, M60 2EZ, Reino Unido
www.iacht.co.uk

**The European College of Vibration
Medicine**
(Escuela Europea de Medicina Vibracional)
Unity, Hall Green, Rectory Road, Gissing, Diss,
Norfolk, IP22 5UX, Reino Unido
Tel: 44 (0) 1379 677869
www.raven.org.uk

Crysta Deva
Escuela de Cristaloterapia
www.crystaldeva.com

Micro-Crystal Co. España
Ecotienda Natural, S.L
Carranza 9
28004 Madrid
Tel: 34 91 4476046/34 91 5014499
http://www.ecotienda.com

Galería Twins
Gemoterapias
www.illademallorca.com
e-mail: gemoterapias@illademallorca.com

Cristaloterapia
www.tiendamagica.net/TMCristaloterapia.htm

Natura Kucera
Comte Urgell, 171
08036 Barcelona
Tel: 34 93 4541801

L'Obelisc S.L
Viladomat, 46
08015 Barcelona
Tel: 34 93 4238368

Ópalo Minerales
Rocafort, 61
08015 Barcelona
Tel: 93 426 93 10
e-mail: opalominerales@terra.es

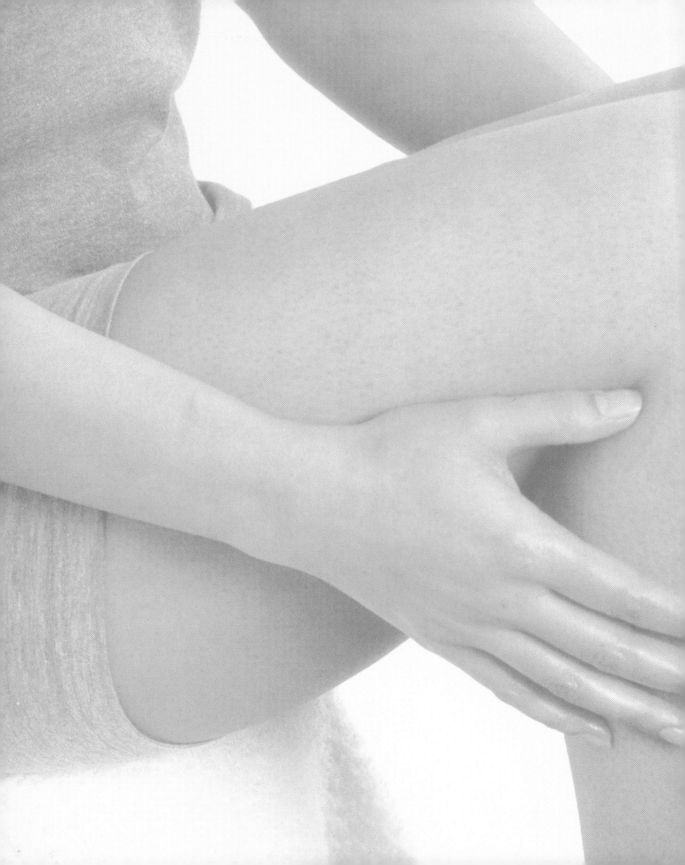

Remedios caseros

Introducción

Antiguamente, cuando se tenía dolor de garganta, la primera reacción no era ir al médico, sino al armario de la cocina. Se cogían un par de cucharadas del tarro de la miel y se ponían en agua hirviendo, después se añadía el zumo y la piel de dos o tres limones y, a continuación, se bebía la decocción a pequeños sorbos. La miel y el limón son unos de los remedios caseros más conocidos y apreciados, y todavía hoy se siguen usando en la elaboración de caramelos y medicamentos para aliviar los dolores de garganta.

En la actualidad, no obstante, las nuevas tecnologías, cada vez más sofisticadas, y los avances de la medicina han relegado los antiguos remedios caseros a los archivos de la historia. Muchos de ellos son considerados hoy día como pócimas obsoletas de la "botica de la abuela", a pesar de que un número considerable de estos remedios han sido sometidos a ensayos clínicos para su estudio. Éste es el caso del ajo, por ejemplo, que ha sido

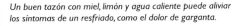

Un buen tazón con miel, limón y agua caliente puede aliviar los síntomas de un resfriado, como el dolor de garganta.

objeto de más estudios científicos que probablemente ninguna otra hierba. Ahora se sabe que el ajo es muy bueno para fluidificar la sangre, reducir los niveles de colesterol e incluso para curar el resfriado común. Y se comercializa como el nuevo "curalotodo" para un sinfín de dolencias.

Los medicamentos modernos pueden salvar vidas, pero a menudo tienen tantos efectos secundarios que no compensa utilizarlos para aliviar un simple resfriado o pequeño malestar. Los remedios caseros herbales suelen curar y no sólo enmascarar los síntomas y, si se administran en las dosis correctas, son seguros y no presentan efectos secundarios. Las hierbas son fácilmente asequibles y se pueden utilizar

Los jardines modernos pueden brindar muchas posibilidades para la elaboración de numerosos remedios caseros. Las hierbas pueden servir para condimentar los alimentos, pero también como remedios curativos.

cocidas o en ensaladas. Algunas de las hierbas que cualquiera puede cultivar en su propio jardín se utilizan en inhalaciones o para perfumar el baño, mientras que otras –que posiblemente usted tenga dentro del armario de la cocina– se pueden usar como condimento, en cataplasmas o como linimento.

A medida que los métodos científicos para poner a prueba los remedios naturales se van perfeccionando, son muchos los que ven cada vez más ventajas en sus aplicaciones curativas. Además, se ha demostrado que muchas de las llamadas "nuevas medicinas milagrosas" suprimen únicamente los síntomas de una determinada dolencia, pero no actúan sobre la raíz del problema. Por este motivo, cada vez más personas optan por soluciones más saludables para aliviar las molestias cotidianas. Lo mejor de los remedios caseros es que son fáciles de conseguir y preparar. Muchos de los remedios que se incluyen aquí han llegado hasta nosotros por el boca a boca de generación en generación – y los ensayos clínicos realizados sobre un gran número de ellos han arrojado resultados sorprendentes–, otros forman parte del acervo popular y se pueden encontrar en canciones y refranes.

El ajo ha sido objeto de muchos estudios científicos.

Cómo elaborar remedios caseros

Compresas
Una compresa es sencillamente un trozo de tela empapado con extractos herbales fríos o calientes. Las compresas herbales alivian la tensión y el dolor de las articulaciones y de los músculos, así como las erupciones cutáneas. Casi cualquier hierba se puede aplicar en compresas, si lo que se pretende es tratar un problema de forma tópica. Todo lo que necesita hacer es empapar un trozo de venda o paño en la infusión de hierbas que haya elegido y luego aplicarla sobre la zona afectada tantas veces como sea preciso.

Inhalaciones de vapor
Para realizar inhalaciones de vapor –el mejor remedio para aliviar los pulmones cargados o congestionados– prepare una infusión de la hierba escogida (también se pueden utilizar aceites esenciales) y viértala en un recipiente con agua muy caliente. Cubra su cabeza sobre el recipiente con una toalla, para que el vapor no se escape, e inhale los vapores emanados lenta y profundamente durante algunos minutos.

Tintura
Para elaborar una tintura, ponga 500 g de hierbas frescas o 200 g de hierbas secas en un bote y añada luego 500 ml de vodka (que actúa como conservante) y 200 ml de agua. A continuación, ciérrelo y colóquelo en un lugar seco durante 2 o 3 semanas, agitándolo de vez en cuando. Al final, filtre el contenido a través de una gasa y consérvelo en frascos esterilizados.

Infusión
Para hacer una infusión, caliente una tetera y ponga 25 g de hierbas secas o 50 g de hierbas frescas. A continuación, vierta unos 500 ml de agua caliente sobre las hierbas y cubra la tetera durante unos 10 minutos. Cuele la infusión y añádale azúcar moreno o miel. Beba una taza de infusión, fría o caliente. Puede guardar el resto en una jarra dentro de la nevera; la infusión se conserva unas 48 horas.

Historia de los remedios caseros

Los remedios caseros existen desde hace milenios. Incluso hoy en día, el 30 por ciento de los medicamentos que se prescriben se sintetizan a partir de plantas. La palabra "droga" –sinónimo de medicamento– proviene de la palabra holandesa *drogge,* que significa "secar"; la desecación es precisamente uno de los procedimientos más comunes para la preparación de muchos remedios herbales.

La miel es uno de los remedios más antiguos que el hombre conoce: en el antiguo Egipto ya se utilizaba como remedio contra la hipertensión. La miel contiene una gran cantidad de vitaminas, enzimas, proteínas y aminoácidos; incluso podría definirse como un alimento completo en sí mismo. La miel no sólo actúa reduciendo la presión arterial, sino que también es un factor clave para la transmisión de los impulsos nerviosos.

El vinagre es otro antiguo remedio que ha soportado el paso del tiempo. El vinagre de sidra se utilizaba para aliviar ciertas dolencias. Las manzanas contienen pectina –una fibra soluble– así como vitaminas y minerales de todo tipo. El vinagre de sidra es rico en potasio, que favorece el crecimiento celular, por lo que por mucho tiempo se creyó que este tipo de vinagre contenía el "elixir de la eterna juventud". El vinagre de sidra reduce la hipertensión y los calambres. Los antiguos asirios lo utilizaban para curar el dolor de oídos, mientras que durante las guerras civiles norteamericanas se utilizó como desinfectante y antiséptico.

Los chinos han sido siempre muy sabios respecto a los remedios curativos. De hecho, la cultura china fue una de las primeras civilizaciones en reconocer el jengibre por sus propiedades terapéuticas. El jengibre se ha utilizado, y todavía se sigue utilizando, para

Los antiguos egipcios utilizaban la miel para reducir la hipertensión muchos siglos antes de que sus propiedades fueran analizadas científicamente. La miel contiene muchas vitaminas y puede ser clasificada como un alimento completo por sí misma. Por este motivo, no es de extrañar que sea tan eficaz contra los resfriados.

Algunos de los mejores remedios caseros fueron descubiertos en el campo de batalla. El ajo se utilizó para tapar las heridas durante la Primera Guerra Mundial.

El vinagre tiene muchos usos como remedio casero natural. Es rico en potasio y puede contribuir a mitigar los calambres y a reducir la hipertensión.

combatir las náuseas, activar el sistema inmunológico y reducir las inflamaciones.

Durante más de 2000 años, el apio fue unos de los remedios curativos utilizados en Oriente para combatir la hipertensión arterial. Investigaciones recientes han demostrado que el apio contiene compuestos que reducen la presión, ya que relajan la musculatura lisa de los vasos sanguíneos.

Algunos de los mejores remedios curativos se han descubierto en el campo de batalla. Así, por ejemplo, durante la Primera Guerra Mundial, el ajo machacado y sumergido en agua se aplicaba sobre las heridas mediante una cataplasma de musgo. Por su parte, en el siglo XVIII, los marineros aplicaban tabaco mascado sobre las heridas para detener las hemorragias.

Como hemos visto los remedios caseros pueden ser excelentes tratamientos curativos en primera línea de fuego. Y, a pesar de que este libro no pretende sustituir a su médico de cabecera, profundizar en el conocimiento de los remedios caseros le ayudará a comprender mejor el significado de la autocuración.

Sin embargo, si los síntomas persisten o tiene la más mínima duda sobre su salud, debe consultar a un profesional cualificado. Con todo, antes de descolgar el teléfono, utilice esta sección como punto de referencia de los remedios caseros, desde cómo eliminar el mal olor de pies hasta cómo curar un simple resfriado. Se sorprenderá de lo que puede albergar su cocina para solucionar un sinfín de problemas.

China tiene una larga tradición en el uso de los remedios caseros, como la utilización del jengibre para combatir las náuseas o el apio para reducir la presión arterial.

Quemaduras y escaldaduras

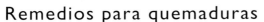

Aunque las quemaduras de segundo y tercer grado precisan asistencia clínica, las quemaduras de primer grado suelen ser superficiales y pueden curarse en casa. Lo primero que se debe hacer con una quemadura es enfriarla con agua corriente fría durante por lo menos cinco minutos, de esta manera reducirá el calor y el dolor. Si se trata de una quemadura producida por alguna sustancia química, es de vital importancia que deje correr el agua fría sobre la zona afectada hasta un buen rato después de que el dolor haya remitido por completo. Limpie bien la quemadura de cualquier resto de tierra o polvo, evitando rasgar la piel o las ampollas.

Remedios para quemaduras

El yogur natural aplicado sobre la quemadura tiene un efecto refrescante, aunque también puede aplicar una cataplasma calmante hecha con yogur y miel. Si quiere mejorar la efectividad de la cataplasma, añádale bayas de saúco trituradas, o bien machaque unas hojas de saúco con un poco de mantequilla y aplique a modo de suave crema sobre la zona afectada.

El pepino machacado y luego mezclado con glicerina constituye un bálsamo de propiedades muy hidratantes.

Enfríe la zona quemada con un chorro de vinagre de sidra y después asegúrese de que la persona afectada está bien hidratada.

Tomar una infusión de melisa, alivia el dolor y tiene además un efecto tranquilizante.

El aceite de oliva proporciona un alivio eficaz para el dolor producido por una escaldadura.

Remedios para escaldaduras

El aceite de oliva proporciona un alivio inmediato para las dolorosas escaldaduras, a la vez que acelera la curación evitando además la aparición de molestas ampollas y cicatrices. Si tiene a mano aceites esenciales de lavanda o menta, añádalos al aceite de oliva para aliviar el escozor alrededor de la herida.

En caso sufrir quemaduras con sustancias químicas, aplique agua corriente fría sobre la zona afectada hasta un buen rato después de que el dolor haya remitido.

Si una quemadura solar le arruina las vacaciones, los remedios caseros a base de limón, té frío o bicarbonato sódico pueden ser la salvación.

Remedios para las quemaduras solares

Para aliviar las quemaduras solares de forma instantánea, aplique sobre la zona afectada una pizca de zumo de limón o un paño empapado con té frío. Para aliviar las quemaduras solares que afecten a todo el cuerpo y que le impidan dormir por la noche, llene la bañera con agua fresca, vierta 2 cucharadas pequeñas de bicarbonato sódico y sumérjase en el agua. Asimismo, puede machacar la pulpa de un aguacate maduro y aplicarla sobre la zona afectada para conseguir un efecto calmante.

Lávese la cara con suero de leche o ralle algunas patatas y aplique sobre la zona quemada. El almidón refrescará y calmará la quemadura. También puede utilizar una infusión fría de menta para limpiar la zona suavemente y reducir el escozor. O bien disolver sales de sulfato de magnesio o de bicarbonato sódico en agua fría, empapar un paño en dicha solución y envolver la zona afectada.

La leche de magnesia ha demostrado ser muy efectiva en el tratamiento de quemaduras solares, mientras que el fango o la arcilla alivian el escozor.

Remedio para la piel agrietada

Llene una bolsa de muselina con copos de avena, ciérrela y sumérjala en un baño de agua fría o tibia. Luego, estruje la bolsa y aplíquela sobre la zona afectada varias veces al día para aliviar el dolor.

Sumerja en agua fría una bolsa de muselina llena de copos de avena y aplíquela en las zonas de piel agrietada para aliviar el dolor.

Picaduras

No hay nada tan doloroso como el aguijonazo de una avispa ni tan molesto como las picaduras de los mosquitos. Antes de aplicar un remedio casero es importante identificar qué insecto le ha picado, pero si está de viaje en el extranjero y no puede averiguarlo, es más seguro recibir atención médica. Con todo, para las picaduras más habituales de insectos, los remedios caseros de primera línea son el agua helada y el hamamelis.

Remedios para las picaduras de abeja

Extraiga el aguijón de la abeja con unas pinzas (sujete el aguijón por debajo de la bolsa de veneno). Aplique sobre la picadura una pasta confeccionada con bicarbonato sódico y agua fría. También pueden aliviar la irritación una mezcla de jugo de perejil y miel; para extraer el jugo, machaque las hojas y los tallos de perejil.

Antes de utilizar un remedio casero para picaduras es conveniente identificar el insecto que la ha originado.

Remedios para las picaduras de avispas

El vinagre de sidra o el limón le ayudarán a detener la irritación y el picor. En el caso, muy poco frecuente, de tragarse una avispa, beba enseguida un vaso de agua fría con una cucharadita de sal. Si la picadura es en los labios, aplique un cubito de hielo hasta que el dolor haya pasado. Mezcle vinagre de sidra y bicarbonato sódico y aplique directamente sobre la picadura. Una bolsa de té fría es una cataplasma estupenda; el ácido tánico del té contribuye a reducir la inflamación. Una pasta hecha con tréboles y agua fría también puede ser de gran ayuda.

Una bolsa de té fría es una cataplasma estupenda para aliviar las picaduras de insectos. El té contiene ácido tánico, que contribuye a reducir la inflamación.

Remedios para las picaduras de mosquito

Frote la zona de la picadura con un ajo crudo para prevenir la infección. Los mosquitos no soportan su olor, de manera que puede comerse el resto del ajo y así los mantendrá alejados.

El dolor de las picaduras de medusas se puede reducir vertiendo agua de mar sobre la zona afectada durante por lo menos diez minutos.

La mezcla compuesta por bicarbonato sódico y miel puede aliviar el picor de la picadura; puede conseguir el mismo efecto si frota la zona afectada con la corteza de un limón crudo. Para evitar ulteriores ataques de mosquitos, esparza lavanda seca en el alféizar de su ventana: el olor de lavanda es un repelente muy eficaz para estos insectos.

Otro efectivo repelente de mosquitos consiste en atar plantas secas de lavanda, menta y nébeda con un trozo de alambre fino, y a continuación, quemar el ramillete. El humo enmascarará el olor de las personas y alejará a estos insectos.

Si le han picado muchos mosquitos, debe destruir las toxinas que éstos le han introducido en el cuerpo. Para ello puede tomar una infusión hecha con raíces de diente de león, trébol rojo o bardana.

Haga una tintura con media taza de raíces de rábanos picantes rallados y 600 ml de alcohol para fricciones. Deje las raíces en remojo durante unos 2 o 3 días, agitando la mezcla a diario dos veces. Puede utilizar esta tintura para la mayoría de picaduras, pequeñas heridas de la piel e infecciones superficiales.

El jugo del perejil combinado con miel puede aliviar la irritación causada por las picaduras de abeja.

Remedios para las irritación de las ortigas

Para aliviar la irritación, aplique el jugo de los propios tallos de las ortigas. Las hojas de romaza, que crecen cerca de las ortigas, calman el dolor si se cubre con ellas la zona afectada.

Remedios para las picaduras de medusas

Vierta agua de mar sobre la zona afectada durante diez minutos. El agua se lleva las toxinas que aún no se han sido absorbidas por la piel. El vinagre de sidra frío, el hielo, el alcohol o el amoníaco diluido, aplicados en la zona afectada, son también muy efectivos.

Cortes y rozaduras

Los cortes y las rozaduras siempre parecen mucho más graves de lo que en realidad. Una vez limpias, existen diversos remedios que pueden ser útiles para curar pequeñas heridas. Si el corte sangra con profusión, eleve la zona dañada y presione con un paño limpio directamente sobre la herida. Lo más importante para todo corte o rozadura es limpiar la zona lo mejor posible antes de aplicar cualquier remedio o cubrir la herida.

Remedios para cortes y rozaduras

Para prevenir infecciones, limpie los cortes y las rozaduras con hamamelis diluido. También puede utilizar bálsamo de benjuí o unas gotas de caléndula en agua caliente. Si no tiene a mano ninguno de los productos mencionados, pruebe con agua jabonosa y unas gotas de limón o una cucharadita de sal. Y si realmente no tiene nada a mano, un poco de saliva puede ser asimismo un gran curativo.

El jugo del perejil o la nata espesa se pueden aplicar de forma directa sobre la herida que luego se cubre con una gasa.

Machaque algunas hojas de perejil y aplique el jugo directamente sobre el corte o la rozadura.

Renueve la gasa cada dos horas para asegurar una limpieza efectiva de la herida. Las heridas también se pueden limpiar con el agua resultante de la cocción de unas cuantas chirivías y después aplicar la pulpa tibia de esta raíz a modo de cataplasma.

El ajo es un poderoso antiséptico natural. Mezcle ajo machacado y miel y utilícelo como cataplasma curativo, aplicándolo directamente sobre los cortes o las rozaduras. Para impedir que entre el aire o la humedad en la herida, aplíquele sencillamente miel y cúbrala con un vendaje.

Aplique una mezcla de pan, yema de huevo y leche tibia para extraer con delicadeza cualquier resto de polvo o arena de una rozadura. Para prevenir infecciones y favorecer la curación, machaque un aguacate y aplíquelo sobre la herida, cubriéndola luego con una gasa esterilizada.

Limpiar los cortes y las rozaduras con hamamelis puede prevenir la infección.

La miel es especialmente eficaz para extraer los pequeños granos de arena que suelen quedar en los cortes y las rozaduras de los niños. El limón es uno de los astringentes naturales más potentes; aplicado sobre cortes y rozaduras detiene la hemorragia; escuece horrores, pero funciona.

Beber una infusión de menta favorece la coagulación inmediata de la sangre: un remedio muy eficaz para las hemorragias nasales. Un desinfectante eficaz para cortes y rozaduras es el vino de ajo, elaborado con ajos machacados, macerados durante algunas horas en vino blanco.

Para proteger la zona afectada, después de haber efectuado la limpieza, sería conveniente aplicar una pasta de ajo y miel y, a continuación, cubrir con una gasa fina.

Aplique una cataplasma hecha con pan, yema de huevo y leche tibia sobre la rozadura para extraer los restos de arena o suciedad.

Puede lavar la herida con el agua resultante de la cocción de chirivías y luego aplicar la pulpa tibia de esta raíz a modo de cataplasma.

Lavar las heridas

Para lavar las heridas puede utilizar los siguientes remedios:

- Hamamelis (diluido)
- Bálsamo de benjuí (diluido)
- Caléndula (diluida)
- Agua con sal o unas gotas de zumo de limón
- Agua de la cocción de chirivías

Golpes, torceduras y shocks

Un remedio típico de antaño para aliviar los golpes era aplicar un bistec directamente sobre la zona afectada. Hoy en día, se considera que el mejor remedio es el agua helada. Un método algo más suave consiste en aplicar sobre la zona golpeada una compresa tibia imprimiendo un suave masaje para estimular la circulación. Cuando se sufren golpes o torceduras pueden producirse *shocks* y desmayos, por lo que es necesario tomar las debidas precauciones.

Remedios para golpes y torceduras

Si no tiene hielo, pruebe con un paquete de verduras congeladas. Sumerja la mano o el pie que se ha torcido en agua tibia en la que previamente ha introducido una cebolla y una patata ralladas.

Frotar con cebolla la zona golpeada o de la torcedura proporciona un gran alivio.

Para las torceduras y golpes, pruebe con una bolsa de verduras congeladas.

Para un alivio rápido, frote media cebolla directamente sobre el área afectada. Un ojo morado puede curarse de forma milagrosa con una bolsa fría de té aplicada directamente sobre la zona afectada. El hamamelis también le ayudará a reducir la inflamación y la hemorragia.

Aplique compresas calientes o frías de vinagre, en especial del elaborado a partir de frutos astringentes como las zarzamoras, las frambuesas o las rosas, puesto que así conseguirá reducir la inflamación más fácilmente.

Y uno de los viejos remedios de cocina es mezclar perejil con mantequilla o copos de avena en agua hirviendo hasta formar una pasta que luego será aplicada con un paño sobre la zona afectada.

Remedios para los *shocks*

Es bien sabido que un té caliente y dulce es un excelente remedio para los *shocks*, y de hecho, la miel, en cualquier tipo de bebida caliente, tiene un gran poder curativo. Así, para alguien que haya sufrido una fuerte impresión, una infusión de albahaca y salvia endulzada con miel constituye un estupendo remedio. Para este tipo de *shocks*, también es recomendable la infusión de manzanilla, ya que gracias a su ligero efecto tranquilizante tiene la capacidad de aliviar la tensión.

Para calmar la ansiedad se recomienda tomar flor del naranjo en agua caliente. Gracias a las propiedades refrescantes y relajantes de la flor del naranjo, este mismo preparado aplicado en paños sobre el cuerpo le ayudará a recuperar la calma.

La canela y la miel disueltas en agua hirviendo pueden reanimar a la persona tras un desmayo.

Remedios para desmayos

Una infusión de menta, salvia, melisa o romero puede reanimar a alguien que haya sufrido un desmayo. El limón y la canela disueltos en agua hirviendo son también un buen remedio para estos casos. Por su parte, la angélica es, según la sabiduría popular, el elixir de la vida, a la vez que constituye un excelente tónico.

Precaución

• Si se recibe un golpe en la cabeza, puede producirse una conmoción cerebral, por lo que en estos casos siempre se debe recurrir al médico.

• Los golpes y las torceduras también pueden ser motivo de *shocks* o desmayos.

• Existe una gran diferencia entre el *shock* clínico, que puede ser causa de muerte, y el tipo de *shock*, menos grave, que se suele sufrir al recibir una mala noticia o debido a alguna lesión poco importante. En cualquier caso, siempre es mejor recibir atención médica.

Las infusiones de manzanilla y salvia son una manera muy efectiva de recuperar la calma después de una fuerte impresión.

DOLENCIAS GENERALES
Resfriados, gripe y tos

Para activar el sistema inmunológico y evitar resfriados o gripes, se recomienda tomar grandes cantidades de ajo y equinácea. Y si por desgracia enferma, al primer síntoma de resfriado o de fiebre, tómese un baño de pies con mostaza. Para ello, añada una cucharadita de mostaza seca a un cazo con agua muy caliente. En inhalaciones e infusiones, la mostaza despeja las flemas y ayuda a eliminar la infección y la congestión de los pulmones.

Remedios para los resfriados y la gripe

El limón y la miel son los remedios tradicionales para los resfriados y la gripe. El limón contiene mucha vitamina C y además favorece la eliminación de toxinas por parte del organismo, mientras que la miel calma el dolor de garganta. Así pues, un reconfortante remedio casero podría consistir en una bebida caliente compuesta por el zumo de dos a cuatro limones y una cucharadita de miel.

Añada menta o jengibre frescos –o bien sus aceites esenciales– a un baño caliente o a un baño de pies. Tanto uno como otro favorecen la transpiración, lo que a su vez contribuye a que el cuerpo elimine toxinas. El baño de pies con jengibre lleva la sangre de la cabeza a los pies; de esta manera se consigue reducir la congestión del resto del cuerpo debida a la fiebre, un síntoma típico de los resfriados y de la gripe.

La equinácea, disponible también en pastillas, activa el sistema inmunológico y previene resfriados y gripes.

El ajo es un antibiótico natural y tiene efectos beneficiosos para las dolencias bronquiales y pulmonares. Si se come ajo fresco es conveniente tomar después unos trocitos de perejil o diente de león para refrescar el aliento.

Las cebollas son excelentes para los resfriados. Hierva una gruesa rodaja de cebolla en un cazo con agua y añada media cucharadita de cayena. A continuación cuele la cocción y bébase el líquido caliente antes de acostarse.

Para descongestionar el pecho, vierta 600 ml de agua caliente en un recipiente sobre un puñado de acículas de pino, cúbrase la cabeza con una toalla e

El ajo actúa como un antibiótico natural y tiene efectos beneficiosos para todos los problemas bronquiales.

Las acículas de pino pueden aliviarle la congestión de pecho. Vierta agua bien caliente en un recipiente que contenga un puñado de acículas de pino. Luego cubra la cabeza sobre el recipiente con una toalla e inhale los vapores que se desprenden.

inhale los vapores que se desprenden. Puede aprovechar este preparado y bebérselo, añadiendo previamente un poco de limón y miel para elevar el nivel de vitaminas C y A, lo que le ayudará a recuperarse de la enfermedad.

Coma mucho yogur, ya que combate las bacterias y ayuda a producir los anticuerpos necesarios para vencer a los organismos invasores.

Remedios para la tos

Si tiene una tos persistente, aplique una cataplasma de cebolla asada sobre el pecho cada dos horas. Las cebollas también se pueden beber a modo de caldo caliente para limpiar las vías respiratorias y reducir la congestión. Para aliviar y despejar la tos de pecho, pruebe con una infusión de jengibre rallado y especias como el clavo y la canela. Puede aprovechar este preparado y bebérselo, añadiendo previamente un poco de limón y miel para elevar el nivel de vitaminas C y A, que también contribuyen al restablecimiento.

La medicina gitana atribuye a las ortigas el poder de eliminar el exceso de flema del estómago y de los pulmones. Para aliviar el asma y la bronquitis, añada un buen puñado de ortigas jóvenes a 300 ml de agua hirviendo. Luego, cuélelo y bébase el jugo.

Cuando se tiene el pecho congestionado debido a la tos, un buen remedio es aplicar una cataplasma de hojas de col; la col tiene un extraordinario poder para eliminar toxinas. Machaque las hojas en un mortero hasta que empiecen a desprender su jugo. Luego, coloque tres o cuatro hojas en la zona del pecho y cúbralas con una venda. A continuación, coloque encima una manta caliente. También puede beberse el jugo de la col endulzando con una cucharadita de miel.

Si está resfriado, tómese antes de acostarse una taza caliente de caldo de cebolla con cayena para aliviar los síntomas.

Dolor de garganta y fiebre

A los primeros síntomas de fiebre, le aliviará tomar zumo de limón con miel o bien vinagre de sidra y miel diluidos en agua caliente. Las bebidas frías de zumo de limón y los zumos de frutas sin endulzar son remedios efectivos para bajar la fiebre.

Remedios para el dolor de garganta

Para aliviar un dolor de garganta fuerte, haga gárgaras con cualquiera de los siguientes ingredientes diluidos en agua caliente: sal, zumo de limón o vinagre de sidra. La sal ayuda a destruir las bacterias causantes del dolor y mitiga el escozor de garganta. Para conseguir un alivio inmediato, exprima un diente de ajo,

Para aliviar el dolor de garganta, puede hacer gárgaras con sal, zumo de limón o vinagre de sidra diluidos en un vaso de agua caliente.

El hisopo, una hierba de la familia de la menta, puede reforzar el sistema inmunológico si se ingiere en forma de infusión o tisana.

añádale cayena y agua caliente con sal. Luego, empape un paño con esta mezcla y colóquelo alrededor del cuello. Hacer gárgaras simplemente con agua y sal puede tener también un efecto calmante.

La equinácea actúa como un antibiótico natural que activa el sistema inmunológico, combatiendo la infección y la enfermedad. El ajo y la cebolla reducen la congestión y la infección al eliminar la mucosidad de las vías respiratorias.

Para combatir la inflamación y la infección, un buen remedio casero consiste en una infusión de grosellas negras machacadas en agua hirviendo.

Para reducir la fiebre, aplíquese unas compresas de agua fría sobre las piernas y los pies.

Remedio contra la fiebre

Un antiguo remedio contra la fiebre consistía en mezclar clavo, tártaro del mosto, un poco de canela en rama, y añadirlo al té, todo ello endulzado con melaza o miel. Se decía que la persona que bebiera este remedio a diario durante toda su vida nunca padecería fiebre.

infusión que contenga antioxidantes favorece que el cuerpo elimine los radicales libres que dañan las células.

Remedios para la fiebre

Para bajar la fiebre basta con aplicar compresas de agua fría sobre las piernas y los pies, a las que puede añadir también aceites esenciales de menta o lavanda. Retire las compresas en cuanto se calienten. Para combatir la infección puede utilizar una infusión fría de romero en lugar de agua fría. Las raíces de angélica en infusión son también muy eficaces. Para que tenga mejor sabor, añada a la infusión de raíces de angélica el zumo de dos limones, un poco de miel y un chorrito de brandy. El hibisco y la albahaca se cuentan asimismo entre los remedios herbales para el tratamiento de la fiebre.

Las grosellas negras también combaten la infección y la inflamación. Añada una cucharadita de grosellas negras machacadas a una taza con agua hirviendo y deje reposar unos diez minutos. A continuación sorba el líquido poco a poco y mastique las grosellas. La salvia roja es el remedio más popular para el dolor de garganta. En efecto, una infusión de salvia roja con un chorrito de vinagre de sidra obra milagros.

Existe una gran variedad de infusiones y tisanas que activan el sistema inmunológico y ayudan a combatir la enfermedad. Las de hisopo, planta perteneciente a la familia de la menta, son de las más conocidas. También el limón, rico en vitamina C, o cualquier

Prepare un infusión de raíces de angélica para reducir la fiebre. Quizás necesite añadir limón, miel y brandy para mejorar el sabor de este remedio casero.

Para combatir la laringitis, las personas que tengan un estómago resistente pueden probar el siguiente remedio: se rallan unos rábanos picantes, se les añade zumo de limón y miel y se deja reposar la mezcla en leche o agua caliente; finalmente, se cuela y se reserva el líquido.

Fiebre del heno, alergias y asma

La fiebre del heno es una alergia al polen liberado por las flores de plantas, arbustos
y árboles durante la primavera y el verano. El polen fuerza a las células a producir
histaminas, lo que comporta un enrojecimiento de ojos, goteo nasal, estornudos y dolor y
escozor de garganta. Las reacciones alérgicas también pueden ser causadas por los ácaros
del polvo de la casa, el pelo de los animales o las plumas de las aves. En occidente, el
asma ha experimentado un considerable aumento y, a pesar de que todavía se desconocen
las causas exactas, muchos creen que la contaminación es un factor clave en este asunto.

Remedios para las alergias

Antaño la gente se comía los paneles de miel
directamente, ya que se le atribuía la propiedad
de proteger contra las alergias de todo tipo.
Todavía hoy día se puede encontrar miel en
paneles en algunos comercios de dietética o de
alimentos biológicos: merece la pena probarlos.
Asimismo, comer mucho ajo parece reducir las
reacciones alérgicas. Un antihistamínico natural
es la manzanilla; si, además, la combina con miel

*El polen acarrea cada año desagradables molestias a muchas
personas en forma de fiebre del heno, una alergia que se caracteriza
por escozor en los ojos, goteo de nariz y estornudos.*

aumentará considerablemente su inmunidad
frente al polen.

Para despejar los orificios sinusales y estimular
la respiración, ralle algunos rábanos y aspire sus
emanaciones.

También puede combinar una cucharadita
de mostaza inglesa con una de melaza y tomar
a primera y a última hora del día.

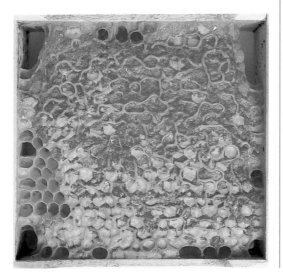

*Antaño, a las colmenas de miel se les atribuía la propiedad
de proteger contra todo tipo de alergias.*

Se cree que el zumo de zanahoria protege contra los ataques de asma. Tomar un vaso diario ayuda a reducir el riesgo de sufrirlos.

Una infusión o jarabe de flores de saúco tomado muy caliente antes de acostarse puede mantener a raya el lagrimeo y el goteo nasal de la fiebre del heno. Elabore su propio jarabe mezclando flores de saúco con 450 g de azúcar moreno, tres limones y dos naranjas en rodajas. A continuación, añada 1,7 litros de agua y 55 g de ácido tartárico y deje reposar esta mezcla durante 24 horas en un cazo tapado. Posteriormente, cuélelo todo y lleve el líquido a ebullición hasta conseguir disolver el azúcar. Guarde el jarabe en un sitio fresco o en la nevera y tómelo cuando lo necesite.

El ajo está indicado tanto para la fiebre del heno como para el asma. Utilícelo crudo, machacado, en ensaladas. Un remedio ruso recomienda hacer inhalaciones de una infusión de dos o tres dientes de ajo machacados en un cazo de agua caliente.

Remedios para el asma

Las ortigas y las cebollas protegen contra el asma. Otro remedio consiste en sumergir una hoja cruda de col en agua caliente hasta que quede bien empapada; a continuación, bébase el líquido. Aunque también puede comerse dos dientes de ajo cada día o elaborar una bebida compuesta por tres cabezas de ajo, 600 ml de agua, 300 ml de vinagre de sidra y una cucharada colmada de miel. Hierva a fuego lento los dientes de ajo durante una media hora, añada el vinagre y la miel y siga cociendo hasta que la mezcla adquiera la consistencia de un jarabe. Se recomienda beber una tacita de este jarabe cada día. Para reducir el riesgo de ataques de asma, beba a diario un vaso pequeño de zumo de zanahoria.

El alga *Chondrus crispus* contiene una gelatina que se puede encontrar en cualquier tienda de alimentos dietéticos o biológicos. Elabore un jarabe combinando esta gelatina, media cebolla, dos dientes de ajo y media tacita de miel. Tómelo siempre que lo precise.

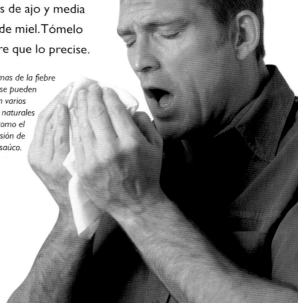

Los síntomas de la fiebre del heno se pueden aliviar con varios remedios naturales caseros, como el de la infusión de flores de saúco.

Dolor de espalda

Cerca del 80 % de la gente padece algún tipo de dolor de espalda en determinado momento de su vida. Muchas personas sufren en silencio durante años porque saben que sencillamente no hay cura para ello. El descanso y el calor pueden proporcionar algo de alivio, pero también existen diversos remedios caseros, en particular cataplasmas, que pueden aplicarse tópicamente para mitigar el dolor, aunque sólo sea de manera temporal. Si sufre cualquier molestia en la espalda, es mejor que reciba atención médica.

Remedios para el lumbago

El masaje es un remedio excelente para la mayoría de los problemas de espalda. Aplique un masaje en todos los músculos de la espalda con aceite de menta y cilantro en una cucharadita de aceite de almendras.

El lumbago es un dolor reumático en la parte inferior de la espalda que puede tratarse con los mismos remedios que los descritos para la artritis (véase pág. 215). También pueden

El lumbago es un dolor reumático en la parte inferior de la espalda.

ser útiles algunas cataplasmas. Cueza copos de avena, macháquelos con vinagre de sidra y aplique, todo lo caliente que pueda resistir, sobre la zona afectada.

Hierva hojas de col en leche hasta conseguir una especie de gelatina, luego extienda esta mezcla con un paño sobre la zona afectada y déjela toda la noche cubierta con una gasa, manteniéndola fija con esparadrapo. Este remedio ayuda a eliminar las toxinas del cuerpo y, aunque no será de mucho agrado para el compañero de cama, después de una noche de descanso profundo se sentirá recuperado.

Mezcle una tacita de vinagre y trementina, añada una cucharadita de alcanfor en polvo y un huevo entero y agítelo todo bien. Mantenga la mezcla en la nevera y utilícela para friccionar la espalda cuando sea necesario.

Remedios para la ciática

La ciática es un dolor de espalda muy intenso causado por la presión del nervio ciático que baja por la parte posterior del muslo hasta la corva de la rodilla.

Las hojas de col hervidas en leche forman una especie de gelatina que luego se aplica en la espalda para aliviar el lumbago.

La ciática se produce debido a presión en la parte inferior de la columna vertebral o bien por la inflamación del nervio ciático o por alguna torcedura o lesión en la parte inferior de la espalda. Los problemas de ciática deben ser tratados por un especialista de la espalda.

Mucha gente es partidaria acérrima de la hiedra. Tome dos puñados de hiedra, tritúrela bien y mézclela con dos puñados de salvado. Bátalo todo bien en 300 ml de agua y caliéntelo a fuego lento durante 10 minutos. Aplique la mezcla con un paño sobre el área afectada y déjela actuar por espacio de una hora, como mínimo.

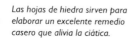

Las hojas de hiedra sirven para elaborar un excelente remedio casero que alivia la ciática.

Para aliviar el dolor de ciática, especialmente el producido por el frío y la humedad, puede ser muy efectivo tomar un baño caliente con sales de magnesio. Para cualquier tipo de dolor de espalda es muy recomendable tomar un suplemento diario de extractos de algas por su elevado contenido en yodo. Los baños calientes y el descanso en una cama firme alivian los dolores de espalda. Prepare un baño con una cucharadita de mostaza o cayena, o bien con ortigas en infusión.

Aplique un masaje con el siguiente remedio para aliviar el agarrotamiento de los miembros o los dolores de espalda: prepare un mezcla con un cuarto de cucharadita de polvos de alcanfor y un cuarto de cucharadita de mostaza en polvo; añada 300 ml de trementina pura, 300 ml de aceite de girasol y 300 ml de alcohol para masaje, y luego agite bien todos estos ingredientes. Mantenga caliente la zona afectada.

Una cucharadita de cayena en un baño caliente puede aliviar la mayoría de los problemas de espalda.

DOLENCIAS GENERALES
Reuma y artritis

La artritis afecta a las articulaciones y a los huesos y es un tipo de molestia muy dolorosa y debilitante. El reuma se describe como la inflamación, dolor y congestión de las articulaciones e incluye las fiebres reumáticas y la bursitis, una inflamación muy dolorosa de las bolsas serosas que actúan como cojines de las articulaciones.

Remedios para el reuma

El chile y el pimiento contienen mucha capsaicina, una sustancia química que reduce la sensibilidad de los nervios y por tanto también el dolor. La tribu jíbara de Mayna, en Perú, todavía aplica el chile directamente sobre los dientes para aliviar el dolor con resultados inmediatos.

En Occidente, la medicina está llevando a cabo la experimentación con el chile y el estudio de su capacidad para mitigar el dolor de los problemas reumáticos.

Los indios de Norteamérica combaten los dolores reumáticos con cataplasmas hechas

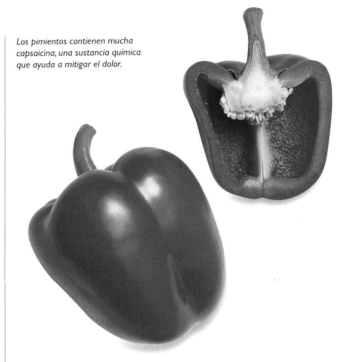

Los pimientos contienen mucha capsaicina, una sustancia química que ayuda a mitigar el dolor.

Para aliviar el dolor de las articulaciones tome yogur con manzana rallada y copos de avena crudos.

de salvia, tabaco, angélica y melisa. Un remedio menos espectacular, pero igualmente efectivo, para aliviar los dolores del reuma consiste en tomar un baño caliente con sales de magnesio o, en su lugar, una cucharadita de mostaza y otra de cayena.

Coma una gran cantidad de cebollas y ajos; incluso puede elaborar una bebida con tres cebollas sin pelar, picadas y luego hervidas en 600 ml de agua.

También alivia el reuma comer ajos en aceite y perejil con pan integral o desayunar yogur con manzana rallada y copos de avena.

Remedios para la artritis

La cúrcuma es un buen remedio curativo para la artritis, así pues incluya grandes cantidades de la misma en su dieta. Beba leche caliente con una cucharadita de cúrcuma molida tres veces al día. Para proporcionar calor a las articulaciones doloridas, frote la zona afectada con un remedio casero compuesto por un cuchuradita de cayena molida y una tacita de aceite de oliva. También puede aplicar sobre la zona afectada unas compresas empapadas en un remedio frío compuesto por una cucharadita de cayena hervida en 600 ml de vinagre de sidra. La cayena puede causar irritación en la piel, por lo que debe asegurarse de que la zona afectada se calienta sin que se produzcan escoceduras.

Para prevenir la artritis, un buen remedio es mezclar una cucharadita de vinagre de sidra y miel en agua caliente y bebérselo cada día a primera hora. También es recomendable beber el zumo de un limón endulzado con miel antes del desayuno.

Tanto la sopa de ortigas —elaborada con las puntas de las hojas, cebolla troceada y ajo— como la infusión de ortigas son remedios caseros de eficacia comprobada para combatir la artritis.

Las patatas ayudan a aliviar los dolores de la artritis.

Por su parte, las patatas tienen notables propiedades antiinflamatorias, por lo que contribuyen a reducir el dolor. Para hacer una cataplasma, hierva 450 g de patatas sin pelar hasta que se ablanden. A continuación, colóquelas sobre una muselina y aplástelas. Aplique la bolsa de muselina sobre la zona afectada y retírela cuando se haya enfriado por completo.

Remedios para la bursitis

Aplique sobre la zona afectada una cataplasma caliente compuesta de hojas de col cocidas y aplastadas colocadas entre dos capas de gasa o muselina. La linaza, el olmo americano y el malvavisco son asimismo remedios muy reconfortantes que pueden tomarse como complemento. Y al igual que en el caso de la artritis, aplique sobre la zona afectada compresas de cayena hervida en vinagre de sidra.

La cúrcuma se puede usar en muchos platos e incluso en bebidas, como por ejemplo la leche caliente, para mitigar el dolor producido por la artritis.

Resacas

La mejor manera de evitar las resacas es no excederse con el alcohol. Aunque este consejo no le servirá de consuelo si está sufriendo las agonías de un martilleante dolor de cabeza, una garganta reseca y continuas náuseas. Si sabe que ha bebido demasiado, puede prevenir la resaca bebiendo por lo menos un litro de agua antes de acostarse. De esta manera contribuirá a eliminar las toxinas del cuerpo. Los refrescos con gas de cola también pueden aliviar el dolor de cabeza, ya que alcalinizan el ácido del estómago.

Remedios para las resacas

Por alguna misteriosa razón, en todas las culturas los huevos han sido siempre un remedio casero para combatir las resacas. De hecho, ahora se sabe que los huevos contienen una sustancia química que neutraliza los efectos del alcohol. Después de todo, parece que el desayuno con huevos fritos "del día siguiente" tiene su razón de ser.

Si siente molestias en el estómago o náuseas, ralle jengibre fresco en una cazo con agua hirviendo y bébase la infusión a pequeños sorbos. La infusión de jengibre también calma el estómago y tiene un sabor delicioso.

Las bebidas gaseosas y de cola alcalinizan el ácido del estómago, calmando así el martilleante dolor de cabeza típico de la resaca.

Las infusiones de jengibre fresco calman el estómago revuelto por haber bebido más de la cuenta.

Las ciruelas de Umeboshi, que puede adquirir en los comercios especializados en productos asiáticos, tienen fama de curar las resacas. Quizás a algunas personas les puedan producir náuseas, pero aquellos que consiguen comérselas les tienen una fe ciega.

Uno de los mejores remedios herbales para curar una resaca es una infusión de menta. Añadir miel biológica a la infusión también le aliviará el dolor de cabeza, a la vez que activará el proceso de rehidratación.

Reponga la vitamina C perdida, tomando un vaso de zumo de naranjas recién exprimidas al que puede añadir una cucharadita de zumo de lima y una pizca de comino molido. Este remedio también le revitalizará. Una buena infusión de tomillo aliviará el dolor de cabeza

¡Coma, beba y páselo en grande! Pero prepárese para el día siguiente y tenga algún remedio casero a mano para la resaca.

y estómago revuelto de forma más efectiva y segura que cualquier vulgar analgésico.

Pruebe la "piel de perro", un remedio casero consistente en pelar una cabeza entera de ajos, ponerlos en un sartén con 300 ml de vino tinto, hervir a fuego lento durante 20 minutos, colarlo y reservar el líquido, que se ha de ir tomando poco a poco. Lo que alivia el dolor pulsátil de cabeza no es el alcohol, sino los taninos de este remedio.

En cuanto pueda volver a mirar la comida, un buen caldo vegetal, con un elevado contenido de magnesio y otros minerales, le ayudará a reponer el líquido y los minerales perdidos. Para la preparación del caldo vegetal utilice apio, calabacín, remolacha y zanahorias; evite en cambio las verduras ricas en azufre como la col, el brócoli o las cebollas. Para restablecer la flora intestinal con bacterias benéficas, tome yogur.

Tómese un baño con aceites esenciales de eucalipto, menta y sándalo. Si se siente mareado, también le puede ayudar tomarse una infusión de menta. O bien empape un paño en agua bien fría y colóqueselo sobre la frente; el frío reducirá el dolor de cabeza.

Prepare un saludable caldo vegetal para reponer los minerales y los líquidos perdidos.

DOLENCIAS GENERALES

DOLENCIAS GENERALES
Problemas de estómago

A la indigestión también se le conoce con el nombre de dispepsia, acidez o ardor de estómago, lo que hace referencia a la sensación de quemazón que suele presentarse a la altura de la boca del estómago. Comer demasiada cantidad de comida o demasiado rápido son las dos causas principales de la indigestión, cuyos síntomas varían desde simples flatulencias y ruidos en el estómago a dolor y náuseas.

Remedios para la indigestión

Los plátanos maduros son unos antiácidos naturales que pueden aliviar un estómago inflamado. Si no dispone de nada más, pruebe con vinagre de sidra o un zumo de limón para alcalinizar el ácido estomacal.

Una infusión de jengibre, a ser posible hecha con las raíces frescas de la planta, también le aliviarán y contrarrestarán la acidez de estómago. Otras

Para eliminar las náuseas, tómese una infusión de menta fresca y endúlcela con miel.

infusiones recomendables son las de menta, hinojo, melisa o canela. El olmo americano molido disuelto en agua caliente le proporcionará un alivio inmediato.

Para prevenir la indigestión, mezcle dos cucharaditas de bicarbonato sódico y una de jengibre molido en un vaso de agua fría; bébaselo antes de sentarse a desayunar.

Remedios para las náuseas

La menta es un excelente remedio curativo para las náuseas. Alivia la indigestión y los mareos de viaje, pero se desconoce la forma cómo actúa. Parece ser que la menta relaja el esfínter del esófago y de esta manera se equilibran las presiones gástricas. Compre bolsitas de menta para infusiones o vierta cuatro gotas de aceite de menta –que encontrará entre

Una infusión de menta ayuda a combatir las náuseas.

Agua

- Evite beber durante las comidas, ya que así se diluye el ácido gástrico, lo que comporta una digestión incompleta.
- El agua también hace que las grasas y los aceites de la comida se junten, impidiendo ser absorbidos de forma apropiada.
- Beba agua diez minutos antes de las comidas o tres horas después de haber comido.

Desde hace siglos, las raíces de la zarzamora se utilizan para combatir la disentería.

los ingredientes de repostería de cualquier supermercado– en una taza con agua caliente y luego deje enfriar. Para conseguir un efecto rápido, tómese la infusión despacio. También se puede hacer una infusión con menta fresca del jardín y endulzarla con miel.

Intoxicaciones alimentarias

La intoxicación por comida puede causar terribles vómitos, diarrea y calambres estomacales. Es la manera que tiene el organismo de deshacerse de la comida en mal estado o que no le ha sentado bien. Generalmente la intoxicación alimentaria está causada por gérmenes que inflaman el revestimiento del estómago y de los intestinos. El principal problema de estas intoxicaciones es la pérdida de agua, debido a la cual el organismo se deshidrata, efecto que puede combatirse tomando líquidos en abundancia.

Antaño, uno de los remedios (más bien desagradable) contra la intoxicación consistía en tomar agua hervida con mucha sal y, a continuación, una cucharada colmada de aceite de ricino. Para una intoxicación alimentaria leve, tome ajo crudo, que ayuda a combatir la infección en los intestinos. Reponga los líquidos perdidos, bebiendo mucha agua o zumo de frutas diluido.

Las raíces de la zarzamora se utilizan desde hace siglos como remedio para combatir la mortal disentería, tan común en los climas cálidos. Durante la Revolución Americana, ambas partes de la contienda aceptaron treguas para que las tropas pudieran recolectar raíces y hojas de zarzamora. Hoy día es aún unos de los remedios más seguros para la diarrea infantil.

El hinojo cocido, las hojas del rábano picantes o una buena dosis de vinagre de sidra son remedios utilizados para eliminar del sistema digestivo los restos de comida en mal estado.

Los plátanos maduros son antiácidos naturales que pueden aliviar la inflamación de estómago.

DOLENCIAS GENERALES

Cistitis y problemas de la vejiga urinaria

La cistitis es una afección muy dolorosa causada por la inflamación de la vejiga urinaria. Los síntomas incluyen dolor en la parte inferior de la espalda y un dolor punzante al orinar. Si la cistitis persiste durante cierto tiempo, es importante que consulte a su médico, ya que la infección podría haberse extendido hasta los riñones. A la cistitis también se le ha llamado "la enfermedad de la luna de miel", ya que con frecuencia se produce tras las relaciones sexuales. Beber agua y orinar después de mantener relaciones sexuales puede prevenir un brote de cistitis.

Remedios para la cistitis

El agua es el mejor remedio para limpiar los riñones y para eliminar las bacterias causantes de la infección. Beba mucho agua y a menudo. También puede hacer una infusión suave de manzanilla con 600 ml de agua y beberla a lo largo del día para eliminar los gérmenes de la vejiga urinaria.

Tome cada tres horas una cucharadita de bicarbonato sódico en un vaso de agua tibia. Esto hace que la orina sea menos ácida, lo que a su vez detiene la proliferación de las bacterias; además, alivia la sensación de quemazón que con frecuencia acompaña a la cistitis.

Aplique yogur natural en la zona afectada: las bacterias benéficas le ayudarán a combatir los gérmenes invasores. Elabore su propia agua de hordiate: añada una taza entera de cebada a un cazo con agua hirviendo y tápelo. Luego añada la corteza de un limón y hierva la mezcla a fuego lento hasta que la cebada se ablande. Cuélelo todo y reserve el líquido para irlo bebiendo a lo largo del día a pequeños sorbos.

El yogur natural es un remedio casero que tradicionalmente se ha utilizado para combatir la cistitis.

El jugo de arándanos ácidos puede llegar donde otros zumos no llegan. Los arándanos contienen una sustancia que impide a las bacterias fijarse en las paredes de las vías urinarias, donde suelen proliferar. Si se ingiere jugo de arándanos, las bacterias no pueden adherirse a ninguna superficie y son expulsadas del organismo con la orina. En la actualidad,

El jugo de arándanos es un conocido remedio curativo para la cistitis.

Prepare un caldo con 3 o 4 cebollas en 1 litro de agua y váyaselo tomando a lo largo del día. No sabe muy bien, pero es efectivo. Los rábanos picantes también estimulan la digestión y activan el funcionamiento de los riñones, aumentando así la producción de orina. Los rábanos picantes se pueden comer rallados o hervidos con semillas de mostaza; para beber, tome mucho agua

muchos expertos piensan que los arándanos comunes también tienen el componente que ataca a la capacidad de fijación de las bacterias nocivas. Puede comer los arándanos al natural o bien triturarlos con un poco de agua.

Los nabos, el apio, el hinojo o las cebollas son buenos diuréticos, al igual que las raíces de diente de león y las urticantes ortigas. Añada cualquiera de estos productos crudos a las ensaladas.

Cocine legumbres con forma arriñonada, como las judías o la soja, y prepare sabrosos platos que benefician a los riñones.

Las cebollas son unos buenos diuréticos y se pueden añadir a muchos platos diferentes, como sopas y ensaladas.

Todas las legumbres con forma arriñonada, como las judías secas, son buenas para combatir las infecciones de los riñones y de las vías urinarias. También puede probar la soja negra o las judías pintas. Cocínelas con ajo y sustitúyalas por la carne. Los herbalistas chinos tienen una gran confianza en las algas, el fenogreco y la palma enana americana.

DOLENCIAS GENERALES
Problemas del intestino

El estreñimiento, la diarrea, el síndrome del intestino irritable (SII) y las hemorroides son cuatro de las afecciones que más debilitan a las personas. El estreñimiento, que puede degenerar en hemorroides, se produce por muchas razones, la más frecuente es la ausencia de buenos hábitos aprendidos a edades tempranas. La medicación antidepresiva también puede producir estreñimiento. La diarrea suele ser el resultado de una intoxicación alimentaria. Respecto al síndrome del intestino irritable, tanto el estreñimiento como la diarrea, pueden ser síntomas de esta dolencia.

Remedios para el estreñimiento

Cualquiera que recuerde algunas delicias de la infancia, como los higos o las ciruelas, así como los jarabes y compotas que se hacen con ellos, no se sorprenderá al saber que ambos son conocidos laxantes.

Los higos y las ciruelas son buenos laxantes y pueden aliviar la incomodidad del estreñimiento.

Beber el caldo de la col o un zumo de zanahorias, también puede aliviar el estreñimiento, así como unos albaricoques crudos troceados con un poco de miel y yogur.

El ruibarbo, cocido a fuego lento y con miel, alivia el estreñimiento. Las fresas tienen un suave efecto laxante, sobre todo cuando el estreñimiento es debido a un exceso de carne o grasa en la dieta.

Remedios para la diarrea

Uno de los más antiguos remedios para combatir la diarrea es el pudín de arroz. Elabore su propio pudín con media taza de leche, una pizca de sal, seis cucharaditas de azúcar moreno, una cucharadita de extracto de vainilla, de dos a cuatro huevos, ralladura de limón y dos tazas de arroz blanco hervido. Junte todos los ingredientes y mézclelos bien. Extienda la mezcla en una bandeja engrasada con mantequilla y colóquelo en el horno durante una hora. Puede espolvorear canela por encima.

La fresas tienen un suave efecto laxante y por ello pueden aliviar el estreñimiento.

Pruebe manzana rallada, pero espere un rato hasta que se ponga marrón antes de comérsela. El color marrón es debido a la pectina oxidada que actúa como muchos antidiarreicos que se venden en las farmacias.

Hierva arroz en agua durante una media hora, luego cuélelo y beba el líquido para aliviar el intestino irritado.

También puede hacer una bebida espesa con harina de avena. Para ello cueza dos tazas de harina de avena con 1,2 litros de agua durante 5 minutos. Cuélelo y reserve el líquido para irlo bebiendo durante el día. La avena tiene un efecto calmante sobre el intestino, mientras que los almidones detienen el vómito y reducen la pérdida de líquidos.

Disuelva 1 cucharadita de harina de maíz en un vaso de agua a temperatura ambiente. Tiene un gusto bastante desagradable, así que es mejor que se lo beba rápidamente; repita la dosis cada 3 o 4 horas.

Los arándanos contienen unos compuestos llamados antocianósidos que controlan la diarrea. Puede añadir arándanos a su desayuno habitual de cereales.

Pruebe manzana rallada cuando se haya vuelto de color marrón por haberla dejado al aire. Este efecto es debido a que la pectina de la manzana se oxida. La pectina es principio que cura la diarrea y tiene un efecto similar al de muchos antidiarreicos de marcas conocidas. También los plátanos ligeramente verdes tienen un efecto parecido.

El síndrome del intestino irritable (SII)

La menta tiene un efecto antiespasmódico sobre los delicados músculos de los intestinos. Tómese una infusión de menta; si tiene menta en su jardín, masque sus hojas frescas o utilícelas en ensaladas. Las patatas pueden reducir el ácido estomacal, pues contienen pequeñas cantidades de atropina, una sustancia con efectos antiespasmódicos. Limpie y corte las patatas a rodajas y déjelas durante una noche en una taza con agua fría y sal. Cuélelo y beba el agua cada mañana con el estómago vacío. Dos días con una dieta de patatas le permitirá eliminar las toxinas del cuerpo y le ayudará a purificar la sangre.

Las hemorroides

Cada día, antes de acostarse, aplíquese mediante un algodón una pequeña cantidad de hamamelis o de jugo de limón sobre el área afectada.

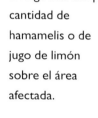

El pudín de arroz es uno de los remedios más antiguos para combatir la diarrea.

Problemas de piel

Con frecuencia, los problemas de piel son un reflejo de lo que sucede dentro del organismo. El acné, por ejemplo, aparece en la adolescencia a causa de desequilibrios hormonales, debido a los que la piel produce un exceso de una sustancia oleosa llamada sebo. La psoriasis tiene lugar cuando las células de la piel se reproducen cien veces más rápido de lo normal. Entonces, la piel forma placas secas, se descama y produce picor e irritación.

Remedio para el acné

Quizás el aguacate tenga muchos aceites grasos, pero también contiene mucha vitamina A, C, E y complejo B, todas ellas esenciales para tener una piel bonita y sana. También posee propiedades antibacterianas y fungicidas, por lo que es ideal para el acné y cualquier otro problema de irritación de la piel. Prepare una pasta con la pulpa del aguacate y aplíquela allí donde tenga la piel irritada o seca para calmarla e hidratarla. Ralle unos cuantos rábanos picantes, ricos en azufre, y déjelos macerar en leche durante media hora. Utilice el líquido para la limpieza facial. También puede

Los aguacates contienen vitaminas A, C, E y complejo B necesarios para mantener una piel bonita y sana.

rallar una cucharadita de raíces de rábanos picantes y dejarlos macerar durante una semana en vinagre de sidra y usarlo de la misma manera. Quizás huela mal, pero funciona.

Remedios para el eczema

Prepare una pasta mezclando una cucharadita de raíces de malvavisco molidas —o de olmo americano— y agua caliente. Extiéndala sobre la zona afectada y déjela actuar durante unos 20 minutos, luego limpie con una infusión de consuelda. Las hojas de consuelda también constituyen un maravilloso limpiador facial y promueven la regeneración de la piel.

Prepare una cataplasma con harina de arroz y aplíquela caliente sobre la zona afectada. Coma muchos espárragos, pues le ayudarán a eliminar toxinas a través de la orina. Los espárragos también tienen un efecto tónico sobre el

Comer un pomelo a diario es una costumbre que le puede ayudar a aliviar los síntomas de la psoriasis.

Las hojas de consuelda pueden resultar un espléndido tónico y purificador facial para personas con eczema.

hígado, gracias a sus aminoácidos, por lo que es muy bueno beber el agua resultante de cocinar los espárragos al vapor.

Los romanos utilizaban la remolacha para bajar la fiebre, pero ahora se sabe que también estimula el sistema inmunológico y purifica la sangre.

El caldo de la col tiene efectos curativos por sus propiedades bactericidas, al igual que los berros, una planta rica en azufre.

El diente de león es un excelente purificador del hígado, los riñones, la sangre y los tejidos en general. Para aliviar el eczema y el acné, pruebe aplicar una tintura de raíces de diente de león.

Remedios para la psoriasis

La infusión de lúpulo tiene propiedades fungicidas que alivian la psoriasis. También se recomienda comer diariamente un pomelo en el desayuno, así como tomar jugo de arándanos agrios, comer ciruelas y evitar el alcohol y el tabaco.

Elabore su propio vino de diente de león. Para ello consiga una buena cantidad de pétalos de sus flores, 5 litros de agua, dos naranjas y dos limones troceados, una pizca de levadura y 1,3 kg de azúcar. Hierva los pétalos durante 20 minutos y luego vierta el líquido sobre las naranjas y los limones troceados. Deje enfriar, añada una pizca de levadura y espere 48 horas. Después, cuele la mezcla con un trozo de muselina y guarde el líquido en una jarra. Este vino casero se puede embotellar pasadas unas seis semanas, aunque para su degustación se recomienda que hayan transcurrido seis meses desde su embotellamiento.

Para el tratamiento del eczema se recomienda comer berros, ya que contienen mucho azufre.

Dolor de muelas y problemas de encías

Por desagracia, el dolor de muelas es una afección muy común en Occidente y generalmente responde a un escaso cuidado de los dientes y de las encías. A menudo, la halitosis (mal aliento) es debido a problemas en las encías o abscesos en la boca.

Remedios para el dolor de muelas

Para aliviar el dolor dental, frote aceite de clavo o clavo seco directamente sobre la encía correspondiente a la muela o diente afectado. Para conseguir un alivio inmediato, pruebe mascar un clavo con la muela o diente

Los clavos crudos frotados directamente sobre la zona afectada pueden aliviar el dolor. Para conseguir un efecto inmediato, másquelos.

dolorido. En Alemania, los dentistas utilizan un anestésico con clavo para combatir el dolor dental.

Los indios americanos acostumbraban a mascar hojas verdes o raíces de sauce a modo de cataplasma para aliviar el dolor de muelas.

Para reducir las molestias, enjuáguese la boca con vinagre y sal. También puede envolver la pieza dental afectada con una gasa que contenga pimienta negra y jengibre fresco.

Si no le importa ser tildado de antisocial, puede rellenar la caries con un trocito de algodón empapado en jugo de cebolla y ajo. Esto desinfectará toda la zona y le proporcionará cierto alivio.

Asimismo, para mitigar el dolor puede poner una rodaja de manzana escaldada en la zona afectada.

La tintura de caléndula alivia el dolor de muelas y de encías.

Remedios para las encías

La col es conocida por sus propiedades antiinflamatorias; impregne la zona afectada con jugo de col.

El dolor de encías puede ser debido a una deficiencia de vitaminas B y C, así pues, fortalezca sus encías bebiendo muchas infusiones y tisanas de escaramujo y grosellas negras.

Empape un trocito de algodón con tintura de caléndula y luego aplíquelo sobre la encía o diente afectado ejerciendo una ligera presión.

La tintura de hojas de lavanda frotada directamente sobre las encías actúa como un excelente antiséptico, aunque también puede realizar gárgaras con una infusión fría de hojas de lavanda y miel.

Elabore su propio dentífrico mezclando dos partes de bicarbonato sódico con una de sal. Si no dispone de estos ingredientes, puede limpiarse los dientes con un limón crudo.

La tintura de las hojas de lavanda aplicada sobre las encías tiene un gran poder antiséptico.

Los arándanos son unos frutos astringentes y antisépticos que combaten con gran efecto las úlceras bucales y las infecciones de encías.

Remedios para las úlceras bucales

Coma muchos arándanos, es una fruta muy astringente y de gran poder antiséptico, por lo que es muy útil para las úlceras bucales y las infecciones de encías.

Mezcle dos cucharaditas de sal marina y dos de agua oxigenada en una gran vaso de agua tibia y enjuáguese la boca con esta solución. (Nota: no ingerir.) En caso de abscesos bucales, enjuáguese repetidamente la boca con agua caliente y sal.

Elixires bucales

- Para refrescar la boca, masque brotes de perejil.

- Prepare un colutorio machacando unos cuantos clavos en agua hirviendo; deje enfriar durante 5 minutos antes de usarlo.

DOLENCIAS GENERALES
Migraña y dolor de cabeza

La mayoría de las personas sufren dolores de cabeza de vez en cuando. Algunos son causados por la tensión o el estrés mientras que otros son debidos al abuso del alcohol o pueden ser el aviso de un resfriado o una gripe. La migraña es más que un mero dolor de cabeza. De hecho, es un desarreglo neurológico que incluye dolor de cabeza punzante o pulsátil, perturbaciones en la visión, náuseas y vómitos. Si el dolor de cabeza persiste por mucho tiempo, busque atención médica.

Remedios para el dolor de cabeza

Una compresa caliente de hojas de col aplicada sobre la cabeza puede ser un gran alivio para una cefalea. También puede comer una tostada de pan integral con mantequilla y mermelada, un remedio un tanto peculiar pero efectivo. Para aliviar el dolor de cabeza producido por un exceso de sol, aplique sobre la frente una cataplasma de patatas y pepinos crudos.

Para refrescar y despejar la cabeza, prepare su propia agua de lavanda con 2 cucharaditas

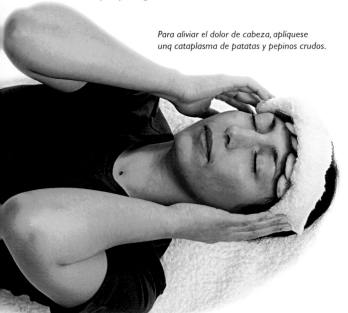

Para aliviar el dolor de cabeza, aplíquese unq cataplasma de patatas y pepinos crudos.

Para el dolor de cabeza producido por problemas en los orificios sinusales, las inhalaciones de vapores constituyen la mejor cura. Si añade diversos aceites esenciales, aumentará la eficacia del remedio.

de lavanda seca, 2 cucharaditas de canela, una pizca de nuez moscada rallada y 1 litro de alcohol de farmacia. Inhale los deliciosos vapores que se desprenden y conseguirá una alivio inmediato. Para los dolores de cabeza producidos por la hipertensión, coma ajo, ya que reduce la presión arterial.

Congestión de los orificios sinusales

Los dolores de cabeza producidos por la congestión de los orificios sinusales responden bien a las inhalaciones de vapor. Utilice los aceites esenciales de eucalipto, romero o tomillo, separadamente o combinados. También puede aplicar una compresa con agua caliente sobre la frente, o bien utilizar el agua de una infusión de lavanda o agua con unas gotas de aceite de menta.

Remedios para la migraña

La matricaria es la hierba que ha demostrado ser más efectiva para el tratamiento de la migraña. Asimismo, hay referencias sobre la eficacia del orégano. Para despejar la congestión de cabeza, aspire hojas de orégano secas o aplíquese un masaje sobre las sienes con el ungüento resultante de macerar hojas frescas de orégano en aceite de oliva.

Para prevenir las migrañas tome una bebida elaborada con raíces de jengibre fresco. Se ha demostrado que este remedio, tomado a diario, tiene casi el mismo efecto que los medicamentos más potentes que pueden prescribirse para esta dolencia.

A los primeros signos de migraña, aplique un masaje en las sienes con aceite de jengibre diluido en aceite de almendras dulces. También puede sumergir los pies en un baño que tenga jengibre o menta frescos,

Ensayos clínicos han permitido demostrar que la matricaria tiene efectos beneficiosos para la migraña.

o bien alguno de sus aceites esenciales. El baño de pies favorece que la sangre se dirija hacia los pies, despejando así la cabeza.

Se dice asimismo que comer tomates escaldados con albahaca y un chorrito de vinagre alivia la migraña.

Prepare un ungüento con aceite de orégano y vaselina y aplíquelo suavemente sobre las sienes.

Si puede conseguir matricaria fresca, prepárese una infusión. En caso contrario, puede utilizar menta o romero. Use dos partes de hojas de menta y una parte de hojas de romero y déjelas reposar en un cazo con agua bien caliente durante por lo menos 10 minutos.

Parece ser que una tostada con mantequilla y mermelada alivia los dolores de cabeza.

Dolor de oídos y neuralgia

El dolor de oídos puede tener diversos orígenes, desde un resfriado o catarro hasta el aumento de las adenoides, pasando por una infección del oído interno. La mayoría de remedios caseros se basan en el calor y el aceite. En cualquier caso, no hurgue dentro del oído por mucho que le duela.

Cualquier inflamación del nervio trigémino, que es el encargado de transmitir los impulsos nerviosos dentro del cráneo, cerca del oído, produce un dolor intenso y espasmódico en una parte de la cara que se conoce como neuralgia.

Para aliviar el dolor de oídos, aplique sobre la oreja un paño húmedo y caliente con sal en su interior.

Una bolsa de agua caliente puede ayudarle a mitigar el dolor de oídos o una neuralgia.

Antaño, se aplicaban ralladuras de rábanos picantes sobre la mejilla hasta que el dolor desaparecía. Sin embargo, hoy día, existen otros métodos curativos menos engorrosos.

Remedios para el dolor de oídos

Muchos dolores de oídos son causados por un resfriado, una gripe u otro tipo de congestión. Si éste es su caso, puede reducir la mucosidad y las flemas con infusiones de flores de saúco o con una bebida fría de bayas de este arbusto.

Uno de los mejores remedios para el dolor de oídos, es una bolsa de agua caliente cubierta con un paño y colocada cerca de la oreja. Ponga unas gotas de aceite de oliva en el oído y acuéstese sobre el costado opuesto durante unos 5 minutos, para que el aceite penetre bien y pueda hacer efecto.

Machaque un diente de ajo y déjelo macerar en aceite de oliva caliente durante unos

Para combatir la infección de oídos, machaque un ajo y macérelo en aceite de oliva.

inflamación consiguiente, tome infusiones de plantaina o llantén.

Remedios para la neuralgia

Frote las parte posterior de las encías con clavo. También alivia esta dolorosísima afección, dormir con un cojín de lúpulo o aplicar sobre la zona afectada una cataplasma de gachas de avena envueltas en muselina. Comer avena reduce el estrés y mitiga el dolor.

15 minutos, luego cuélelo y reserve el líquido. A continuación, empape un algodón en el líquido obtenido y colóquelo dentro del pabellón auditivo, cerca del lóbulo.

El ajo combate cualquier posible infección. En el pasado, para aliviar los dolores, se colocaba una cebolla hervida sobre la zona afectada. Y algunas personas utilizaban el jugo de la cebolla en aceite caliente. Para ello, caliente una cucharadita de aceite de almendras, viértalo suavemente dentro del oído y luego tápelo con un trocito de algodón.

Un cojín de lúpulo le puede proporcionar la solución que necesita para aliviar una dolorosa neuralgia.

A modo de compresa, envuelva sal dentro de un paño, empápelo en agua caliente y escúrralo. Otra posibilidad de compresa es envolver patatas asadas en un paño. Para un mayor efecto, en cualquiera de los dos casos, aplique las compresas todo lo caliente que pueda.

Para tonificar la delicada membrana del oído interno y prevenir el mareo producido por la

El aceite de oliva caliente, aplicado dentro del oído, puede aliviar el dolor.

DOLENCIAS GENERALES
Dolores menstruales y síndrome premenstrual (SPM)

Los dolores menstruales, también conocidos como dismenorreas, son unos dolores agudos en la parte baja del abdomen que padece más de la mitad de la población femenina durante la menstruación. Para un 15 % de las mujeres, este tipo de dolor interfiere en sus actividades habituales. Los dolores menstruales suelen comenzar en la adolescencia y se van suavizando con la edad, especialmente después de dar a luz.

Los retortijones en la parte baja abdominal, que suelen producirse al principio del periodo, raramente son indicio de enfermedad, pero pueden ser muy dolorosos. El síndrome premenstrual (SPM) afecta a un 40 % de las mujeres y puede causar cambios de humor repentinos, dolor de cabeza, hinchazón y dolor en las mamas.

Dolores menstruales
Para combatir el dolor es importante aumentar el aporte de magnesio hierro, zinc y vitaminas

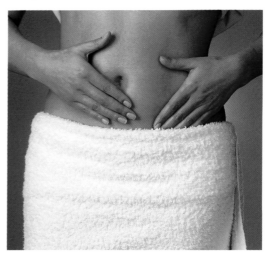

Para reducir la hinchazón premenstrual y los dolores de la menstruación, apliquese un masaje en el bajo vientre con aceite de ricino.

La avena y el arroz integral le ayudarán a combatir los dolores menstruales.

en el organismo; esto se puede conseguir comiendo arroz y pan integrales, avena, frutos secos y legumbres. Para liberar tensiones y relajar los músculos, tómese un baño caliente con unas gotas de aceite esencial de manzanilla o de salvia. Para contrarrestar la retención de líquidos, utilice el aceite esencial de geranio y el de romero. La angélica es una hierba que estimula y calienta, por lo que es muy adecuada para mujeres que tienen escalofríos durante el periodo. El remedio consiste en preparar una infusión con angélica, manzanilla y raíces de jengibre a partes iguales y 600 ml de agua, hervir a fuego lento durante 15 minutos. Para reponer el hierro y reducir el exceso de líquido en el organismo, tome diente de león, uno de los mejores diuréticos; aporta mucho potasio, que contribuye a la eliminación del exceso de agua. Como apetitoso remedio casero, prepare una ensalada con hojas de diente de león. Para aliviar los retortijones y reducir las hemorragias menstruales, tome infusiones de milenrama.

Realice un masaje en el bajo abdomen con aceite de ricino. Uno de los remedios más antiguos para mitigar los dolores menstruales es el jengibre fresco, ya sea en infusiones calientes o macerado en leche. Para los periodos con pérdidas muy abundantes y retortijones, pruebe una decocción de raíces de ruibarbo o infusiones de albahaca.

Remedios para el SPM

Las infusiones de menta alivian los síntomas del SPM. Para mitigar la tensión en el pecho y la hinchazón, se recomienda comer espárragos verdes hervidos. Otro remedio son las algas, por su natural contenido de yodo. Puede elegir entre el *wakame*, el nori o el *kombu* y utilizarlas en sopas o en guisos.

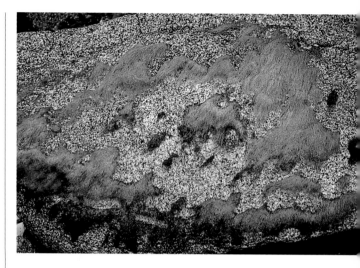

Las algas contienen yodo natural, muy útil para mitigar el SPM. Existe una gran diversidad de algas comestibles que se pueden preparar en sopas y guisos.

Para estimular la eliminación de toxinas a través del sistema linfático, aplique una cataplasma de aceite de ricino en la parte baja del abdomen. Empape una toalla vieja con aceite de ricino y colóquela sobre el abdomen, luego cúbrala con otra toalla y, finalmente, ponga sobre ésta una bolsa de agua caliente.

La hinchazón del periodo premenstrual se puede aliviar con infusiones de diente de león, ya que ayuda a que el organismo se deshaga del exceso de líquido. En este mismo sentido actúa la salvia, que se puede tomar en infusiones y ensaladas. Una combinación con claros efectos tonificantes consiste en un cóctel de espinacas, berros, brotes tiernos de ortigas, zanahorias y remolacha. Utilice los ingredientes crudos y tritúrelos juntos hasta conseguir una mezcla homogénea.

Los espárragos verdes hervidos alivian los síntomas de tensión e hinchazón del pecho asociados al SPM.

DOLENCIAS GENERALES

Sofocos y problemas de menopausia

Los sofocos, la sudoración nocturna y los cambios de humor repentinos son síntomas de la menopausia. A pesar de que no es una enfermedad, puede resultar un problema para muchas mujeres a medida que se hacen mayores. Reducir o eliminar la cafeína es una medida especialmente útil para aliviar la mayoría de los síntomas de la menopausia. Existe una gran variedad de infusiones y tisanas que pueden ayudar a mitigar las molestias de esta etapa de la vida.

Remedios para los sofocos

La menta es un popular refrescante; añádala a las ensaladas siempre que pueda. También puede tomar infusiones de menta o bien verter

El apio contiene estrógenos; unas sustancias estimulantes que alivian los síntomas de la menopausia.

algunas gotas de aceite esencial de menta al agua del baño.

La salvia es conocida también como la hierba de la vejez. Elabore un tónico con vino y salvia. Para ello, tome un puñado de hojas frescas de salvia y déjelas macerar en una botella de vino blanco de buena calidad durante, por lo menos, dos semanas. Luego, endulce con miel y deje que la salvia siga macerándose otra semana más. Finalmente, cuele el remedio y reserve el líquido en una botella tapada. Beber un vaso de este tónico antes de la comida y de la cena tiene efectos muy beneficiosos.

Otro tónico muy bueno para aliviar los síntomas de la menopausia contiene borraja,

Para mitigar los sofocos, tómese un tónico de salvia elaborado con las hojas de esta hierba y vino blanco.

Las pipas de calabaza tienen fitoestrógenos, que pueden aliviar los síntomas de la menopausia.

melisa, frambuesa, raíces de bardana y plantaina. Sumerja las hierbas mencionadas en agua caliente y beba el líquido en el transcurso del día. Este remedio le ayudará a levantar el ánimo.

Remedios para las sudoraciones nocturnas

Beba 2 tazas diarias de infusión de salvia. Ponga 2 cucharaditas de hojas de salvia en un cazo y vierta sobre ellas 2 tazas de agua hirviendo; a continuación, tape el cazo y hierva a fuego lento durante 5 minutos. Haga esta infusión por la mañana y guárdela en un termo para beberla a lo largo del día. También se recomienda tomar infusiones de *ginseng* por su elevado contenido en vitaminas del grupo B y minerales. El *ginseng*, además, activa la libido.

Pruebe las infusiones de caléndula: añada las flores de esta planta a 1 litro de agua hirviendo y deje reposar 10 minutos. Tome esta infusión tres o cuatro veces al día.

Como calmante y reconstituyente, coloque unas cuantas hojas de salvia debajo de la almohada al acostarse o bien beba una infusión de esta hierba.

Síntomas generales

La caléndula, el lúpulo, el *ginseng*, la salvia y la discorea villosa o ñame silvestre contienen estrógenos, que pueden ser de gran ayuda para mitigar los síntomas de la menopausia. Tómelos en infusión o como complemento. Por el mismo motivo, se recomienda comer grandes cantidades de ruibarbo, avena y apio. Algunos alimentos tienen elevados niveles de fitoestrógenos (los estrógenos naturales de las plantas), por lo que pueden aliviar los síntomas de la menopausia. Muchos fitoestrógenos, como las llamadas isoflavonas y lignans, se encuentran en los alimentos de soja, semillas de lino y algunas hierbas. En Asia, dónde la dieta es rica en soja, las mujeres presentan una menor incidencia de sofocos durante la menopausia y de cáncer de mama. Otros alimentos que contienen fitoestrógenos son las pipas de calabaza, el *tofu* y el *tempeh*. Intente incluir esos alimentos en su dieta, así como la melisa, el diente de león, y la plantaína, que pueden utilizarse también en ensaladas.

Como tónico general para refrescar y calmar, puede tomar un baño caliente con aceite esencial de romero o de lavanda.

Las hojas de melisa, colocadas debajo de la almohada al acostarse, son tranquilizantes y reducen las sudoraciones nocturnas.

Candidiasis/cándida

El estrés, las alergias, la comida rápida y el alcohol son factores desencadenantes del desequilibrio en la flora intestinal, colon y vagina, que causa picor y dolor y que se conoce como candidiasis. El organismo que la provoca es la cándida, un hongo parásito que puede ser estimulado por las píldoras contraceptivas o por el uso de antibióticos. Mientras dure la infección, algunas de las medidas que puede aplicar consisten en no ponerse ropa interior sintética o unos pantalones muy ajustados, así como evitar mantener relaciones sexuales. La candidiasis oral es más frecuente en los bebés y en los niños que en los adultos y puede ser debida a un exceso de azúcar en la dieta.

Remedios para las cándidas vaginales

Tómese cada mañana un bol de yogur natural o desayune avena cruda, yogur y zumo de naranja. Para aliviar el picor, prepare una solución muy diluida de agua oxigenada –una cucharadita en un vaso de agua tibia– y aplíquela suavemente con un algodón sobre la zona afectada.

El yogur natural tiene unas bacterias beneficiosas llamadas *acidophilus* que combaten los hongos vaginales y otras infecciones fúngicas. Coloque un poco de yogur sobre un tampón e introdúzcalo en la vagina; retírelo al cabo de dos horas.

Beba cada mañana vinagre de sidra y, si está tomando antibióticos, coma todo el ajo que pueda durante más de una semana.

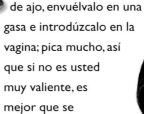

El tomillo, en forma de infusión, se puede utilizar en baños de asiento para aliviar las molestias de la candidiasis.

Los ajos combaten la mayoría de las infecciones producidas por bacterias, hongos y virus. Para conseguir un poderoso efecto antiséptico más local, pele un diente de ajo, envuélvalo en una gasa e introdúzcalo en la vagina; pica mucho, así que si no es usted muy valiente, es mejor que se

El yogur natural tiene bacterias benéficas que combaten los hongos vaginales.

El coco fresco y la leche de coco ayudan a combatir los síntomas de la candidiasis.

tampón en la solución. A continuación introdúzcalo en la vagina y deje actuar por espacio de dos a cuatro horas; realice esta operación dos veces por semana.

Un viejo remedio para la candidiasis son las capuchinas, ya que sus flores actúan como antibióticos naturales. Puede utilizar infusiones de capuchinas para los baños de asiento.

Remedios para la candidiasis bucal

El mejor remedio para la candidiasis oral consiste en comer muchos ajos y yogur natural. Enjuáguese la boca concienzudamente con una solución de vinagre de sidra y agua caliente con una pizca de sal.

Comer mucha cebolla, coco y leche de coco ayuda a combatir esta dolencia.

abstenga. Para aliviar las molestias de la candidiasis puede tomar baños de asiento con 600 ml de agua hervida a la que haya añadido dos gotas de aceite de lavanda, o bien con infusiones de manzanilla o tomillo. También puede tomar un baño caliente con cualquiera de las propuestas mencionadas.

Utilice mirra o aceite de árbol de té diluidos en una cucharadita de vodka y empape un

Las flores de las capuchinas actúan como antibióticos naturales. Utilice infusiones frías de capuchinas para los baños de asiento.

Sabañones, calambres y mala circulación

Los sabañones son de hecho una forma leve de congelación. Se trata de unas inflamaciones muy dolorosas que provocan escozor; generalmente aparecen en manos, pies y orejas debido al frío. Por lo común, los sabañones se producen como resultado de una mala circulación, que puede verse agravada por el tabaquismo. Algunos naturópatas creen que los calambres y la mala circulación también tienen su origen en una deficiencia de potasio y calcio.

Remedios para los sabañones

Evite la tentación de acercar los pies a una radiador o a una bolsa de agua caliente.

Active la circulación frotando de forma enérgica los pies con una toalla.

Para estimular la circulación sanguínea, y siempre que no hayan heridas en la piel, aplique un poco de cayena molida sobre los sabañones. Si existen heridas en la piel, aplique un ungüento de caléndula para favorecer la cicatrización.

Uno de los remedios consiste en trocear 450 g de nabos sin pelar y hervirlos en 3 litros de agua hasta que se ablanden. A continuación, se mojan los sabañones con el agua de la cocción –que ha de estar caliente, pero no debe quemar– y se frotan las zonas afectadas con los trozos de nabo. Las sales y aceites esenciales del nabo actúan como astringentes, a la vez que favorecen la circulación de la sangre.

El apio contiene sustancias que reducen la presión arterial y favorecen la circulación.

Para mejorar la circulación, frote los pies enérgicamente con una toalla.

También puede aplicar raíces frescas de rábanos picantes, sujetándolas con una venda sobre la zona afectada. El limón, el ajo o el jugo de cebolla frotados directamente sobre los sabañones pueden tener un efecto similar; también puede hacer un vendaje con un trozo de corteza de limón, ajo o cebolla y dejarlo toda una noche.

El apio es un buen remedio para los sabañones. Cueza una gran cantidad de troncos de apio en 1 litro de agua y luego sumerja los pies en el caldo durante 1 hora. Cuánto más caliente esté el agua mejor. Realice estos baños a primera hora de la mañana y antes de acostarse.

Remedios para los calambres

El apio contiene un sustancia que reduce la presión de la sangre al relajar la fina envoltura muscular de los vasos sanguíneos. De esta forma, la sangre fluye libremente y la presión arterial desciende, lo cual calma los síntomas de los calambres.

Para sentir alivio en pocos minutos, mezcle una cucharadita de vinagre de sidra y una cucharadita de miel en una vaso de agua tibia y bébasela de un trago. Asegúrese de que el vinagre procede de un comercio de alimentos biológicos, ya que muchas marcas de vinagre de sidra que se comercializan hoy en día han perdido la mayor parte de su contenido en potasio.

Cómo elaborar un complemento de calcio

- Llene una jarra hasta la mitad con cáscaras de huevo.

- Cúbralas con vinagre y déjelas reposar unas dos semanas.

- Cuele y reserve el líquido. Tome de una a tres cucharaditas diarias de este remedio casero.

- Puede utilizar el líquido como aliño de ensaladas o en las salsas.

- Endulzado con miel, se puede tomar como un refresco.

Si incluye almendras en su dieta, puede reducir la incidencia de calambres.

Tome infusiones que contengan gran cantidad de calcio, como el diente de león, las frambuesas y las hojas de plantaína. Y coma mucha almendras, sésamo, yogur y verduras verdes.

"Las piernas agitadas" es un tipo de calambre que causa dolor y contracciones en las piernas. Para aliviar estos síntomas, incluya aguacates y germen de trigo en su dieta y reduzca la carne, los productos lácteos y la ingestión de sal.

Para aliviar los sabañones, sumerja los pies en un caldo elaborado con troncos de apio.

Problemas de los ojos

El ojo es una órgano muy delicado y en cambio ha sido concebido para soportar muchos percances. La parte exterior del globo ocular se halla envuelta por una membrana llamada córnea, que puede resistir y recuperarse de lesiones bastante graves. Sin embargo, el alcohol, los ambientes cargados de humo o trabajar demasiado tiempo delante de una pantalla del ordenador son factores que causan dolor, escozor o inflamación en los ojos.

Remedios para los ojos cansados

Los pétalos de rosa pueden aliviar unos párpados inflamados o irritados.

Uno de los remedios tradicionales para los párpados irritados son los pétalos de rosa. En primer lugar, prepare una decocción con 2 o 3 pétalos de rosa en unos 250 ml de agua y deje hervir durante 10 minutos. A continuación, una vez enfriada la solución, empape en ella un algodón o unos parches para ojos y aplíquelos sobre los párpados. También puede hacer infusiones de manzanilla o caléndula y, una vez frías, utilizarlas como curativas compresas oculares.

Si siente los ojos cansados o se ha pasado todo el día mirando a la pantalla del ordenador, aplíquese hamamelis enfriado previamente en la nevera. Coma mucho hinojo, pues es un alimento que alivia el cansancio ocular; también lo puede tomar en infusiones.

Prepare una solución con 2 cucharaditas de miel diluidas en 2 tazas de agua hirviendo, deje enfriar y dese un baño de ojos. Aunque también puede aplicarse una cataplasma sobre los ojos con hojas de col escaldadas, una vez enfriadas. Quizás tenga un aspecto ridículo con las hojas de col en los ojos, pero merece la pena. Una rodaja de patata cruda o de pepino sobre los párpados tiene el mismo efecto. La borraja era ya muy apreciada por los griegos como un reforzador de los ojos delicados y como preventivo de las cataratas. Las personas en cuya dieta falta beta caroteno, ácido fólico y vitamina C tienen mayor posibilidad de desarrollar cataratas. La borraja contiene los tres ingredientes, por lo que es altamente recomendable incluirla en la dieta.

Incluya hinojo en su dieta; es muy bueno para aliviar los ojos cansados.

Remedios para los orzuelos

Para eliminar el orzuelo, aplíquese un baño de ojos con una solución bórica o una cataplasma de hojas de col escaldadas, una vez enfriadas; o bañe los ojos con un solución consistente en 1 gota de aceite esencial de lavanda, o de limón, y 1 cucharadita de agua hervida, una vez enfriada. Este remedio también le aliviará los síntomas de la conjuntivitis.

Durante la Segunda Guerra Mundial, se animaba a los pilotos a comer muchas zanahorias para mejorar su visión durante la noche.

Creencias de antaño

En el pasado se creía que la zanahoria era estupenda para los ojos, por lo que se animaba a los pilotos de la Segunda Guerra Mundial para que la comieran en grandes cantidades. Asimismo, se creía que cualquier cosa de color dorado tenía efectos beneficiosos para la vista, incluido contemplar las caléndulas durante el día.

Insomnio

En estos tiempos de tanto estrés, no resulta extraño que muchas personas tengan dificultad para dormir. No obstante, se pueden hacer muchas cosas para mejorar el sueño. Intente relajarse antes de acostarse y evite el café y el alcohol, ya que ambos lo desvelan en lugar de favorecer el sueño. Tómese un baño caliente con sales de magnesio o escuche un poco de música relajante. Y mantenga una determinada rutina para irse a la cama, de esta forma su cerebro aprenderá a reducir la marcha en cuanto se acueste.

Remedios para el insomnio

Según cuentan, en algunas partes de Italia la gente dormía con dientes de ajo entre los dedos de los pies para así asegurarse una noche de feliz descanso. Por su lado, los victorianos preferían lavarse la cabeza con eneldo o colocar unas ramitas de esta hierba sobre la almohada al acostarse.

Algo más fácil de llevar a la práctica consiste en beberse, antes de acostarse, un vaso de agua caliente con 2 cucharaditas de vinagre de sidra y 2 de miel. Para conseguir un efecto sedante y relajante, aplique unas gotas de aceite de

Comer mucha lechuga le ayudará a tener una buena noche de descanso.

lavanda en los pulsos de las muñecas y en las sienes antes de irse a la cama. Coloque semillas de apio en un trozo de muselina e inhale su fragancia cuando se prepare para dormir.

Se supone que la lechuga contiene sustancias que inducen al sueño, por lo que se recomienda tomarlas durante la comida o en infusiones.

Para combatir el insomnio, aplique unas gotas de aceite de lavanda en los pulsos de las muñecas y en las sienes antes de acostarse.

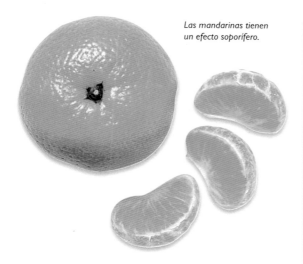

Las mandarinas tienen un efecto soporífero.

señoras de la nobleza inglesa. Elabore su propia versión con el zumo de dos naranjas endulzado con miel.

Un baño de pies también es una buena idea, ya que favorece que el flujo de la sangre se dirija hacia los pies. Prepare el agua del baño con una mezcla de aceites esenciales de lavanda y romero. Un baño de pies con mostaza está igualmente indicado en estos casos.

Las mandarinas también tienen un efecto soporífero, tomar una después de la cena es una ideal para conciliar el sueño con facilidad.

Para relajar los nervios e inducir al sueño, pruebe con una infusión de flores de saúco.

Los indios americanos solían comer cebollas crudas para descansar bien por la noche. Asimismo, elaboraban una poción somnífera con amapolas y agua caliente. Si esto le parece algo drástico, tome una infusión de valeriana antes de acostarse.

Pruebe también la siguiente infusión: ponga las semillas de una vaina de cardamomo, 2 gotas de aceite de menta, 1 cucharadita de azúcar y una pizca de bicarbonato sódico en una taza de agua hirviendo y bébasela cuando todavía esté caliente.

Una bebida estupenda para que los niños inquietos se duerman consiste en añadir una cucharadita de miel a una taza de leche caliente y espolvorear con canela.

Tradicionalmente, las flores del naranjo han sido un remedio para el insomnio entre las

Leche caliente y miel, espolvoreada con una pizca de canela, prepara a los niños para que se duerman.

Cuidados de manos y pies

No cuidamos ni respetamos nuestros pies: los embutimos en unos zapatos que no son de su medida, fabricados con tejidos sintéticos, y encima les pedimos que no se cansen y que nos soporten durante todo el día. Por eso no es de extrañar que suframos todo tipo de problemas en los pies, desde juanetes, callosidades y durezas hasta las molestas infecciones de hongos como el pie de atleta. Y, a pesar de que somos algo más amables con nuestras manos, tampoco reparamos en las veces que las metemos y sacamos del agua caliente en el transcurso del día, lo que suele acabar en una piel agrietada y unas uñas resecas.

Remedios para los pies

Para el mal olor de pies, ponga 6 bolsas de té en una palangana con agua caliente e introduzca sus agotados pies durante 10 minutos. Para aliviar el cansancio, sumérjalos durante media hora en un baño frío de un remedio elaborado con cebada o mijo y agua caliente. O tome un relajante baño caliente de pies, añadiendo una cucharadita de sal al

Aplicar un masaje entre los dedos de los pies con aceite de tomillo y aceite de oliva puede contribuir a curar el pie de atleta.

Deberíamos respetar más a nuestros pobres y cansados pies. Prémielos a menudo con un relajante baño o un masaje con aceites esenciales.

agua. Y para calentar verdaderamente los pies cuando hace mucho frío, añada al baño caliente una cucharadita de mostaza molida.

Remedios para las durezas

Para eliminar las durezas por completo, frótelas diariamente con aceite de ricino durante dos semanas. Luego coloque un trozo de corteza de limón y un tomate crudo sobre la dureza y cúbrala con un vendaje. El jugo de los frutos reblandecerá la dureza durante la noche. Unos puerros macerados en vinagre durante 24 horas, aplicados a modo de cataplasma, pueden servir igualmente para este propósito.

Para un relajante baño de pies, añada 5 gotas de aceite de menta a una palangana con agua tibia. En lugar del aceite, puede añadir 2 bolsitas de té de menta y dejar en infusión durante unos 10 minutos.

Remedios para el pie de atleta

Mezcle en una palangana, a partes iguales, vinagre y agua caliente o alcohol de farmacia y tome un baño de pies. También puede aplicar yogur natural sobre los dedos y dejarlo actuar toda una noche. Otro remedio consiste en aplicar un masaje suave entre los dedos de los pies con unas gotas de aceite esencial de tomillo o de romero diluidas en aceite de oliva.

Sumerja las uñas secas o quebradizas en aceite de oliva durante media hora cada día hasta que observe mejoría.

Remedios para las verrugas

Pele una patata lo más finamente que pueda y con la cara interior de la piel frote la verruga dos veces al día. Gracias a una sustancia química de la patata, que está cerca de la piel, la verruga debería ponerse negra y caerse después de unas dos semanas.

La leche que segregan el diente de león o la celidonia también se puede utilizar como bálsamo antiverrugas. Extienda la leche de estas plantas sobre la zona afectada y cúbrala con un emplasto. A la mañana siguiente, la verruga debería haber desparecido.

Remedio para las manos secas

Mezcle 25 g de almendras molidas, 1 huevo batido, 1 cucharadita colmada de raíces de consueldas y miel. Frote las manos con este remedio y póngase guantes de algodón para pasar la noche. A la mañana siguiente, lávese las manos. Repita el procedimiento cada día durante una semana y sentirá sus manos suaves y descansadas.

Remedios para las uñas quebradizas y uñas pintadas

Sumerja las uñas rotas o secas en aceite de oliva y manténgalas durante 30 minutos cada día, hasta que observe mejoría.

Para eliminar la laca de uñas, frote sus manos y uñas con la parte exterior de la corteza del limón, deje actuar por un minuto y luego lávese las manos.

Quizás una mezcla de almendras molidas, huevo, consueldas y miel sea justamente lo que sus manos necesitan.

Champús, cremas y tónicos reconstituyentes

Se suele olvidar que durante siglos muchos tratamientos de belleza naturales han sido utilizados para todo tipo de cremas limpiadoras y lociones. Así, se sabe que Cleopatra usaba aloe vera como crema hidratante. Y aún hoy día esta sustancia es uno de los ingredientes de muchas cremas hidratantes de marcas conocidas. El aceite de almendras es otro gran suavizante de la piel; puede diluir en él cualquier aceite esencial que considere apropiado para darle a su piel los cuidados y atenciones que necesite. El aspecto del pelo y del cuero cabelludo depende del estado de salud general, por lo que cualquier situación de estrés se reflejará en una piel y un cabello más mortecinos y apagados. Una dieta equilibrada es sin duda la base de una buena salud para el pelo y la piel, aunque en este capítulo incluimos otros trucos para echarle una mano a la naturaleza.

Dese el capricho de aplicarse un champú natural u otro tratamiento de belleza hecho en casa y mejore su bienestar general.

Remedios para el pelo seco

Para tener un pelo en condiciones perfectas, aplique un masaje sobre el cuero cabelludo con unas gotas de aceite de romero, luego aclare con una infusión de caléndula. Para un cabello verdaderamente seco, caliente 2 cucharaditas de aceite de oliva al baño maría. A continuación, frote el cuero cabelludo con el aceite y cúbrase la cabeza con una toalla mojada en agua caliente y escurrida durante 2 horas. Después, lávese el

Incluso los antiguos egipcios necesitaban ayuda para estar bellos. Se sabe que Cleopatra utilizaba aloe vera como crema hidratante.

pelo con vinagre de sidra diluido en una proporción de 1 taza de vinagre por 5 litros de agua.

Para el pelo seco, elabore su propio champú al huevo. Para ello utilice 25 g de romero fresco, 600 ml de agua caliente y un huevo. Sumerja el romero en el agua caliente durante 20 minutos y deje enfriar. Luego, bata un huevo dentro del agua y aplique este remedio con un masaje sobre el cabello. Al final, aclare con abundante agua.

Remedio para la caspa

Corte un limón por la mitad y frote el cuerpo cabelludo con ambos trozos. Deje actuar durante unos 10 minutos y luego lave el cabello. La leche agria tiene el mismo efecto, pero no huele tan bien como el limón. Envuelva en muselina 1 o 2 trozos de raíces de jengibre fresco y hiérvalas en 600 ml de agua. Utilice este remedio –después del champú– en el aclarado final, aplicándolo en suave masaje sobre el cabello.

Póngase vinagre de sidra en el cabello, luego cúbrase la cabeza con una toalla y deje actuar durante una media hora. Después aclare con agua abundante. Repita este remedio tres veces por semana hasta que la caspa desaparezca.

Remedio para las puntas abiertas

Elabore una mezcla a partes iguales con aceite de ricino y aceite de oliva. Luego, aplíquese una yema de huevo a modo

El aloe vera es una planta que se utiliza desde hace siglos como crema hidratante.

de champú. Después cúbrase la cabeza con una toalla caliente y deje actuar al remedio por lo menos 1 hora. Aclare el cabello con vinagre de sidra diluido en una proporción de 1 taza por 5 litros de agua y finalmente con agua fresca para eliminar cualquier residuo. Para los cabellos finos, aclare con cerveza.

Tónicos reconstituyentes

Elabore su propio tónico natural. A muchas personas les encanta tomar un tacita a media mañana y a media tarde de la siguiente combinación: 1 cucharadita de vinagre de sidra, 1 cucharadita de miel y 225 ml de agua caliente. Se trata de un tónico que le aporta energía entre comidas. O pruebe con este tónico purificante: vierta 300 ml de agua hirviendo sobre 1 cucharadita de arándanos machacados y 1 cucharadita de berros troceados. A continuación, cubra el recipiente y deje enfriar. Finalmente, cuele y reserve el líquido. Beba un par de tazas diarias y se sentirá fenomenal.

Para los cabellos secos, pruebe un champú con huevo y romero.

Los granos de uva blanca se pueden utilizar para elaborar una mascarilla limpiadora casera.

Para preparar un tónico de diente de león, recolecte flores suficientes para llenar un recipiente de aproximadamente 1,2 litros. Corte el tallo y el cuello del extremo de cada flor y lávelas con agua. A continuación, coloque las flores en un cazo y cúbralas con 2,5 litros de agua hirviendo. Déjelas hervir durante 20 minutos y añada 2 naranjas y 2 limones. A continuación, añada 1 cucharada colmada de levadura de cerveza y deje reposar durante 48 horas. Luego, cuele a través de una muselina y reserve el líquido. Finalmente, añada 1,3 kg de azúcar y mézclelo todo. Use este remedio como tónico reconstituyente siempre que lo necesite.

Para la cara

Prepare una crema limpiadora natural con 8 cucharaditas de cera de abeja calentada con 425 ml de parafina líquida. Añada luego 300 ml de agua a la mezcla de ceras, agitando de forma continua. Finalmente, deje enfriar y transfiera el contenido a un frasco para su almacenamiento.

Para elaborar una mascarilla limpiadora, mezcle 10 granos de uva blanca con 2 cucharaditas de vinagre de sidra, 1 cucharadita de miel y 1 cucharadita de avena y tritúrelo todo hasta conseguir un líquido pegajoso. Limpie la cara y el cuello de forma habitual y luego aplique el remedio, dejándolo actuar al menos unos 5 minutos. Por último, aclare con agua caliente y elimine la humedad con un algodón seco.

Los limones son muy buenos para las pieles grasas con tendencia a las impurezas; puede beber el jugo y también aplicarlo sobre la cara. Por su elevado contenido en antioxidantes, son asimismo un excelente tratamiento antiarrugas. Diluya el zumo de limón con agua mineral y aplique en suave masaje facial al primer signo de arrugas, en particular alrededor de los ojos.

Una mascarilla estupenda para cutis grasos consiste en hacer un puré con un pepino grande del que se han eliminado las pepitas, luego añada 1 cucharadita de zumo de limón, 1 cucharadita de hamamelis, la clara de 1 huevo y 2 cucharaditas de nata o yogur natural y tritúrelo todo junto. Aplique esta mezcla sobre la cara y déjela actuar durante unos 20 o 30 minutos, hasta que quede casi seca. Finalmente, aclare con agua caliente abundante. Otra mascarilla facial infalible consiste en mezclar, a parte iguales, avena y almendras molidas y luego triturar la mezcla

Prepare su propia mascarilla para pieles grasas con ingredientes naturales como el pepino.

Las algas laminarias (kelps) añadidas al baño favorecen la circulación y reducen la celulitis.

hasta convertirla en una pasta homogénea. Para espesar la mezcla y poderla aplicar sobre cara y cuello, añada el líquido suficiente. Para las pieles secas añada 1 cucharadita de germen de trigo o de levadura de cerveza, o bien arcilla (caolín), si lo que desea es eliminar impurezas.

Para las pieles con problemas, consiga tierra de batán (una arcilla que puede adquirir en la farmacia), le ayudará con las pieles grasas y estimulará la circulación sanguínea. Para equilibrar las pieles grasas, utilice hamamelis, 1 clara de huevo batida, 1 yogur y zumo de limón. Y para las pieles secas, 1 yema de huevo, miel, suero de leche y pulpa de plátano o aguacate.

Para revitalizar e iluminar una piel cansada, prepare una mezcla con aceites esenciales de romero o menta en una base de avena y aceite de almendras.

Para eliminar las células muertas de la piel, frótese la cara con la pulpa de una papaya.

Prepare un excelente desmaquillador con 1 cucharadita de aceite de ricino mezclada con 2 cucharaditas de aceite de almendras.

Para la celulitis

La celulitis es el término utilizado para definir los depósitos de grasa, generalmente conocidos como "piel de naranja", que suelen producirse en la parte superior de los muslos, caderas, nalgas y parte superior de los brazos, y que es mucho más frecuente en mujeres que en hombres. Nadie sabe cuál es la causa de la celulitis, pero abundan las teorías y los tratamientos para eliminarla.

El perejil fresco es una buena fuente de vitamina C y un buen desintoxicante o purificador y diurético, por lo que ayuda a eliminar el exceso de agua del organismo. Coma mucho perejil crudo en ensaladas.

Hierva la corteza de un limón en agua, déjela reposar toda una noche y bébase el líquido a primera hora de la mañana.

Para activar la circulación, utilice algas laminarias (kelps) en el baño. Y para eliminar el exceso de líquido, tome infusiones de diente de león.

Aplique la siguiente cataplasma sobre las zonas con celulitis: trocee 1 puñado de hojas de hiedra y mézclelas con 2 puñados de salvado y agua caliente suficiente hasta conseguir una consistencia pastosa.

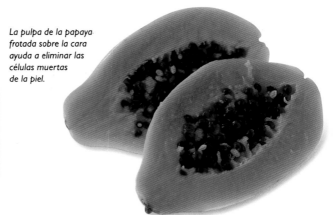

La pulpa de la papaya frotada sobre la cara ayuda a eliminar las células muertas de la piel.

Remedios caseros útiles

Aceite de almendras: como base de masajes y fricciones; para el dolor de oídos.

Aguacate: como crema de manos; limpiador; para las quemaduras solares; para cortes y rozaduras; para el acné.

Ajo: como antibiótico natural y antiséptico; para limpiar las heridas; para los problemas de estómago; para purificar la sangre; para las durezas y callosidades; para los resfriados; para el dolor de oídos, la diarrea y la resaca; para las aftas y las verrugas; como repelente de insectos.

Albahaca: como antiséptico.

Alcanfor, aceite de: estimulante o sedante; antiséptico, puede utilizarse en cortes y rozaduras; para el lumbago.

Aloe vera: para la limpieza facial.

Angélica: utilice las hojas y raíces como diurético, expectorante, antiespasmódico, tónico digestivo y para los resfriados de los niños; para los desmayos; para la fiebre.

Apio: para las infecciones de las vías urinarias.

Arándanos, hojas: para la diarrea; para las intoxicaciones.

Arándanos agrios: la respuesta perfecta para la cistitis.

Arándanos comunes: para la cistitis, la diarrea, las úlceras bucales y los problemas de encías.

Arroz: para los problemas intestinales, especialmente las diarreas.

Avena: para el estrés; para purificar la sangre; en forma de cataplasmas para la celulitis; para aliviar los síntomas de la menopausia y las menstruaciones dolorosas.

Bálsamo de benjuí: en inhalaciones, para las alergias (asma y fiebre del heno); para los cortes y las rozaduras.

Barro y arcilla: para las quemaduras solares.

Berros: para el acné.

Bicarbonato sódico: para las quemaduras solares; para la cistitis.

Borrajas: para el resfriado; para el estreñimiento; como diurético.

Caléndula: para los golpes; para el eczema.

Canela: un digestivo que calienta, antiespasmódico y antiséptico; buena para los retortijones menstruales y para la diarrea; con jengibre, para la tos de pecho.

Cayena: como cataplasma para las articulaciones; con ajo, para los resfriados fuertes.

Cebollas: para los resfriados; para la cistitis; para ayudar en la digestión; para las alergias.

Celidonia: para la ictericia; para las infecciones de garganta; para las verrugas; para la debilidad visual.

Chiles: para el reumatismo.

Chondrus crispus: para el asma.

Ciruelas: para la psoriasis; para el estreñimiento.

Ciruelas de Umeboshi: para la intoxicación alimentaria y las resacas.

Clavo: como analgésico para el dolor de muelas y las picaduras de avispa; también puede aliviar las náuseas; para la fiebre.

Col: para la artritis y el reumatismo; como cataplasma; para el dolor de espalda; como desintoxicante; para el asma; para el estreñimiento.

Colmenas: masticadas, para las alergias.

Cúrcuma: para las torceduras; para el reumatismo.

Diente de león: es un diurético que se puede utilizar como purificador de todo el organismo; bueno para las picaduras de mosquito.

Equinácea: antibiótico; para resfriados y gripes.

Espárragos: para el eczema.

Frambuesas: como laxante para el estreñimiento.

Grosellas negras: para la infección y la inflamación.

Hamamelis: tratamiento de primera línea para cortes y rozaduras; como desodorante; para los orzuelos.

Hibisco: para la fiebre.

Hiedra: para la celulitis; para la ciática.

Higos: para el estreñimiento.

Hinojo: para el mal aliento; para la indigestión; para el estreñimiento; para los resfriados; para las gripes; como diurético.

Hisopo: en infusiones, para fortalecer el sistema inmunológico.

Hordiate: para la cistitis.

Huevo, yema: para eliminar la arena de las rozaduras; para la resaca; para el lumbago.

Jengibre: para la artritis y el reumatismo; para los resfriados y los problemas de circulación; como baño de pies, para combatir el dolor de cabeza y la migraña; para las picaduras de insectos; para las náuseas.

Lavanda: para el acné; para las quemaduras; para los resfriados y la tos; para el dolor de oídos; para la resaca; para el tratamiento capilar; para los retortijones menstruales; para el reumatismo; para la piel; para las aftas; paras las torceduras.

Leche: en pudín de arroz, para la diarrea; con canela, para el insomnio.

Leche de magnesia: para la indigestión; para las quemaduras solares.

Limón: para los resfriados; como digestivo; para la fiebre; para los tratamientos del cabello y de la piel; para los dientes; para las picaduras.

Linaza: como cataplasma para la bursitis.

Lúpulo: para el insomnio; para los dolores de cabeza.

Matricaria: para la migraña.

Melisa: para las quemaduras.

Menta: para las náuseas; para los resfriados y la fiebre; para los dolores de cabeza; para la menopausia; como repelente de mosquitos; para el síndrome del intestino irritable.

Miel: para el estreñimiento; para el asma y las alergias; para los resfriados, la fiebre y el dolor de garganta; para los cortes y las rozaduras.

Mostaza: aplicada en fricciones, para el dolor de espalda; en baños de pies, para los resfriados y gripes.

Nabos: para los resfriados y la tos; hervidos, para la cistitis.

Nata: para las heridas.

Oliva, aceite de: para las intoxicaciones alimentarias.

Olmo americano: para la indigestión; para la bursitis.

Orégano: para la migraña.

Ortigas: como diurético; como purificador de la sangre; para la eliminación de toxinas; en sopa, para el insomnio.

Patatas: para los problemas de estómago; para la irritación de los ojos; como antiinflamatorio; para el síndrome de intestino irritable.

Pepino: con glicerina, para las quemaduras; para los dolores de cabeza.

Perejil: para el mal aliento, como diurético.

Pimientos: para aliviar el dolor de muelas y dientes.

Plátanos: para la diarrea.

Pomelo: para la psoriasis.

Prímula: contiene salicina, que es como la aspirina.

Rábanos picantes: para el acné; para los sabañones; para las picaduras de mosquito; para despejar los orificios sinusiales.

Remolacha: para la fiebre; como purificador de la sangre; para el acné.

Ricino, aceite de: para la intoxicación alimentaria.

Romaza: para aliviar las irritaciones de las ortigas.

Romero: como desinfectante; para la fiebre y los dolores de cabeza; para los tratamientos capilares; como colutorio; para el reumatismo.

Rosa, pétalos de: para el tratamiento ocular.

Sales de magnesio: para los dolores de espalda; para las infecciones; para el estreñimiento; para los resfriados y las gripes; como diurético.

Salvia: para las aftas; para la menopausia; para las infecciones de hongos; diluida en agua, para los cortes y las rozaduras.

Sándalo: en el baño, para la resaca.

Sauce: para el dolor de muelas.

Saúco, bayas de: para las quemaduras solares; para los resfriados y dolores de oídos; para la fiebre y dolores de cabeza; para el insomnio; para el dolor de muelas; para las neuralgias.

Soja: para los síntomas de la menopausia.

Suero de leche: para las quemaduras solares.

Tierra de batán: una arcilla para utilizar en mascarillas faciales y eliminar las impurezas de la piel.

Tomates escaldados: para la migraña.

Tomillo: para los resfriados; como desinfectante en los baños de pies; como infusión, para mejorar la afonía.

Trementina: para el lumbago.

Vinagre de sidra: puede utilizarse para casi todo. Cura las infecciones de hongos y las infecciones de estómago. Aplicado en baños de pies, combate el pie de atleta.

Vino: para las resacas; el vino de ajo, como tónico.

Yogur: para los cortes y rozaduras; para las aftas.

Zanahorias: para los problemas de estómago; para purificar el organismo; para los problemas oculares; para el asma; para el estreñimiento.

Índice